Speed! 수능 국어의 답

독서영역편 1부

생 각 의 차 이
빠른 정답 찾기의 시작이다!

수능 독서는 〈보기〉 없는 문항과
〈보기〉 있는 문항밖에 없다

Speed!
수능
국어의
답

박종석 지음
안세봉 · 박서경 검토

독 서 영 역 편 1 부

전국의 수험생에게

1993년, 처음으로 수능이 실시된 이후, 지문과 문항 구성을 바탕으로 거듭 변화가 있었습니다. 그때마다 수험생들은 혼논 속으로 빠졌을 것입니다. 때로는 수능 문항이 일정 기간 동안 패턴을 유지했기 때문에 수험생들의 어려움이 점차 사라질 것 같았지만, 또 한번 문과, 이과 수험생들에게 A형과 B형이라는 수능 패턴이 생겼습니다. 그러나 시행과 동시에 2017학년도에 갑자기 사라졌습니다. 이후, 이제 안정화가 지속될 것 같았으나, 역시 변화로 인해 수험생들이 혼돈에 빠진 상태라고 생각됩니다.

가장 눈에 띈 변화는 지문의 장문화와 융합 지문, 그리고 지문에 따른 문항 수의 증가입니다. 뿐만 아니라 대부분의 수험생들이 겪는 문항 풀이 시간의 촉박함까지 겹친다는 점입니다. 여기에다 영어의 절대 평가화 정책에 따라 대학의 수험생 선발이라는 변별력이 수능 국어로 무게가 실리면서 변별력 확보 차원에서 더욱 어렵게 출제되는 상황입니다.

더욱 혼란스러운 수능 국어의 현실! 2019학년도 수능 현실... 148명... 84점

오랫동안 학교 현장에서 학생들을 가르치면서, 특히 수능 국어를 어려워하는 수험생의 입장을 생각할 때, 도움이 되는 해결책을 제시해야겠다는 신념이 생겼습니다. 그래서 학교 현장에서 문항 풀이 방법을

개발함과 동시에 정답을 찾는 시간의 부족함까지 동시에 해결할 수 있는 방법을 가르쳤습니다. 또한 국가 수준의 문항 구성, 출제 및 문항 설계, 문항 분석과 같은 교육 활동에 직접 참여하였으며, 또한 공교육 기관에서의 시험 출제를 다년간 경험한 필자는 수능 국어를 새로운 시각으로 접근해서 논리정연하게 정답을 찾는 쉬운 방안을 몇 년간 연구해왔다고 생각합니다.

그래서 나름의 방법을 찾았습니다. 이 책에서는 단지 문항을 통해 답을 찾는 새로운 시각의 일정 부분만[Ⅰ부 : <보기> 없는 문항]을 공개할 것입니다. 물론 차후 수정 혹은 개정판이 이루어진다면, 나머지 [Ⅱ부 : <보기> 있는 문항] 수능 국어 풀이 방안을 공개 및 출판할 계획입니다. 이는 오로지 수험생의 호응에 따라 책을 계속 출판할 것입니다.

이 책은 시중에 나와 있는 수능 국어의 풀이 방안과 달리, 나름의 용어를 설정해서 문항을 접근하기 때문에 다소 생소할 수 있으나, 이 책에서 설명하는 개념에 연연하기보다는 실제 풀이 방안과 실전 문제를 중심으로 이해하면 도움이 될 것입니다.

이 책은 다음과 같은 8가지에 중점을 두었습니다.

1. 시중에 출판된 기출문제집들은 대부분 문제를 앞쪽에, 문제풀이를 책의 뒤쪽으로 편집하여 정답지 해석에 무게를 둔 반면에, 이 책은 지문분석이나 정답풀이에 무게중심을 두기보다는 문항의 정답을 찾는 정리된 방법을 제시하여 쉽게 문제에 접근하도록 하였습니다.

2. 수능 독서 영역을 각 문항마다 정답을 다르게 찾아야 하는 수험생들의 부담을 덜기 위해 문항을 유형별로 구별하고, 구별한 문항의 정답을 찾는 방법으로 일관된 풀이법을 개발, 적용할 수 있도록 했습니다.

3. 수능 독서 영역의 모든 문항을 한눈에 볼 수 있도록 정리하여, 문항 전체에 대한 수험생들의 심리적 부담을 덜도록 하였습니다. 가령, 수능 독서는 <보기> 없는 문항과 <보기> 있는 문항으로 구별한 것처럼.

4. 장문화로 인해 수험생의 부담이 가중되는 상황에서, 이를 쉽게 해결할 수 있는 방법을 구체적으로 제시한 점 또한 이 책의 장점일 수 있습니다.

5. <목차>에 따라, 학생이 취약한 문항을 해결할 수 있도록 구별했기 때문에 시간을 줄여 필요한 부분만 이해, 문항에 적용할 수 있도록 상세하게 설명했습니다.

6. <본문>에서 유형별 문제 해결 방법을 익힌 학생은 다양하게 출제되는 문항에 대한 자신감을 가질 수 있도록 적용 기출 문항을 제시하였다는 점, 역시 이 책이 가진 특징이기도 합니다.

7. 또한, 기출문항을 다른 관점에서 쉽게 이해할 수 있도록 필자만의 '팁(tip)'과 '발칙한 생각'란을 두어 수험생이 정답을 찾는 즐거움을 줄 것이라는 생각이 듭니다.

8. 수능 독서 영역 문항을 해결하는 방향을 구체적으로 제시했습니다. 독서 영역 문항 해결에 필요한 개념 정리 - 예시 문항 - 적용 문항 - 실전 문항 + 정답 해설 순으로 구성했습니다.

수험생 자신만의 수능 독서 영역의 정답 찾기가 분명 있을 것입니다. 그러나 수험생 자신이 부족하다고 생각하는 독서 문항 유형이 있을 겁니다. 그래서 수험생이 스스로 부족한 문항 유형에 해당하는 법칙만을 이 책에서 찾아 이해하고 정답 찾기에 활용하면 수능 독서 영역에 대한 두려움이 다소 사라질 것입니다.

　수능 독서 영역에서 개별 문항에 대한 각각의 풀이 방법을 이 책에서 언급한 몇 가지 법칙들을 익혀 수험생들이 적용할 경우에, 한 문항에 하나의 적용법칙으로만 해결되지는 않을 것입니다. 그러나 문항을 보는 순간 수험생들은 자연스럽게 이 책에서 익힌 법칙들을 활용하여 문항에 대한 정답을 쉽게 해결할 수 있을 것입니다.

　평가의 정점에 있는 수능 문항만을 대상으로 하여, 필자가 생각한 수능 독서 영역의 풀이법을 공개합니다. 이와 같은 방법론을 학습한 학생들은 분명 문항 풀이에 대한 자신감을 가질 것이며, 또한 시험 시간을 절약할 수 있을 것입니다. 또한 이 방법의 활용으로 국어에 대한 친근감과 자신감을 회복하면서 수험생 자신이 부족하다고 생각하는 다른 교과에 시간 투자와 노력을 더 해주었음 하는 바람입니다.

　이 책을 출판하는데 조언을 해 주신 안세봉 선생님, 박서경 학생에게 고마움을 전합니다.

박 종 석
2019년 2월

차 례

전국의 수험생에게 ▸ ▸ ▸ 04

제1장
정답 찾기의 비밀 코드

code 1 : 발문 의도 법칙 [발문에서 출제자의 의도를 파악하라.] ▸ 12

code 2 : 지문 근거 법칙 [지문에서 정답의 근거를 찾아라.] ▸ 17

code 3 : 선택지 연결 법칙 [선택지에서 답의 근거인 지문과
출제자의 의도를 연결하라.] ▸ 21

code 4 : 지문 – 선택지 변환 법칙 [지문과 선택지를 연결해서
체크하라.] ▸ 25

code 5 : 지문 – 독해 법칙 [빠른 지문 독해로 정답을 찾아라.] ▸ 41

제2장
\<보기\> 없는 문항 : 정답 찾기 핵심 3step

제1법칙 : **선택지 – 나누기 법칙** ▸ 75
실전 문항 및 정답 해설

제2법칙 : **지문삭제 – 깃발 법칙** ▸ 122
실전 문항 및 정답 해설

제3법칙 : **선택지 – 추론 형식 법칙** ▸ 151
실전 문항 및 정답 해설

제4법칙 : **발문 – 추론 형식 법칙** ▸ 194
실전 문항 및 정답 해설

제5법칙 : **기호(㉠ 혹은 ⓐ) – 추론 형식 법칙** ▸ 214
실전 문항 및 정답 해설

제1장

정답 찾기의 비밀 코드

발문 의도 법칙 [발문에서 출제자의 의도를 파악하라.]

문항을 풀 때 가장 관심을 기울여야 할 것이 바로 **출제자의 의도**이다. 출제자가 평가하고자 하는 것이 무엇인지를 알아야 정답을 찾을 수 있다. 그런데 출제자가 묻는 것을 잘못 이해하면 엉뚱한 답을 찾게 된다. 그럼 출제자의 의도를 어떻게 파악할 수 있을까? 바로 **발문**이다. 쉽게 말해서 질문[발문]이다. 발문에는 반드시 출제자의 의도가 담겨 있는데, 이는 문항에서 평가하고자 하는 평가요소와 같다.

즉 **출제자 의도 = 평가요소**이다.

[예시]

17. 윗글에 나타난 아리스토텔레스의 견해에 대한 이해로 가장 적절한 것은?

① 개미의 본성적 운동은 이성에 의한 것으로 설명된다.
② 자연물의 목적 실현은 때로는 그 자연물에 해가 된다.
③ 본성적 운동의 주체는 본성을 실현할 능력을 갖고 있다.
④ 낙엽의 운동은 본성적 목적 개념으로는 설명되지 않는다.
⑤ 자연물의 본성적 운동은 외적 원인에 의해 야기되기도 한다.

위와 같은 문항에서 '윗글에 나타난 아리스토텔레스의 견해에 대한 이해로 가장 적절한 것은?'을 발문이라고 한다. 이 발문에서 출제자의 의도가 무엇인지 찾아보자. 여기서 출제자의 의도는 '아리스토텔레스의 견해에 대한 이해'이다. 이처럼 발문을 통해 출제자의 의도를 미리 파악했다면 지문을 읽을 때 '아리스토텔레스의 견해'가 무엇인지 중점적으로 확인하면서 읽을 수 있다. 선택지를 읽을 때에도 출제자 의도 = 평가요소인 '아리스토텔레스의 견해'만 지문에서 파악하여 정답을 고르면 된다.

선택지는 기본적으로 지문요소 / 평가요소[출제자 의도] / 판단요소로 구성되어 있다.

간단하게 정리하면

17. 윗글에 나타난 <u>아리스토텔레스의 견해</u>에 대한 이해로 <u>가장 적절한 것은?</u> ---발문

↓		↓		↓
지문요소	/	평가요소[출제자 의도]	/	판단요소 = 선택지

발문에서 파악한 **출제자의 의도**를 **지문**에서 정확하게 파악하면 정답을 찾을 수 있다. 그리고 발문을 통해서 선택지가 만들어진다는 점도 명심해야 한다.

[예시]

다음 글은 2018학년도 11월 수능 지문의 일부이다.

> 자연에서 발생하는 모든 일은 목적 지향적인가? 자기 몸통보다 더 큰 나뭇가지나 잎사귀를 허둥대며 운반하는 개미들은 분명히 목적을 가진 듯이 보인다. 그런데 가을에 지는 낙엽이나 한밤중에 쏟아지는 우박도 목적을 가질까? 아리스토텔레스는 **모든 자연물이 목적을 추구하는 본성을 타고나며,** 외적 원인이 아니라 **내재적 본성에 따른 운동을 한다는 목적론**을 제시한다. 그는 자연물이 단순히 목적을 갖는 데 그치는 것이 아니라 **목적을 실현할 능력도 타고나며,** 그 목적은 방해받지 않는 한 반드시 실현될 것이고, 그 **본성적 목적의 실현은 운동 주체**에 항상 바람직한 결과를 가져온다고 믿는다. 아리스토텔레스는 이러한 자신의 견해를 "자연은 헛된 일을 하지 않는다!"라는 말로 요약한다.

'윗글 = 지문'에서 평가요소인 '아리스토텔레스의 견해'에 해당하는 지문 부분인 '지문요소'를 찾아보면,

> 지문요소 : **아리스토텔레스는 모든 자연물이 목적을 추구하는 본성**을 타고나며, 외적 원인이 아니라 내재적 **본성에 따른 운동을 한다**는 목적론을 제시한다. 그는 자연물이 단순히 목적을 갖는 데 그치는 것이 아니라 **목적을 실현할 능력도 타고나며,** 그 목적은 방해받지 않는 한 반드시 실현될 것이고, 그 **본성적 목적의 실현은 운동 주체**에 항상 바람직한 결과를 가져온다고 믿는다.

그런데 지문요소가 그대로 선택지에 사용되지는 않는다. **선택지는 출제자 의도가 반영되어 지문이 변형된다.** 당연히 지문->선택지로 변환되면서 지문의 '변형'이 있다. 지문 근거의 법칙에 따라 지문을 변형한 선택지는 정답인 경우와 오답인 경우가 있다.

ㄱ. 정답인 경우의 지문과 선택지 : '지문 축약 / 변형 형식'으로 선택지 구성

지문요소 : <u>아리스토텔레스는 모든 자연물이 목적을 추구하는 본성</u>
  (모든 자연물이) + <u>내재적 본성에 따른 운동을 한다</u>
  (모든 자연물이) + <u>목적을 실현할 능력도 타고나며, 반드시 실현</u>
           + <u>본성적 목적의 실현은 운동 주체에 바람직한 결과</u>

=〉 선택지 : ③ 본성적 운동의 주체는 본성을 실현할 능력을 갖고 있다.

ㄴ. 오답인 경우의 지문과 선택지 : '지문 반대 진술 형식'으로 선택지 구성

지문 : 아리스토텔레스는 모든 자연물이 목적을 추구하는 본성을 타고나며, <u>외적 원인이</u>
   <u>아니라 내재적 본성에 따른 운동을 한다</u>는 목적론을 제시한다.

=〉 선택지 : ⑤ 자연물의 본성적 운동은 <u>외적 원인에 의해 야기되기도 한다.</u>

　　지문요소와 선택지 ③, ⑤번에서 내용일치 여부를 확인할 수 있다. 즉 ③번은 평가요소인 '아리스토텔레스의 견해'와 일치[지문 축약 / 변형]하기 때문에 판단요소인 가장 적절하다에 부합한다. 따라서 정답이다. 그러나 ⑤번은 평가요소인 '아리스토텔레스의 견해'와 달리 '내재적 본성에 따른 운동을 한다.'는 내용이 지문의 '<u>외적 원인이 아니라 내재적 본성에 따른 운동을 한다</u>'는 내용과 반대 진술[**지문 반대 진술 형식으로 선택지 구성**]이다. 그래서 발문에서 요구하는 답이 아니다.

∴ 발문 의도 법칙과 발문과 선택지의 관계를 간단하게 정리하면

17. 윗글에 나타난 <u>아리스토텔레스의 견해에 대한 이해</u>로 <u>가장 적절한 것은?</u> ---발문

        ↓   ↓   ↓

<u>지문요소</u>   +   <u>평가요소[출제자 의도]</u>   +   <u>판단요소</u>   =   선택지
└[1차 확인 : 일치 여부 확인]┘

_____   서술구

└─[2차 확인 : 적절성 여부 확인]─┘

지문요소 = 평가요소의 일치 여부에 따라 1차 정답이 확정된다. 그리고 적절성 여부를 가리는 2차 정답 확인에서 정답을 결정하면 된다.

tip 서술구란? 선택지의 서술어의 의미를 명확하게 밝히는 앞부분의 구를 포함한 서술어 즉 서술구. 판단요소에는 선택지에서 서술어 중심이나 서술구를 포함하고 있다.

③ <u>본성적 운동의 주체는 본성을 실현할 능력을</u> / <u>갖고 있다.</u>
    지문요소 = 평가요소   판단요소

서술어 : ③ 본성적 운동의 주체는 본성을 실현할 능력을 **갖고 있다.**

'~갖고 있다.'에서 무엇을 갖고 있는지에 대한 판단이 모호함.

서술구 : ③ 본성적 운동의 주체는 본성을 / **실현할 능력을 갖고 있다.**

'실현할 능력을 갖고 있다.'에서 '~갖고 있다.'에 대한 구체적인 의미인 '실현한 능력'을 포함해 의미가 뚜렷하게 드러난다. 이처럼 서술구로 정답 판단을 할 수 있다.

지문 근거 법칙 [지문에서 정답의 근거를 찾아라.]

　　수능 독서 영역은 <보기>가 없는 문항의 경우에는 지문 없이는 정답을 찾을 수가 없다. 수능 독서는 국어 능력을 측정할 때 다양한 소재의 지문과 자료를 활용한다는 점에서 지문의 성격이 드러난다. 그리고 출제 지문으로부터 문항이 만들어진다는 점에서 당연히 정답 찾기의 근거가 된다. 그래서 출제자가 평가하고자 하는 것[묻는 것]에 대한 답을 **지문**에서 찾아야 한다.

　독서 영역은 인문학·사회학·자연과학·기술공학·예술 분야 등과 같은 다양한 지문으로 출제된다. 요즘은 지문 수는 줄었지만 한 지문의 길이는 길어지고 지문과 관련한 문항 수가 늘어나는 추세이다. 어떤 해에는 지문의 수가 3개로 줄었지만 경제에 관한 지문 길이가 2,400자가 넘는 장문에다 보통 4문항 이내였던 문항 수는 6문항까지 출제되기도 했다. 그러나 어떤 경우이든 출제자의 의도 즉 평가요소를 **지문**에서 찾기만 하면 정답 찾기는 결코 어렵지 않다.

[예시]

* 다음 글을 읽고 물음에 답하시오. [2016학년도 6월 A형]

지문(指紋)은 손가락의 진피로부터 땀샘이 표피로 융기되어 일정한 흐름 모양으로 만들어진 것으로 솟아오른 부분을 융선, 파인 부분을 골이라고 한다. 지문은 진피 부분이 손상되지 않는 한 평생 변하지 않는다. **이 때문에 홍채, 정맥, 목소리 등과 함께 지문은 신원을 확인하기 위한 중요한 생체 정보로 널리 사용되고 있다.**   [1문단]

선택지 ②

지문 인식 시스템은 등록된 지문과 조회하는 지문이 동일한 지 판단함으로써 신원을 확인하는 생체 인식 시스템이다. 지문을 등록하거나 조회하기 위해서는 지문 입력 장치를 통해 지문의 융선과 골이 잘 드러나 있는 지문 영상을 얻어야 한다. 지문 입력 장치는 손가락과의 접촉을 통해 정보를 얻는데, 이때 지문의 융선은 접촉면과 닿게 되고 골은 닿지 않는다. 따라서 지문 입력 장치의 융선과 골에 대응하는 빛의 세기, 전하량, 온도와 같은 물리량에 차이가 발생한다.   [2문단]

광학식 지문 입력 장치는 조명 장치, 프리즘, 이미지 센서로 구성되어 있다. 프리즘

선택지 ①

의 반사면에 손가락을 고정시키면 융선 부분에 묻어 있는 습기나 기름이 반사면에 얇

선택지 ④

은 막을 형성한다. 조명에서 나와 얇은 막에 입사된 빛은 굴절되거나 산란되어 약해진 상태로 이미지 센서에 도달한다. 골 부분은 반사면에 닿아 있지 않으므로 빛이 굴절, 산란되지 않고 반사되어 센서에 도달한다. 이미지 센서는 빛의 세기를 디지털 신호로 변환하여 지문 영상을 만든다. 이 장치는 지문이 있는 부위에 땀이나 기름기가 적은 건성 지문인 경우에는 온전한 지문 영상을 획득하기 어렵다.   [3문단]

정전형 센서식 지문 입력 장치는 미세한 정전형 센서들을 촘촘하게 배치한 판을 사용한다. 이 판에는 전기가 흐르고 각 센서마다 전하가 일정하게 충전되어 있다. 판에 손가락이 닿으면 전하가 방전되어 센서의 전하량이 줄어든다. 이때 융선이 접촉된 센서와 그렇지 않은 센서는 전하량에 차이가 생기는데, 각 센서의 전하량을 변환해 지문 영상을 얻는다.   [4문단]

초전형 센서식 지문 입력 장치는 인체의 온도 변화를 감지하는 여러 개의 작은 초전형 센서를 손가락의 폭에 해당하는 길이만큼 일렬로 배치해서 사용한다. 이 센서는 온도가 변할 때에만 신호가 발생하는 특성이 있다. **센서가 늘어선 방향과 직각 방향으로 손가락을 접촉시킨 채 이동시키면**, 접촉면과 지문의 융선 사이에 마찰열이 발생하여

선택지 ⑤

융선과 골에 따라 센서의 온도가 달라진다. 이때 발생하는 미세한 온도 변화를 센서가 감지하고 이에 해당하는 신호를 변환하여 연속적으로 저장해 지문 영상을 얻는다. **이 장치는 다른 지문 입력 장치보다 소형화할 수 있어 스마트폰과 같은 작은 기기에 장착할 수 있다.**　　　　선택지 ③　　　　　　　　　　　　　　[5문단]

일반적으로 생체 인식 시스템에서는 '생체 정보 수집', '전처리', '특징 데이터 추출', '정합'의 과정을 거치는데 지문 인식 시스템도 이를 따른다. 생체 정보 수집 단계는 지문 입력 장치를 사용하여 지문 영상을 얻는 과정에 해당한다. 전처리 단계에서는 지문 형태와 무관한 영상 정보를 제거하고 지문 형태의 특징이 부각되도록 지문 영상을 보정한다. 특징 데이터 추출 단계에서는 전처리 단계에서 보정된 영상으로부터 각 지문이 가진 고유한 특징 데이터를 추출한다. 특징 데이터로는 융선의 분포 유형, 융선의 위치와 연결 상태 등이 사용된다. 정합 단계에서는 사전에 등록되어 있는 특징 데이터와 지문 조회를 위해 추출된 특징 데이터를 비교하여 유사도를 계산한다. 이 값이 기준치보다 크면 동일한 사람의 지문으로 판정한다.　　　　　　　　[6문단]

16. 윗글의 내용과 일치하는 것은?

① 광학식 지문 입력 장치에는 프리즘이 필요하다.
② 정맥은 지문과 달리 신원 확인을 위한 생체 정보로 활용할 수 없다.
③ 정전형 센서식 지문 입력 장치가 초전형 센서식 지문 입력 장치보다 소형화에 더 유리하다.
④ 광학식 지문 입력 장치에서 반사면에 융선 모양의 얇은 막이 형성되지 않아야 온전한 지문 영상을 얻을 수 있다.
⑤ 초전형 센서식 지문 입력 장치에서 양호한 지문을 얻기 위해서는 손가락을 센서에 접촉시킨 후 움직이지 않아야 한다.

16. <u>윗글</u>의 <u>내용과 일치 하는</u> 것은?　　　　　　　　　　　---발문

　　↓　　　　　↓　　　　　↓
지문요소　평가요소　　판단요소
　　[출제자 의도]

정답 판단을 위해서는 선택지와 관련한 지문 근거를 찾아야 한다. 위 문항과 관련한 지문 근거를 찾으면 다음과 같다.

① 광학식 지문 입력 장치에는 프리즘이 필요하다.　　　　　　---선택지

지문 근거 : <u>3문단</u> 첫 문장에서 '광학식 지문 입력 장치는 조명 장치, 프리즘, 이미지 센서로 구성되어 있다.'고 하였으므로 <u>지문의 내용과 일치하므로 정답이다.</u>

② 정맥은 지문과 달리 신원 확인을 위한 생체 정보로 활용할 수 없다.　　　---선택지

지문 근거 : <u>1문단</u>에서 '이 때문에 홍채, 정맥, 목소리 등과 함께 지문은 신원을 확인하기 위한 중요한 생체 정보로 널리 사용되고 있다.'고 하였으므로 <u>지문 내용과 일치하지 않는다.</u>

③ 정전형 센서식 지문 입력 장치가 초전형 센서식 지문 입력 징치보다 소형화에 더 유리하다.　　　　　　---선택지

지문 근거 : <u>5문단</u>에서 '이 장치(초전형 센서식 지문 입력 장치)는 다른 지문 입력 장치보다 소형화할 수 있어 스마트폰과 같은 작은 기기에 장착할 수 있다.'고 하였으므로 <u>지문 내용과 일치하지 않는다.</u>

④ 광학식 지문 입력 장치에서 반사면에 융선 모양의 얇은 막이 형성되지 않아야 온전한 지문 영상을 얻을 수 있다.　　　　　　---선택지

지문 근거 : <u>3문단</u>에서 '프리즘의 반사면에 손가락을 고정시키면 융선 부분에 묻어 있는 습기나 기름이 반사면에 얇은 막을 형성한다.'고 하였으므로 <u>지문 내용과 일치하지 않는다.</u>

⑤ 초전형 센서식 지문 입력 장치에서 양호한 지문을 얻기 위해서는 손가락을 센서에 접촉시킨 후 움직이지 않아야 한다.　　　　　　---선택지

지문 근거 : <u>5문단</u>에서 '센서가 늘어선 방향과 직각 방향으로 손가락을 접촉시킨 채 이동시키면'이라고 하였으므로 <u>지문의 내용과 일치하지 않는다.</u>

∴ 선택지는 지문에 근거해 출제자의 의도를 반영하기 때문에 반드시 지문에서 정답의 근거를 찾아야 한다. 지문에서 근거를 찾을 수 없다면 당연히 오답이다.

tip 선택지를 보면 모두 다른 문단에서 선택지의 근거를 찾을 수 있다. 여기서 16번 문항과 2문단, 4문단, 6문단과는 관련성이 없어 보이지만, 출제 지문과 관련한 다른 문항에서 2문단, 4문단, 6문단에 대한 문항이 출제되어 있다. 즉 발문은 지문에서 골고루 출제된다는 점 때문에 전체 지문에 대한 내용 이해는 반드시 필요하다.

선택지 연결 법칙 [선택지에서 답의 근거인 지문과 출제자의 의도를 연결하라.]

발문에서 출제자의 의도를 파악하고, 지문에서 답의 근거를 찾았다면 이제 **선택지**를 보면서 이 둘의 연결을 확인해야 한다. 출제자의 의도가 구체적으로 드러난 것이 선택지이기 때문이다. 여러 번 강조하지만, **선택지는 출제자 의도가 반영된 지문이다**.

[예시]

16. 윗글의 내용과 일치 하는 것은?   ---발문

　　　↓　　　↓　　　　↓

　　지문요소　평가요소　　판단요소

① 광학식 지문 입력 장치에는 프리즘이 필요하다.   ---선택지

지문 근거 : 3문단 첫 문장에서 '광학식 지문 입력 장치는 조명 장치, 프리즘, 이미지 센
　　　　　서로 구성되어 있다.'고 하였으므로 지문의 내용과 일치하므로 정답이다.

지문과 출제자 의도를 연결한 선택지는 '① 광학식 지문 입력 장치에는 프리즘이 필요하다.'처럼 서술된다. ①번 선택지는 답의 근거인 지문과 출제 의도를 연결한 문장이다.

정리하면 다음과 같다.

출제지문	광학식 지문 입력 장치는 조명 장치, 프리즘, 이미지 센서로 구성되어 있다.
지문-선택지 변환 과정 (지문 - 중간 삭제)	광학식 지문 입력 장치는 ~~조명 장치~~, 프리즘, ~~이미지 센서로~~ 구성되어 있다.
지문요소	광학식 지문 입력 장치는 프리즘, 구성되어 있다. [o]
선택지 ①	광학식 지문 입력 장치에는 | 프리즘이 필요하다.
일치여부 확인 [출제자 의도= 평가요소]	① 광학식 지문 입력 장치에는 프리즘이 / 필요하다. 평가요소 = 지문요소 / 판단요소로 진술된 문장 └ 일치 여부 ┘┘ -------------------- 1차 확인 └ 적절성 여부 ┘┘ ------- 2차 확인

법칙의 이해를 위해 선택지 하나를 더 정리하면 다음과 같다.

② 정맥은 지문과 달리 신원 확인을 위한 생체 정보로 활용할 수 없다.

지문 근거 : 1문단에서 '이 때문에 홍채, 정맥, 목소리 등과 함께 지문은 신원을 확인하기 위한 중요한 생체 정보로 널리 사용되고 있다.'고 하였으므로 지문 내용과 일치하지 않는다.

정리하면 다음과 같다.

출제지문	이 때문에 홍채, **정맥**, 목소리 등과 **함께 지문**은 신원을 확인하기 위한 중요한 생체 정보로 널리 사용되고 있다.
지문 - 선택지 변환 과정 (지문 - 중간 삭제)	~~이 때문에 홍채~~, **정맥**, 목소리 ~~등과~~ **함께 지문**은 신원을 확인하기 위한 중요한 생체 정보로 널리 사용되고 있다.
지문요소	**정맥은 지문과 달리** 신원 확인을 위한 생체 정보로 생체 정보로 활용할 수 없다. [x]

선택지 ②	정맥은 지문과 달리 신원 확인을 위한 생체 정보로 | 활용할 수 없다.
일치여부 확인[출제자 의도=평가요소]	② 정맥은 지문과 달리 신원 확인을 위한 생체 정보로 생체 정보로 / <u>활용할 수 없다.</u> <u>평가요소</u> ≠ <u>지문요소</u> / 판단요소로 진술된 문장 └ <u>일치 여부</u> ┘ -------------------- 1차 확인 [x] └ 적절성 여부 ┘ -------- 2차 확인 [x] * 1차 확인에서 지문은 '정맥~과 함께 지문은~널리 사용되고 있다.' 인데, 선택지는 '정맥은 지문과 달리~활용할 수 없다.'이므로 일치 하지 않는다. 그리고 2차 확인에서도 서술어 반대 진술이므로 일치 하지 않는다.

특히 내용 일치 문항일 경우, 지문에 근거해 지문의 부분 삭제와 같은 방법으로 선택지를 구성한다. 위의 ①번은 지문 부분 삭제, ②번은 지문 반대 진술의 경우에 해당한다.

tip <u>지문, 발문, 선택지 중 무엇을 먼저 읽어야 스피드[Speed]하게 답을 찾을까?</u>

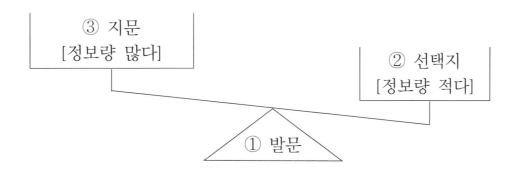

∴ <u>문항 풀이 방법</u>

① 발문[출제자 의도 파악] – ② <u>선택지</u>[정보량이 적다] – ③ <u>지문</u>[정보량이 많다]
  └④ 일치 / 적용 여부 확인]┘
  – ⑤ <u>선택지</u> = 정답 판단

정답을 찾기 위해서 발문에서 요구하는 평가요소를 확인하고, 이 평가요소가 구체적으로 드러난 선택지의 내용[단, 선택지를 **'쓰 - 윽' 한번 눈으로 가늠**해서 어떤 내용인지를 파악해야 한다는 의미]을 파악한 다음, 정답과 관련한 근거만 정확하게 파악하여 **선택지**와 **연결**해서 정답을 판단하면 된다.

code 4

지문 - 선택지 변환 법칙
[지문과 선택지를 연결해서 체크하라.]

선택지는 반드시 **지문**을 **근거**로 구성한다. 그래서 지문이 선택지로 변환되면 일정한 구성 방식이 존재하기 마련이다. 지문이 어떻게 선택지로 변환하는 지를 알아두면, 지문을 독해할 때 선택지와 관련한 평가요소를 염두에 두고 읽게 된다. 수험생들은 '**선택지는 출제 의도가 반영된 지문이다.**'라는 사실을 명심해야 한다. 지문에서 출제자가 의도한 선택지를 구성할 때 다양한 방식이 있지만 대체로 몇 가지 정도로 정리할 수 있다.

1. 지문 축약 / 변형-〉선택지

지문을 바탕으로 선택지를 구성하면서 특정 지문을 축약하거나 변형하는 방식.

예)

다음 글은 2018학년도 11월 수능 지문의 일부를 재인용했다.

자연에서 발생하는 모든 일은 목적 지향적인가? 자기 몸통보다 더 큰 나뭇가지나 잎사귀를 허둥대며 운반하는 개미들은 분명히 목적을 가진 듯이 보인다. 그런데 가을에 지는 낙엽이나 한밤중에 쏟아지는 우박도 목적을 가질까? 아리스토텔레스는 모든 자연물이 목적을 추구하는 본성을 타고나며, 외적 원인이 아니라 내재적 본성에 따른 운동을 한다는 목적론을 제시한다. 그는 자연물이 단순히 목적을 갖는 데 그치는 것이 아니라 목적을 실현할 능력도 타고나며, 그 목적은 방해받지 않는 한 반드시 실현될 것이고, 그 본성적 목적의 실현은 운동 주체에 항상 바람직한 결과를 가져온다고 믿는다. 아리스토텔레스는 이러한 자신의 견해를 "자연은 헛된 일을 하지 않는다!"라는 말로 요약한다.

지문요소 : **아리스토텔레스는 모든 자연물이 목적을 추구하는 본성**을 타고나며, 외적 원인이 아니라 내재적 **본성에 따른 운동을 한다**는 목적론을 제시한다. 그는 자연물이 단순히 목적을 갖는 데 그치는 것이 아니라 **목적을 실현할 능력도 타고나며**, 그 목적은 방해받지 않는 한 **반드시 실현될** 것이고, 그 **본성적 목적의 실현은 운동 주체에 항상 바람직한 결과**를 가져온다고 믿는다. 아리스토텔레스는 이러한 자신의 견해를 "자연은 헛된 일을 하지 않는다!"라는 말로 요약한다.

[적용] 지문요소 : 아리스토텔레스는 모든 자연물이 목적을 추구하는 본성
    (모든 자연물이) + 내재적 본성에 따른 운동을 한다
    (모든 자연물이) + 목적을 실현할 능력도 타고나며, 반드시 실현
        + 본성적 목적의 실현은 운동 주체에 바람직한 결과
선택지 : 본성적 운동의 주체는 본성을 실현할 능력을 갖고 있다.

2. 지문 반대 진술-〉선택지

지문을 바탕으로 선택지를 구성하면서 특정 지문의 중간 혹은 지문의 처음[주어부]이나 끝 부분[서술어]의 내용을 선택지에서는 반대로 진술하는 방식.

ㄱ. 문장 중간

예)

지문요소 : '~어 때문에 홍채, **정맥**, 목소리 등과 **함께 지문**은 신원을 확인하기 위한 중요한 생체 정보로 널리 사용되고 있다.

선택지 : **정맥은 지문과 달리** 신원 확인을 위한 생체 정보로 생체 정보로 활용할 수 없다.

∴ 지문 : ~과 함께 〈—〉 선택지 : ~와 달리 : 지문과 선택지의 반대 진술

ㄴ. 문장 처음(주어부) - 끝(서술어)

예)

지문요소 : 냄새를 탐지할 수 있는 최저 농도를 '탐지 역치'라 한다. (......) 우리가 메탄올보다 박하 냄새를 더 쉽게 알아차릴 수 있는 까닭은 메탄올의 탐지 역치가 박하향에 비해 약 3,500배 가량 높기 때문이다.

선택지 : 박하향의 탐지 역치는 메탄올의 탐지 역치보다 높다. [x]
　　　　　 처음(주어부)　　　　　　　　　　　　끝(서술어)

∴ 메탄올의 탐지 역치는 박하향의 탐지 역치보다 높다. [o]
　=〉 박하향 〈—〉 메탄올을 서로 바꾸어야 지문과 일치 : 지문과 선택지의 반대 진술

tip 하나의 법칙만으로 정답 찾기 어려워 !

실제로 선택지에는 지문 - 선택지 변환 방식이 몇 개씩 결합된 상태가 대부분이다.

예)

지문요소 : 반추 동물의 첫째 위인 <u>반추위에는 산소가 없는데, 이 환경에서 왕성하게 성
장하는 반추위 미생물</u>들은 다양한 생리적 특성을 가지고 있다.

선택지 : <u>반추위 미생물</u>은 산소가 없는 환경에서 생장을 멈추고 <u>사멸한다.</u>
　　　　　주어　　　　　　　　　　　　　　　　　　　　　　서술어

∴ '지문 축약 / 변형'으로 접근하고, 이후 '지문 반대 진술'을 활용해 정답을 판단해야
한다. 선택지는 지문 처음[주어] + 끝[서술어] 연결 모순을 지문에서 확인해 정답을
판단한다.

1단계 : 지문 축약 / 변형	반추위 미생물은 산소가 없는 환경에서 왕성하게 성장한다.
2단계 : 지문과 선택지의 반대 진술	성장한다. <-> 사멸한다.

3. 지문 부분 삭제->선택지

　　지문을 바탕으로 선택지를 구성하면서 특정 지문을 삭제하는 방
식. 대부분의 선택지 구성에 **기본적으로 적용되는 변환 방식**.

예)

지문요소 : '광학식 지문 입력 장치'는 ~~조명 장처,~~ 프리즘, ~~이미지 센서~~로 구성되어 있다.

선택지 : 광학식 지문 입력 장치에는 프리즘이 필요하다.

∴ 선택지와 관련한 부분을 제외하고 지문의 일부분을 삭제한다.

4. 지문 추론─>선택지

지문을 바탕으로 선택지를 구성하면서 특정 지문을 추론해서 구성하는 방식. 단 인문예술 + 사회문화 영역은 전제 + 결론으로, 과학기술 영역은 조건 + 결과로 구성[통제 변인 + 조작 변인 = 조건, 종속변인 = 결과로 가정함.]

예)

지문요소 : <u>물체에 회전 운동을 일으키거나 물체의 회전 속도를</u>
　　　　　 <u>변화시키려면</u> / <u>물체에 힘을 가해야 한다.</u>
　　　　　　　　 조건　　　　 /　　　　 결과

선택지 : <u>물체에 힘이 가해지지 않으면</u> / <u>돌림힘은 작용하지 않는다.</u>
　　　　　　　　 조건　　　　 /　　　　 결과

∴ 지문요소를 역[수학에서 '대우']으로 변환하여 선택지를 구성한다.

5. 지문 주어 교체─>선택지

지문을 바탕으로 선택지를 구성하면서 특정 지문에 대한 개념 + 개념에 따르는 설명으로 진술된 몇 개의 문장에서 개념어인 주어를 다른 개념어인 주어로 교체해서 구성하는 방식.

예)

지문요소 : **압력 항력**은 물체가 이동할 때 물체의 전후방에 생기는 압력차에 의해 생기는 항력으로, 물체의 운동 방향에서 바라본 **물체의 단면적이 클수록 커진다**.

선택지 : 균일한 밀도의 액체 속에 완전히 잠겨 있는 쇠 막대에 작용하는 **부력**은 서 있을 때보다 누워 있을 때가 더 크다.

∴ 지문요소에서 '압력 항력'(개념어인 주어)에 따르는 설명('물체의 단면적이 클수록 커진다.')에서 선택지의 주어인 '부력'은 교체되어 있다. '서 있을 때보다 누워 있을 때'의 '쇠 막대'가 단면적이 커지기 때문에 '부력'이 커지는 것이 아니라 '압력 항력'이 커진다는 사실이다.

 tip 지문 주어 교체→선택지의 함정

지문요소 : **스타이컨**은 사진이나 조각이 작가의 주관과 감정을 표현할 수 있으며 문학 작품처럼 해석의 대상이 될 수 있다고 생각했는데 **로댕 또한 이에 동감하여~**

선택지 : **로댕**은 사진 작품, 조각 작품, 문학 작품 모두 해석의 대상이 된다고 여겼다.

∴ 지문요소에서 '스타이컨(주어)'과 관련한 설명에서 선택지의 주어인 '로댕'이 교체되어 있다고 생각할 수 있다. 그러나 지문요소의 뒷부분에서 보면 '로댕 또한 이에 동감하여'라는 부분에서 보면 이 선택지는 '스타이컨'과 '로댕'은 같은 생각을 가졌다는 '**숨은 전제**'를 파악할 수 있다. 따라서 틀린 진술이 아니다.

위에서 확인한 지문 - 선택지 변환 방식을 활용해 정답을 찾는 방법을 적용해 보자.

[예시]

[29~32] 다음 글을 읽고 물음에 답하시오. [2019학년도 9월]

　　⊙ 주사 터널링 현미경(STM)에서는 끝이 첨예한 금속 탐침과 도체 또는 반도체 시료 표면 간에 적당한 전압을 걸어 주고 둘 간의 거리를 좁히게 된다. **탐침과 시료의 거리가 매우 가까우면 양자 역학적 터널링 효과에 의해 둘이 접촉하지 않아도 전류가 흐른다.** 이때 탐침과 시료 표면 간의 거리가 원자 단위 크기에서 변하더라도 전류의 크기는 민감하게 달라진다. **이 점을 이용하면 시료 표면의 높낮이를 원자 단위에서 측정할 수 있다.** 하지만 전류가 흐를 수 없는 시료의 표면 상태는 STM을 이용하여 관찰할 수 없다. 이렇게 민감한 STM도 진공 기술의 뒷받침이 있었기에 널리 사용될 수 있었다.

　　STM은 대체로 진공 통 안에 설치되어 사용되는데 그 이유는 무엇일까? **기체 분자는 끊임없이 떠돌아다니다가 주변과 충돌한다. 이때 일부 기체 분자들은 관찰하려는 시료의 표면에 붙어 표면과 반응하거나 표면을 덮어 시료 표면의 관찰을 방해한다.** 따라서 용이한 관찰을 위해 STM을 활용한 실험에서는 관찰하려고 하는 시료와 기체 분자의 접촉을 최대한 차단할 필요가 있어 진공이 요구되는 것이다. 진공이란 기체 압력이 대기압보다 낮은 상태를 통칭하며 기체 압력이 낮을수록 진공도가 높다고 한다. 진공 통 내부의 온도가 일정하고 한 종류의 기체 분자만 존재할 경우, 기체 분자의 종류와 상관없이 통 내부의 기체 압력은 단위 부피당 떠돌아다니는 기체 분자의 수에 비례한다. 따라서 **기체 분자들을 진공 통에서 뽑아내거나 진공 통 내부에서 움직이지 못하게 고정하면 진공 통 내부의 기체 압력을 낮출 수 있다.**

　　STM을 활용하는 실험에서 어느 정도의 진공도가 요구되는지를 이해하기 위해서는 '단분자층 형성 시간'의 개념을 이해할 필요가 있다. 진공 통 내부에서 떠돌아다니던 기체 분자들이 관찰하려는 시료의 표면에 달라붙어 한 층의 막을 형성하기까지 걸리는 시간을 단분자층 형성 시간이라 한다. 이 시간은 시료의 표면과 충돌한 기체 분자들이 표면에 달라붙을 확률이 클수록, 단위 면적당 기체 분자의 충돌 빈도가 높을수록 짧다. 또한 기체 운동론에 따르면 고정된 온도에서 기체 분자의 질량이 크거나 기체의 압력이 낮을수록 단분자층 형성 시간은 길다. 가령 질소의 경우 20℃, 760토르* 대기압에서 단분자층 형성 시간은 3×10^{-9}초이지만, 같은 온도에서 압력이 10^{-9}토르로 낮아지면 대략 2,500초로 증가한다. 이런 이유로 STM에서는 시료의 관찰 가능 시간을 확보하기 위해 통상 10^{-9}토르 이하의 초고진공이 요구된다.

　　초고진공을 얻기 위해서는 ⓒ 스퍼터 이온 펌프가 널리 쓰인다. 스퍼터 이온 펌프는 진공 통 내부의 기체 분자가 펌프 내부로 유입되도록 진공 통과 연결하여 사용한다. 스퍼터 이온 펌프는 영구 자석, 금속 재질의 속이 뚫린 원통 모양 양극, 타이타늄으로 만든 판 형태의 음극으로 구성되어 있다. **자석 때문에 생기는 자기장이 원통 모양 양극의**

축 방향으로 걸려 있고, 양극과 음극 간에는 2~7 kV의 고전압이 걸려 있다. 양극과 음극 간에 걸린 고전압의 영향으로 음극에서 방출된 전자는 자기장의 영향을 받아 복잡한 형태의 궤적을 그리며 양극으로 이동한다. 이 과정에서 음극에서 방출된 전자는 주변의 기체 분자와 충돌하여 기체 분자를 그것의 구성 요소인 양이온과 전자로 분리시킨다. 여기서 자기장은 전자가 양극까지 이동하는 거리를 자기장이 없을 때보다 증가시켜 주어 전자와 기체 분자와의 충돌 빈도를 높여 준다. 이과정에서 생성된 양이온은 전기력에 의해 음극으로 당겨져 음극에 박히게 되어 이동 불가능한 상태가 된다. 이 과정이 1차 펌프 작용이다. 또한 양이온이 음극에 충돌하면 타이타늄이 떨어져 나와 충돌 지점 주변에 들러붙는다. 이렇게 들러붙은 타이타늄은 높은 화학 반응성 때문에 여러 기체 분자와 쉽게 반응하여, 떠돌아다니던 기체 분자를 흡착한다. 이는 떠돌아다니는 기체 분자의 수를 줄이는 효과가 있으므로 이를 2차 펌프 작용이라 부른다. 이렇듯 1, 2차 펌프 작용을 통해 스퍼터 이온 펌프는 초고진공 상태를 만들 수 있다.

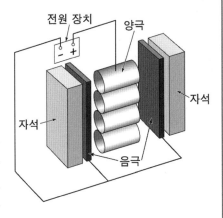

* 토르(torr) : 기체 압력의 단위.

29. 윗글의 내용과 일치하는 것은? ②

① 대기압보다 진공도가 낮은 상태가 진공이다.

② 스퍼터 이온 펌프는 초고진공을 만드는 역할을 한다.

③ 단분자층 형성 시간이 짧을수록 STM을 이용한 관찰이 용이하다.

④ 일정한 온도와 부피의 진공 통 안에서 떠돌아다니는 기체 분자의 수는 기체 압력에 반비례한다.

⑤ 단분자층 형성 시간은 시료 표면과 충돌한 기체 분자들이 표면에 달라붙을 확률과 무관하게 결정된다.

* 지문->선택지 변환 방식 적용

선택지 : ① 대기압보다 진공도가 낮은 상태가 진공이다.

지문요소 : 진공이란 기체 압력이 대기압보다 낮은 상태를 통칭하며 기체 압력이 낮을수록 진공도가 높다고 한다.

-)지문 축약 / 변형

∴ 기체압력 : 진공 〈 대기압, 진공도 : 진공 〉 대기압의 관계이므로 정답이 아니다.

선택지 : ② 스퍼터 이온 펌프는 초고진공을 만드는 역할을 한다.

지문요소 : 초고진공을 얻기 위해서는 스퍼터 이온 펌프가 널리 쓰인다.

-)지문 축약 / 변형

∴ 문장 구조만의 변형을 통해 선택지를 구성했기 때문에 정답이다.

선택지 : ③ 단분자층 형성 시간이 짧을수록 STM을 이용한 관찰이 용이하다.

지문요소 : 용이한 관찰을 위해 STM을 활용한 실험에서는 관찰하려고 하는 시료와 기체 분자의 접촉을 최대한 차단할 필요가 있어 진공이 요구되는 것이다. + 기체 운동론에 따르면 고정된 온도에서 기체 분자의 질량이 크거나 기체의 압력이 낮을수록 단분자층 형성 시간은 길다.

-)지문 축약 / 변형 + 지문[중간] 반대 진술

∴ 시료와 기체 분자의 접촉 시간인 단분자층 형성 시간이 길어야 관찰이 용이하다. 그래서 정답이 아니다.

선택지 : ④ 일정한 온도와 부피의 진공 통 안에서 떠돌아다니는 기체 분자의 수는 기체 압력에 반비례한다.

지문요소 : 기체 압력이 대기압보다 낮은 상태를 통칭하며 기체 압력이 낮을수록 진공도가 높다고 한다. 진공 통 내부의 온도가 일정하고 한 종류의 기체 분자만 존재할 경우, 기체 분자의 종류와 상관없이 통 내부의 기체 압력은 단위 부피당 떠돌아다니는 기체 분자의 수에 비례한다. + 기체 운동론에 따르면 고정된

온도에서 기체 분자의 질량이 크거나 기체의 압력이 낮을수록 단분자층 형성 시간은 길다.

–>지문 반대 진술

∴ 기체 분자수는 비례한다는 지문요소와 지문 반대 진술을 하고 있기 때문에 정답이 아니다.

선택지 : ⑤ 단분자층 형성 시간은 시료 표면과 충돌한 기체 분자들이 표면에 달라붙을 확률과 무관하게 결정된다.

지문요소 : <u>시료의 표면과 충돌한 기체 분자들이 표면에 달라붙을 확률이 클수록, 단위 면적당 기체 분자의 충돌 빈도가 높을수록 짧다.</u> + 기체 운동론에 따르면 고정된 온도에서 <u>기체 분자의 질량이 크거나 기체의 압력이 낮을수록 단분자층 형성 시간은 길다.</u>

–>지문 반대 진술

∴ 시료의 표면과 충돌한 기체 분자들이 표면에 달라붙을 확률이 클수록, 단위 면적당 기체 분자의 충돌 빈도가 높을수록 짧다고 했기 때문에 관련성이 없다. 따라서 무관하게 결정된다고 언급한 선택지는 정답이 아니다.

30. ㉠에 대한 이해로 가장 적절한 것은? ③

① 시료 표면의 높낮이를 원자 단위까지 측정할 수 없다.
② 시료의 전기 전도 여부에 관계없이 시료를 관찰할 수 있다.
③ 시료의 관찰 가능 시간을 늘리려면 진공 통 안의 기체 압력을 낮추어야 한다.
④ 시료 표면의 관찰을 위해서는 시료 표면에 기체의 단분자층 형성이 필요하다.
⑤ 양자 역학적 터널링 효과를 이용하여 탐침을 시료 표면에 접촉시킨 후 흐르는 전류를 측정한다.

* <u>지문->선택지 변환 방식 적용</u>

선택지 : ① 시료 표면의 높낮이를 원자 단위까지 측정할 수 없다.

지문요소 : ~~이 점을 이용하면~~ 시료 표면의 높낮이를 원자 단위~~에서~~ ~~측정할 수 있다.~~
–>지문 삭제 + 지문 반대 진술

선택지 : ② 시료의 전기 전도 여부에 관계없이 시료를 관찰할 수 있다.

지문요소 : ~~탐침과 시료의 커리가 매우 가까우면 양자 역학적 터널링 효과에 의해 둘어~~ 접촉하지 않아도 전류가 흐른다.

–)지문 삭제 + 지문 축약(접촉하지 않아도 전류가 흐른다. –)전기 전도 여부에 관계없이 시료를 관찰할 수 있다.) + 지문 반대 진술(선택지 : 있다 – 지문 : 없다)

선택지 : ③ 시료의 관찰 가능 시간을 늘리려면 진공 통 안의 기체 압력을 낮추어야 한다.

지문요소 : ~~커체 분지는 끊임없어 떠돌아다니다가 주변과 충돌한다.~~ 어때 일부 [a]<u>기체 분지들은 관찰하려는 시료의 표면에 붙어 표면과 반응하거나 표면을 덮어 시료 표면의 관찰을 방해한다.</u> + [b]<u>커체 분지들을 진공 통에서 뽑아내거나 진공 통 내부에서 움직어자 못하게 고정하면 진공 통 내부의 기체 압력을 낮출 수 있다.</u>

–)지문 삭제 + 지문 축약 + 지문 추론([a] + [b] : 기체 분자들이 시료 관찰을 방해한다는 점을 추론)

선택지 : ④ 시료 표면의 관찰을 위해서는 시료 표면에 기체의 단분자층 형성이 필요하다.

지문요소 : 기체 분자는 끊임없이 떠돌아다니다가 주변과 충돌한다. 이때 일부 [a]<u>기체 분자들은 관찰하려는 시료의 표면에 붙어 표면과 반응하거나 표면을 덮어 시료 표면의 관찰을 방해한다.</u> + 진공 통 내부에서 떠돌아다니던 기체 분자들이 관찰하려는 시료의 표면에 달라붙어 한 층의 막을 형성하기까지 걸리는 시간을 <u>단분자층 형성 시간</u>이라 한다. 이 시간은 시료의 표면과 충돌한 기체 분자들이 표면에 달라붙을 확률이 클수록, 단위 면적당 기체 분자의 충돌 빈도가 높을수록 짧다.

–)지문 축약 + 지문 추론 형식 + 지문 반대 진술(지문 : 단분자층 형성이 되지 않을수록 관찰이 용이하다 〈–〉 단분자층 형성이 필요하다)

선택지 : ⑤ 양자 역학적 터널링 효과를 이용하여 <u>탐침을 시료 표면에 접촉시킨 후 흐르는 전류를 측정</u>한다.

지문요소 : <u>탐침과 시료의 거리가 매우 가까우면</u> 양자 역학적 터널링 효과에 의해 둘이 접촉하지 않아도 전류가 흐른다.

–)지문 축약 / 변형(지문 : 탐침과 시료의 거리가 매우 가까우면 〈–〉 탐침을 시료 표면에 접촉시킨 후)

31. ⓛ의 '음극'에 대한 설명으로 적절하지 <u>않은</u> 것은? ①

① 고전압과 전자의 상호 작용으로 자기장을 만든다.
② 떠돌아다니던 기체 분자를 흡착하는 물질을 내놓는다.
③ 기체 분자에서 분리된 양이온을 전기력으로 끌어당긴다.
④ 전자와 기체 분자의 충돌로 만들어진 양이온을 고정시킨다.
⑤ 기체 분자를 양이온과 전자로 분리시키는 전자를 방출한다.

* <u>지문->선택지 변환 방식 적용</u>

선택지 : ① 고전압과 전자의 상호 작용으로 자기장을 만든다.

지문요소 : <u>자석 때문에 생기는 자기장</u>이 원통 모양 양극의 축 방향으로 걸려 있고, 양극
          과 음극 간에는 2-7kv <u>고정압이 걸려 있다.</u>
-)지문 축양 / 변형

∴ 지문요소 중 관련성이 없는 내용을 연결하여 선택지를 구성하고 있다. 따라서 발문에
  서 요구하는 정답이다.

선택지 : ② 떠돌아다니던 기체 분자를 흡착하는 물질을 내놓는다.

지문요소 : 양이온이 음극에 <u>충돌하면 타이타늄이 떨어져 나와 충돌 지점 주변에 들러붙</u>
          <u>는다.</u> 이렇게 들러붙은 타이타늄은 높은 화학 반응성 때문에 <u>여러 기체 분자</u>
          <u>와 쉽게 반응하여, 떠돌아다니던 기체 분자를 흡착한다.</u>
-)지문 축약 / 변형 + 추론 선택지

∴ 지문요소 중 '충돌하면 타이타늄이 떨어져 나와 충돌 지점 주변에 들러붙는다.'는 것
  과 '화학 반응성'을 근거로 '흡착하는 물질을 내놓는다.'는 추론이 가능하다.

선택지 : ③ 기체 분자에서 분리된 양이온을 전기력으로 끌어당긴다.

지문요소 : <u>음극에서 방출된 전자는 주변의 기체 분자와 충돌하여 기체 분자를 그것의</u>
          <u>구성 요소인 양이온과 전자로 분리시킨다.</u> + 전자와 기체 분자와의 충돌 빈
          도를 높여 준다. 이과정에서 생성된 <u>양이온은 전기력에 의해 음극으로 당겨</u>
          <u>져 음극에 박히게 되어 이동 불가능한 상태가 된다.</u>

–〉지문 변형 / 축약

∴ 지문요소 중 '양이온은 전기력에 의해 음극으로 당겨져'라는 점을 근거로 선택지 내용과 일치한다.

선택지 : ④ 전자와 기체 분자의 충돌로 만들어진 양이온을 고정시킨다.

지문요소 : <u>타이타늄으로 만든 판 형태의 음극</u>으로 구성되어 있다. + 전자와 기체 분자와의 충돌 빈도를 높여 준다. 이과정에서 생성된 양이온은 전기력에 의해 음극으로 당겨져 음극에 박히게 되어 <u>이동 불가능한 상태가 된다.</u>

–〉지문 축약 / 변형

∴ 지문요소 중 '이동 불가능한 상태가 된다.'는 점을 근거로 선택지 내용과 일치한다.

선택지 : ⑤ 기체 분자를 양이온과 전자로 분리시키는 전자를 방출한다.

지문요소 : <u>음극에서 방출된 전자는</u> 주변의 기체 분자와 충돌하여 <u>기체 분자를 그것의 구성 요소인 양이온과 전자로 분리시킨다.</u>

–〉지문 변형 / 축약 + 지문 부분 삭제

∴ 지문요소 중 '양이온과 전자로 분리시킨다.'는 근거로 선택지 내용과 일치한다.

발칙한 생각

1. 지문 –선택지 변환 방식에 자주 등장하는 단어

　가령 지문에서는 '– 있다.'라고 한다면, 선택지에서는 '– 없다.'라는 반대 진술을 한다. 물론 그 반대 진술도 성립한다. 지문을 독해할 때 선택지의 서술어에 신경을 곤두세워야 한다. 쉽게 말해 아예 △

표시를 해 두면 선택지와 연결해 스피드[speed]하게 정답를 판단하는데 도움이 된다.

[예시]

지문요소 : 시료 표면의 높낮이를 원자 단위에서 측정할 수 있다.

선택지 : 시료 표면의 높낮이를 원자 단위까지 측정할 수 없다.

① 있다 - 없다
② 비례한다 - 반비례한다
③ 가까워지다 - 멀어지다
④ 일치한다 - 일치하지 않는다
⑤ 일정하다(유지하다) - 일정하지 않다
⑥ 짧다 - 길다 : 짧아지다 - 길어지다
⑦ 높다 - 낮다 : 높아지다 - 낮아지다
⑧ 다르다 - 같다 : 다르겠군 - 같겠군
⑨ 관계있다 - 관계없다 : 관련성이 있다(깊다) - 관련성이 없다
⑩ 늦다 - 빠르다 : 늦어지다 - 빨라지다
⑪ 작다 - 크다 : 적다 - 많다 : 작아지다 - 커지다 : 감소하다 - 증가하다
⑫ 달리 - 마찬가지로 : 함께, 모두, 항상

지문 – 선택지 반대 진술의 예 [2108학년도 11월]

디지털 통신 시스템은 송신기, 채널, 수신기로 구성되며, 전송할 데이터를 빠르고 정확하게 전달하기 위해 부호화 과정을 거쳐 전송한다. 영상, 문자 등인 데이터는 기호 집합에 있는 기호들의 조합이다. 예를 들어 기호 집합 a, b, c, d, e, f에서 기호들을 조합한 add, cab, beef 등이 데이터이다. 정보량은 어떤 기호가 발생했다는 것을 알았을 때 얻는 정보의 크기이다. 어떤 기호 집합에서 특정 기호의 발생 확률이 **높으면** 그 기호의 정보량은 **적고**, 발생 확률이 **낮으면** 그 기호의 정보량은 **많다**. 기호 집합의 평균 정보량*을 기호 집합의 엔트로피라고 하는데 모든 기호들이 **동일한** 발생 확률을 가질 때 그 기호 집합의 엔트로피는 **최댓값**을 갖는다.

송신기에서는 소스 부호화, 채널 부호화, 선 부호화를 거쳐 기호를 부호로 변환한다. 소스 부호화는 데이터를 압축하기 위해 기호를 0과 1로 이루어진 부호로 변환하는 과정이다. 어떤 기호가 110과 같은 부호로 변환되었을 때 0 또는 1을 비트라고 하며 이 부호의 비트 수는 3이다. 이때 기호 집합의 엔트로피는 기호 집합에 있는 기호를 부호로 표현하는 데 필요한 평균 비트 수의 **최솟값**이다. 전송된 부호를 수신기에서 원래의 기호로 복원하려면 부호들의 평균 비트 수가 기호 집합의 엔트로피보다 **크거나 같아야 한다**. 기호 집합을 엔트로피에 최대한 가까운 평균 비트 수를 갖는 부호들로 변환하는 것을 엔트로피 부호화라 한다. 그중 하나인 '허프만 부호화'에서는 발생 확률이 **높은** 기호에는 비트 수가 **적은** 부호를, 발생 확률이 **낮은** 기호에는 비트 수가 **많은** 부호를 할당한다.

39. 윗글을 바탕으로, 2가지 기호로 이루어진 기호 집합에 대해 이해한 내용으로 적절하지 **않은** 것은?

① 기호들의 발생 확률이 모두 1/2인 경우, 각 기호의 정보량은 **동일하다**.

② 기호들의 발생 확률이 각각 1/4, 3/4인 경우의 평균 정보량이 **최댓값이다**.

③ 기호들의 발생 확률이 각각 1/4, 3/4인 경우, 기호의 정보량이 **더 많은 것**은 발생 확률이 1/4인 기호이다.

④ 기호들의 발생 확률이 모두 1/2인 경우, 기호를 부호화하는데 필요한 평균 비트 수의 **최솟값이 최대가 된다**.

⑤ 기호들의 발생 확률이 각각 1/4, 3/4인 기호 집합의 엔트로피는 발생 확률이 각각 3/4, 1/4인 기호 집합의 엔트로피와 **같다**.

2. 내가 출제자라고 한번 상상해 보자. 선택지 5개를 만들어야 한다면 무엇부터 먼저 만들겠는지 말이다. 우선 지문에서 평가요소를 반영해 정답지를 만들어 놓고 이후에 정답지를 조금씩 비틀어서 나머지 오답지를 만들 것이다. 정답을 고르려면 출제자의 의도를 정확하게 알고 지문에서 찾은 답의 근거를 선택지와 연결할 수 있어야 한다. 그런데 선택지에서 정답이 아닌 것을 제외하고 나면 항상 두 개가 남아서 이게 정답인지, 저게 정답인지 헷갈린다. 그러나 걱정하지 말자, 이 책에 세시된 여러 가지 법칙을 차례로 연습한다면 답을 어렵지 않게 찾을 수 있을 것이다.

3. 지문을 읽기 전에 왜 본능적으로 '다음 글을 읽고 물음에 답하시오.'라는 문구를 읽는지? 안 읽어도 되는데...... 그래도 습관적으로 눈에 보이니..... 시간 낭비일까?

지문 - 독해 법칙
[빠른 지문 독해로 정답을 찾아라.]

수능 독서 영역은 **지문의 독해력**과 문항 해결을 위한 **추론 능력**이라고 할 만큼 **지문 독해**가 중요하다. 지문 독해가 곧 정답을 찾는 관건이기 때문에 빠른 지문 독해가 필요하다. 그런데 독서 영역의 지문이 장문화, 통합화하는 경향과 이에 따른 다수의 문항까지 출제되면서 수험생에게 상당히 부담이 가중되는 현실이다. 그래서 지문 구조에 대한 이해를 바탕으로 빠른 지문 독해를 하면 정답지를 판단하는데 도움이 된다는 사실은 분명할 것이다.

독서 영역 지문은 인문예술, 사회문화, 과학기술 영역으로 나누며, 각 영역별로 이론 혹은 이론사를 바탕으로 지문을 구성하며, 출제는 사실적 이해, 비판적 이해, 추론적 이해, 통합적 이해를 묻는 문항이 고르게 출제된다. 가령, 이론은 각 교과와 관련한 개념 원리에 대한 설명 혹은 학자들의 견해[2018학년도 수능에서 율곡 이이의 이기론(理氣論) 등], 그리고 통시적 관점의 이론사[2019학년도 수능에서 16세기 전반 태양중심설과 지구중심설에 대한 견해 - 16세기 후반 - 17세기 후반 - 18세기 초 - 19세기 중엽까지의 변화와 흐름]를 바탕으로 지문을 구성하는 경우가 대부분이다.

ㄱ. 지문 성격 3가지

지문은 기본적으로 **논리성, 가독성, 적용성**을 갖추고 있다.

첫째, 논리성의 경우 지문 구성은 대개 3단 구성의 5단락으로, 서론은 문제제기[독자들의 호기심 혹은 관심 유도할 만한 내용], 지문의 중요 개념 설명[일상적으로 통용되는 개념은 생략], 글 쓸 방향[독자들의 호기심 혹은 관심 유도할 만한 내용을 심화하는 방향]과 같은 요소들이 바탕이다. 본론에서는 서론의 문제제기나 글 쓸 방향에 따라 본론을 세부적으로 3단락으로 나누어 구체적인 설명이나 예시로, 결론 부분은 지문 분량으로 보아 대체로 출제되지 않거나 지문 내용과 관련한 전망으로 간단하게 마무리 되기도 한다. 간혹 지문의 분량 때문에 서론의 문제 제기와 함께 바로 중심 개념어와 현상을 설명하면서 본론으로 출제되는 경향도 있다.

[예시]

다음은 서론의 문제 제기와 함께 바로 중심 개념어와 현상을 설명한 본론으로 구성된 지문이다.

* 다음 글을 읽고 물음에 답하시오. [2019학년도 6월]

> 사무실의 방충망이 낡아서 파손되었다면 세입자와 사무실을 빌려 준 건물주 중 누가 고쳐야 할까? 이 경우, 민법전의 법조문에 의하면 임대인인 건물주가 수선할 의무를 진다. 그러나 사무실을 빌릴 때, 간단한 파손은 세입자가 스스로 해결한다는 내용을 계약서에 포함하는 경우도 있다. 이처럼 법률의 규정과 계약의 내용이 어긋날 때 어떤

것이 우선 적용되어야 하는가, 법적 불이익은 없는가 등의 문제가 발생한다.

사법(私法)은 개인과 개인 사이의 재산, 가족 관계 등에 적용되는 법으로서 이 법의 영역에서는 '계약 자유의 원칙'이 적용된다. 계약의 구체적인 내용 결정 등은 당사자들 스스로 정할 수 있다는 것이다. 따라서 당사자들이 사법에 속하는 법률의 규정과 어긋난 내용으로 계약을 체결한 경우에 계약 내용이 우선 적용된다. 이처럼 법률상으로 규정되어 있더라도 당사자가 자유롭게 계약 내용을 정할 수 있는 법률 규정을 '임의 법규'라고 한다. 사법은 원칙적으로 임의 법규이므로, 사법으로 규정한 내용에 대해 당사자들이 계약으로 달리 정하지 않았다면 원칙적으로 법률의 규정이 적용된다. 위에서 본 임대인의 수선 의무 조항이 이에 해당한다.

그러나 법률로 정해진 내용과 어긋나게 계약을 하면 당사자들에게 벌금이나 과태료 같은 법적 불이익이 있거나 계약의 효력이 부정되는 예외적인 경우도 있다. 우선, 체결된 계약 내용이 법률에 정해진 내용과 어긋날 때 법적 불이익이 있지만 계약의 효력 자체는 그대로 두는 경우가 있다. 이에 해당하는 법조문을 '단속법규'라고 한다. 공인 중개사가 자신이 소유한 부동산을 고객에게 직접 파는 것을 금지하는 규정은 단속 법규에 해당한다. 따라서 이 규정을 위반하여 공인 중개사와 고객이 체결한 매매 계약의 경우 공인 중개사에게 벌금은 부과되지만 계약 자체는 유효이다. 이 경우 계약 내용에 따른 행동인 급부(給付)를 할 의무가 인정되어, 공인 중개사는 매물의 소유권을 넘겨주고 고객은 대금을 지급해야 하는 것이다.

한편 체결된 계약 내용이 법률에 정해진 내용과 어긋날 때 법적 불이익이 있을 뿐 아니라 체결된 계약의 효력 자체도 인정되지 않아 급부 의무가 부정되는 경우가 있다. 이에 해당하는 법조문을 '강행 법규'라고 한다. 이 경우 계약 당사자들은 상대에게 급부를 하라고 요구할 수는 없다. 이미 급부를 이행하여 재산적 이익을 넘겨주었다면 이 이익은 '부당 이득'에 해당하기 때문에 반환을 요구할 수 있다. 즉 '부당 이득 반환 청구권'이 인정된다. 의사와 의사 아닌 사람의 의료 기관 동업을 금지하는 법률 규정은 강행 법규이다. 따라서 의사와 의사 아닌 사람이 체결한 동업 계약은 계약의 효력이 부정된다. 다만 계약에 따라 이미 동업 자금을 건넸다면 이 돈을 반환하라고 요구하는 것은 가능하다.

그러나 강행 법규에 의해 계약의 효력이 부정되었을 때 부당이득 반환 청구권이 인정되지 않는 경우도 있다. 급부의 내용이 위조지폐 제작처럼 비도덕적이거나 반사회적인 행동이라면, 계약의 효력이 인정되지 않을 뿐 아니라 이미 넘겨준 이익을 돌려받을 권리도 부정되는 것이 원칙이다.

국가가 개인 간의 계약에 개입하는 것은 국가 안보, 사회 질서, 공공복리 등의 정당한 입법 목적을 달성하기 위해서이다. 이 경우 계약의 자유를 제한하려면 필요한 만큼만 최소로 제한해야 한다는 '비례 원칙'이 적용된다. 이로 인해 국가가 계약 당사자들에게 미치는 영향이 다양하게 나타나는 것이다.

윗글은 일상 생활에서 볼 수 있는 사건으로 문제 제기를 하고, 이를 바탕으로 법률의 규정과 계약의 내용이 어긋날 때 우선 적용되어야 하는가, 법적 불이익은 없는가에 대한 구체적인 문제 제기를 통해 글 쓸 방향을 제시하고 있다. 그리고 이 방향에서 각종 현상에 대한 해결책을 개념 중심으로 구성된 논리성을 갖춘 지문이다.

둘째, 가독성의 경우 심화 교육과정이거나 혹은 현실에서 이슈화되는 쟁점들[2018학년도 수능에서 중앙은행의 통화 정책 혹은 DNS 스푸팅(인터넷 사용자을 가짜 사이트로 접속하게 만드는 행위), 2019학년도 부동산 정책에서 채권과 채무 관계 등]과 관련한 보다 전문적인 지문이 출제되기도 하는데, 이때 가독성을 위해 개념을 중심으로 글이 전개된다. 또한 최근에 난해한 융합형 지문의 경우는 지문 중간을 전후로 나누어 구성되면서 통합적 독해력 측정을 요구하는 현실이 되었다. 가령 지문의 앞부분은 물리 영역이고, 지문의 뒷부분은 논리학 영역과 같은 경우이다. 그러나 지문의 가독성이 정답 판단의 기준이 되지 않도록 적정 수준의 글이 지문에 출제된다. 다만 수험생의 입장에서는 난해한 지문을 비교적 쉽게 이해하는 방법은 바로 **지문의 예시를 활용**하는 것이다. 가령 2018학년도 수능에서 고전역학과 양자역학을 비교하는 난해한 지문에서 개념 이해를 위해 일상적으로 볼 수 있거나 경험할 수 있는 사례를 든 경우이다. 난해한 물리의 개념 이해를 위해 팽이 회전 방향에 대한 설명을 예로 들기도 한다. 2019학년도 수능에서는 현실세계와 가능세계의 철학적 개념을 일상에서 경험할 수 있는 기차 타는 시각과 목적지 도착에 대한 예을 통해 설명하는 경우이다.

[예시-1]

2018학년도 9월 통합 영역을 다룬 지문의 일부이다. 개념 자체는 어려우나, 예를 활용하여 이해한다면 지문 이해에 도움이 될 수 있다.

고전 역학에 따르면, 물체의 크기에 관계없이 초기 운동 상태를 정확히 알 수 있다면 일정한 시간 후의 물체의 상태는 정확히 측정될 수 있으며, 배타적인 두 개의 상태가 공존할 수 없다. 하지만 20세기에 등장한 **양자 역학에 의해 미시 세계에서는 상호 배타적인 상태들이 공존**할 수 있음이 알려졌다.

미시 세계에서의 상호 배타적인 상태의 공존을 이해하기 위해, **거시 세계에서 회전하고 있는 반지름 5 ㎝의 팽이를 생각**해 보자. 그 팽이는 시계 방향 또는 반시계 방향 중 한쪽으로 회전하고 있을 것이다. 팽이의 회전 방향은 관찰하기 이전에 이미 정해져 있으며, 다만 관찰을 통해 알게 되는 것뿐이다. **이와 달리 미시 세계에서 전자만큼 작은 팽이 하나가 회전하고 있다고 상상**해 보자. 이 팽이의 회전 방향은 시계 방향과 반시계 방향의 두 상태가 공존하고 있다. 하나의 팽이에 공존하고 있는 두 상태는 관찰을 통해서 한 가지 회전 방향으로 결정된다. 두 개의 방향 중 어떤 쪽이 결정될지는 관찰하기 이전에는 알 수 없다. 거시 세계와 달리 양자 역학이 지배하는 미시 세계에서는, 우리가 관찰하기 이전에는 상호 배타적인 상태가 공존하는 것이다. 배타적인 상태의 공존과 관찰 자체가 물체의 상태를 결정한다는 개념을 받아들이기 힘들었기 때문에, 아인슈타인은 ㉠ "당신이 달을 보기 전에는 달이 존재하지 않는 것인가?"라는 말로 양자 역학의 해석에 회의적인 태도를 취하였다.

윗글에서는 20세기 양자역학의 미시세계에서 상호 배타적인 상태의 공존을 이해하기 위해, 거시세계에서 회전하는 팽이를 예로 들어 설명하고 있다. (우리들이) 팽이를 관찰하기 이전에 팽이는 이미 어느 한 방향으로 돌고 있다. 다만 관찰을 통해서만 알 수 있다. 그러나 미시세계에서는 전자만큼 작은 팽이가 돈다고 가정하면 시계방향이나 반시계방향의 두 상태가 공존하는 양자역학의 미시세계를 쉽게 설명하고 있다.

중요 개념에 대한 가독성을 높이기 위해 팽이의 예를 들어 설명한 지문이다.

[예시-2]

2019학년도 11월 철학에서 명제를 다룬 지문의 일부이다. 개념 자체는 어려우나, 예를 활용하여 이해한다면 지문 이해에 도움이 될 수 있다.

두 명제가 모두 참인 것도 모두 거짓인 것도 가능하지 않은 관계를 모순 관계라고 한다. 예를 들어, 임의의 명제를 P라고 하면 P와~P는 모순 관계이다.(기호 '~'은 부정을 나타낸다.) P와~P가 모두 참인 것은 가능하지 않다는 법칙을 무모순율 이라고 한다. 그런데 "㉠ 다보탑은 경주에 있다."와 "㉡ 다보탑은 개성에 있을 수도 있었다."는 모순 관계가 아니다. 현실과 다르게 다보탑을 경주가 아닌 곳에 세웠다면 다보탑의 소재지는 지금과 달라졌을 것이다. 철학자들은 이를 두고, P와~P가 모두 참인 혹은 모두 거짓인 가능세계는 없지만 다보탑이 개성에 있는 가능세계는 있다고 표현한다.

'가능세계'의 개념은 일상 언어에서 흔히 쓰이는 필연성과 가능성에 관한 진술을 분석하는 데 중요한 역할을 한다. 'P는 가능하다'는 P가 적어도 하나의 가능세계에서 성립한다는 뜻이며, 'P는 필연적이다'는 P가 모든 가능세계에서 성립한다는 뜻이다. "만약 Q이면 Q이다."를 비롯한 필연적인 명제들은 모든 가능세계에서 성립한다. "다보탑은 경주에 있다."와 같이 가능하지만 필연적이지는 않은 명제는 우리의 현실세계를 비롯한 어떤 가능세계에서는 성립하고 또 어떤 가능세계에서는 성립하지 않는다.

가능세계를 통한 담론은 우리의 일상적인 몇몇 표현들을 보다 잘 이해하는 데 도움이 된다. 다음 상황을 생각해 보자. 나는 현실에서 아침 8시에 출발하는 기차를 놓쳤고, 지각을 했으며, 내가 놓친 기차는 제시간에 목적지에 도착했다. 그리고 나는 "만약 내가 8시 기차를 탔다면, 나는 지각을 하지 않았다."라고 주장한다. 그런데 전통 논리학에서는 "만약 A이면 B이다."라는 형식의 명제는 A가 거짓인 경우에는 B의 참 거짓에 상관없이 참이라고 규정한다. 그럼에도 ⓐ 내가 만약 그 기차를 탔다면 여전히 지각을 했을 것이라고 주장하지는 않는 이유는 무엇일까? 내가 그 기차를 탄 가능세계들을 생각해 보면 그 이유를 알 수 있다. 그 가능세계 중 어떤 세계에서 나는 여전히 지각을 한다. 가령 내가 탄 그 기차가 고장으로 선로에 멈춰 운행이 오랫동안 지연된 세계가 그런 예이다. 하지만 내가 기차를 탄 세계들 중에서, 내가 기차를 타고 별다른 이변 없이 제시간에 도착한 세계가 그렇지 않은 세계보다 우리의 현실세계와의 유사성이 더 가능세계란 개념을 이해하는데, 우리 일상에서 경험하거나 충분히 볼 수 있는 예를 들어 설명하기 때문에 지문 이해에 도움이 된다는 의미이다. 즉 현실에서 기차를 타고 아침 8시에 출발하여 제시간에 목적지의 도착 여부를 통해 철학에서 명명하는 명제에 대한 가능세계와 현실세계를 설명하고 있다.

셋째, 적용성의 경우 심화 교육과정이거나 혹은 현실에서 이슈화되는 쟁점들과 관련한 보다 전문적인 지문이 유용한 교육 가치를 공유한다는 점에서 일상 생활에서 경험하게 되는 사례를 <보기>로 적용되는 방식으로 출제된다. 가령 사회영역의 생소한 중심 개념어를 지문으로 설명하면서 특정 지역 A에 소각장 설치 문제를 <보기>로 적용하는 경우이다.

[예시]

* 다음 글을 읽고 물음에 답하시오. [2018학년도 9월]

사람들은 함께 모여 '집합 의례'를 행한다. 뒤르켐은 오스트레일리아 부족들의 집합 의례를 공동체 결속의 관점에서 탐구한다. 부족 사람들은 문제 상황이 발생할 경우 생계 활동을 멈추고 자신들이 공유하는 성(聖)과 속(俗)의 분류 체계를 활용하여 이 상황이 성스러운 것인지 아니면 속된 것인지를 판별하는 집합 의례를 행한다. 이 과정에서 그들은 자신들이 공유하는 성스러움이 무엇인지 새삼 깨닫고 그것을 중심으로 약해진 기존의 도덕 공동체를 재생한다. 집합 의례가 끝나면 부족 사람들은 가슴속에 성스러움을 품고 일상의 속된 세계로 되돌아간다. 이로써 단순히 먹고사는 문제에 불과했던 생계 활동이 성스러움과 연결된 도덕적 의미를 지니게 된다.

뒤르켐은 현대 사회의 집합 의례가 기존 도덕 공동체의 재생으로 끝나지 않고 새로운 도덕 공동체를 창출할 것이라고 본다. 예를 들어, 프랑스 혁명은 자유, 평등, 우애와 같은 새로운 성스러움을 창출하고 이를 중심으로 새로운 도덕 공동체를 구성한 집합 의례다. 뒤르켐은 새로 창출된 성스러움이 자기 이해관계를 추구하며 속된 세계에서 살아가는 개인들에게 서로 결속할 수 있는 도덕적 의미를 제공할 것이라 여긴다.

파슨스와 스멜서는 이러한 이론적 통찰을 기능주의 이론으로 구체화한다. 그들은 성스러움을 가치라는 말로 바꿔 표현한다. 현대 사회에서는 가치가 평상시 사회적 삶 아래에 잠재되어 있다가, 그 도덕적 의미가 뿌리부터 뒤흔들리는 위기 시기에 위로 올라와 전국적으로 일반화된다. 속된 일상에서 사람들은 가치를 추구하기보다는 자기 이해관계를 구체화한 목표와 이의 실현을 안내하는 규범에 따라 살아간다. 하지만 위기 시기에는 사람들의 관심이 자신들의 특수한 이해관계에서 보편적인 가치로 상승한다. 사람들은 가치에 기대어 위기가 주는 심리적 긴장과 압박을 해소하는 집합 의례를 행한다. 그 결과 사회의 통합이 회복된다. 파슨스와 스멜서는 이것이 마치 유기체가 환경의 압박으로 인해 흐트러진 항상성의 기능을 생리 작용을 통해 회복하는 과정과 유사하다고 본다.

알렉산더는 파슨스와 스멜서의 이론을 받아들이면서도 그들이 사용한 생물학적 은유가 복잡한 현대 사회의 집합 의례를 탐구하는 데는 한계가 있다고 보고, 그 대안으로 '사회적 공연론'을 제시한다. 그는 가치를 전 사회로 일반화하는 집합 의례가 현대 사회에서는 유기체의 생리 작용처럼 자연적으로 진행되는 것이 아니라, 그 결과가 정해지지 않은 과정이라고 본다. 현대사회는 사회적 공연의 요소들이 분화되어 있을 뿐만 아니라 각 요소가 자율성을 지니고 있다. 따라서 이 요소들을 융합하는 사회적 공연은 우발성이 극대화된 문화적 실천을 요구한다. 알렉산더가 기능주의 이론과 달리 공연의 요소들이 어떤 조건 아래에서 어떤 과정을 거쳐 융합이 이루어지는지 경험적으로 세밀하게 탐구해야 한다고 강조하는 이유가 여기에 있다.

현대 사회의 사회적 공연의 요소들로는 성과 속의 분류 체계를 다양하게 구체화한 대본, 다양한 대본을 자신만의 방식으로 실행하는 배우, 계급·출신 지역·나이·성별 등 내부적으로 분화된 관객, 시·공간적으로 다양한 동선을 짜서 공연을 무대 위에 올리는 미장센*, 시·공간의 한계를 넘어 공연을 광범위한 관객에게 전파하는 상징적 생산 수단, 공연을 생산하고 배포하고 해석하는 과정을 총체적으로 통제하지 못할 정도로 고도로 분화된 사회적 권력 등이 있다. 그러나 요소의 분화와 자율성이 없는 전체주의 사회에서는 국가 권력에 의한 대중 동원만 있을 뿐 사회적 공연이 일어나기 어렵다.

* 미장센(mise en scéne) : 무대 위에서의 등장인물의 배치나 역할, 무대 장치, 조명 따위에 관한 총체적인 계획과 실행.

42. 윗글에서 설명한 '사회적 공연론'으로 <보기>를 이해한 내용으로 적절하지 **않은** 것은? [3점] ②

┤ 보 기 ├

　　수려한 경관으로 유명한 A시에 소각장이 들어설 예정이다. A시의 시장은 정부의 보조금을 활용하여 낙후된 지역 경제를 발전시키기 위해 소각장을 유치하였다고 밝혔다. A시 시민들은 반대파와 찬성파로 갈려 집회를 이어 갔다. 반대파는 지역 경제 발전에는 찬성하지만 소각장이 환경을 오염시킨다며 철회할 것을 요구했고, 찬성파는 반대파가 지역 이기주의에 빠져 있다고 비판했다. 집회에 참여하지 않던 사람들도 의견이 갈려 토박이와 노인은 반대 운동에, 이주민과 젊은이는 찬성 운동에 적극 참여하였다. 중앙 언론은 이 사건이 지역 내 현상이라며 아예 보도하지 않았다. 반대파는 반대 운동을 전국적으로 알리기 위해 서울에 가서 집회를 하려 했지만 경찰이 허가를 내 주지 않았다

① 공연의 미장센이 A시에 한정되어 펼쳐지고 있군.
② 공연의 요소들이 융합되어 가치의 일반화가 일어났군.
③ 출신 지역과 나이로 분화된 관객이 배우로 직접 나서고 있군.
④ 상징적 생산 수단과 사회적 권력이 공연의 전국적 전파를 막으려 하는군.
⑤ 배우들이 지역 경제 발전에는 동의하면서도 서로 다른 대본을 가지고 공연을 수행하는군.

ㄴ. 지문 유형 5가지

　　지문 유형은 대체로 가. A = a <-> b형(비교형) 나. A = a + b형 (분류형)과 다. A + B = C형(통합형), 라. A + B ≒ C형(융합형), 마. A->B->C->D->E ---등(변화형)이 있다. 이 다섯 가지의 지문 구조를 파악한다면 스피드[speed]하게 정답을 찾을 수 있다.

가. 중심화제 A = a ⟨-⟩ b형(비교형)

지문 전체를 관통하는 하나의 주제 즉 **중심화제[A]**에서 파생되는 하위 개념어 a 혹은 b를 중심으로 **비교 혹은 대조[a <-> b형]** 형태의 지문 유형이다.

[22~25] 다음 글을 읽고 물음에 답하시오. [2016학년도 6월]

(가) 우리는 일상에서 '약자를 돕는 것은 옳다'와 같은 도덕적 판단을 한다.
① 문제 제기

이렇게 구체적 행위에 대한 도덕적 판단 문제를 다루는 것이 규범 윤리학이라면,
② 개념 정의(1)
옳음의 의미 문제, 도덕적 진리의 존재 문제 등과 같이 규범 윤리학에서 사용하는

개념과 원칙에 대해 다루는 것은 메타 윤리학이다. 메타 윤리학에서 도덕 실재론과
③ 개념 정의(2)

정서주의는 '옳음'과 '옳지 않음'의 의미를 이해하는 방식과 도덕적 진리의 존재 여부에 대해 상반된 주장을 펼친다.
④ 글 쓸 방향

(나) 도덕 실재론에서는 도덕적 판단과 도덕적 진리를 과학적 판단 및 과학적 진리와 마찬가지라고 본다. 즉 과학적 판단이 '참' 또는 '거짓'을 판정할 수 있는 명제를 나타내고 이때 참으로 판정된 명제를 과학적 진리라고 부르는 것처럼, 도덕적 판단도 참 또는 거짓으로 판정할 수 있는 명제를 나타내고 참으로 판정된 명제가 곧 도덕적 진리라고 규정하는 것이다. 그런데 도덕 실재론에서 주장하듯, '도둑질은 옳지 않다'가 도덕적 진리라면, 그것이 참임을 판정하기 위해서는 도덕적으로 옳지 않음이라는 객관적으로 실재하는 성질을 도둑질에서 찾아낼 수 있어야 한다.
⑤ 도덕적 실재론의 특징 : 도덕적 판단과 진리를 과학적 판단과 진리에 비유

(다) 한편 정서주의에서는 어떤 도덕적 행위에 대해 도덕적으로 옳음이나 도덕적으로 옳지 않음이라는 성질은 객관적으로 존재하지 않는 것이고 도덕적 판단도 참 또는

거짓으로 판정되는 명제를 나타내지 않는다. 따라서 정서주의에서는 '옳다' 혹은 '옳지 않다'는 도덕적 판단을 내리지만 도덕 실재론과 달리 과학적 진리와 같은 도덕적 진리는 없다는 입장을 보인다. 그렇다면 정서주의에서는 옳음이나 옳지 않음의 의미를 무엇으로 볼까? 도둑질과 같은 구체적인 행위에 대한 감정과 태도가 곧 옳음과 옳지 않음이라고 한다. 즉 '도둑질은 옳다'는 판단은 도둑질에 대한 승인 감정을 표현한 것이고, '도둑질은 옳지 않다'는 판단은 도둑질에 대한 부인 감정을 표현한 것으로 이해한다.

⑥ 정서주의의 특징 : 승인 감정과 부인 감정(1)

(라) 이런 정서주의에서는 도덕적 판단이 윤리적 행위를 하도록 동기를 부여하는 것에 대해 도덕 실재론보다 단순하게 설명할 수 있다. 윤리적 행위의 동기 부여를 설명할 때 도덕적 판단이 나타내는 승인 감정 또는 부인 감정 이외에 다른 것이 필요하지 않기 때문이다. 승인 감정은 어떤 행위를 좋다고 여기는 것이고 그것이 일어나길 욕망하는 것이기에 결국 그것을 해야 한다는 동기 부여까지 직접 연결된다는 것이다. 부인 감정도 마찬가지로 작동한다. 이에 비해 도덕 실재론에서는 도덕적 판단 이외에도 인간의 욕망과 감정에 관한 이해가 반드시 필요하다. **예컨대 '약자를 돕는 것은 옳다'에 덧붙여 '사람들은 약자가 어려운 처지에 빠지지 않기를 바란다'와 같이 인간의 욕망과 감정에 대한 법칙을 추가해야 한다.** 그래야만 도덕 실재론에서는 약자를 돕는 윤리적 행위를 해야겠다는 동기 부여에 대해 설명할 수 있다. 인간의 욕망과 감정에 대한 법칙을 쉽게 확보할 수 있는 것은 아니기에 그것 없이도 윤리적 행위의 동기 부여를 설명할 수 있는 정서주의는 도덕 실재론에 비해 높이 평가된다.

또한 옳음과 옳지 않음의 의미를 승인 감정과 부인 감정의 표현으로 이해하는 정서주의에 따르면 사람들 간의 도덕적 판단의 차이도 간단하게 설명할 수 있다. 윤리적인 문제에 대해 서로 합의하지 못하는 의견 차이에 대해서도 굳이 어느 한 쪽 의견이 틀렸기 때문이라고 말할 필요가 없이 서로 감정과 태도가 다를 뿐이라고 설명할 수 있다. 이런 설명은 도덕적 판단의 차이로 인한 극단적인 대립을 피할 수 있게 해 준다는 점에서 의의가 있다.

⑦ 정서주의의 특징 : 승인 감정과 부인 감정(2) + 예시

(마) 하지만 옳음과 옳지 않음을 감정과 동일시하는 정서주의에도 몇 가지 문제점이 제기될 수 있다. 첫째, 감정이 변할 때마다 도덕적 판단도 변한다고 해야 하지만, 도덕적 판단은 수시로 바뀌지 않는다. 둘째, ㉠ 감정은 아무 이유 없이 변할 수 있지만 도덕적 판단은 뚜렷한 근거 없이 바뀔 수 없다. 셋째, 감정이 없다면 '도덕적으로 옳음'과 '도덕적으로 옳지 않음'도 없다고 해야 하지만, '도덕적으로 옳음'과 '도덕적으로 옳지 않음'이 없다는 것은 보편적 인식과 배치된다.

⑧ 정서주의의 문제점

윗글은 각 단락마다 기호를 붙여 다섯 단락으로 나누어져 출제된 지문이다. 당연히 단락에 대한 특징 및 구조에 대한 문항이 반드시 출제된다.

윗글의 지문 구조를 정리하면,

중심화제 A : 메타 윤리학
= a : 도덕 실재론 <-> b : 정서주의

위와 같은 비교형에서는 1. 전체 지문에 대한 이해 문항을 각 단락에 대한 이해문항으로, 그리고 2. a 혹은 b의 특징에 대한 문항 또는 3. 비교하는 문항, 4. a 혹은 b의 특징을 <보기>를 적용하는 문항 등이 출제된다.

윗글에 해당하는 발문을 정리해 보면,

발문	비교형
22. (가)~(마)에 대한 설명으로 적절하지 **않은** 것은?	1. (가)~(마) 각 단락에 대한 이해 문항
23. 윗글에 대한 이해로 적절하지 **않은** 것은?	2. a 혹은 b의 특징을 묻는 문항, 3. a와 b 를 비교하는 문항
24. ㉠을 이해한 것으로 가장 적절한 것은?	4. a 혹은 b의 특징을 묻는 문항
25. 윗글을 바탕으로 <보기>를 이해한 내용으로 가장 적절한 것은? [3점]	4. a 혹은 b의 특징을 적용한 <보기> 문항

나. 중심화제 A = a + b형(분류형)

지문 전체를 관통하는 하나의 주제 즉 **중심화제**에서 파생되는 하위 개념어 두 개[a + b] 즉, **A = a + b 형태**의 지문 유형이다.

[예시]

[35~38] 다음 글을 읽고 물음에 답하시오. [2019학년도 6월]

<u>건강 상태를 진단</u>하거나 <u>범죄의 현장에서 혈흔을 조사</u>하기 위해 <u>검사용 키트가 널리</u>
　　　　　①　　　　　　　　　　②　　　　　　　　　　　　　③

<u>이용된다</u>. 키트 제작에는 다양한 과학적 원리가 적용되는데, 적은 비용으로 쉽고 빠르고 정확하게 검사할 수 있는 키트를 제작하는 것이 요구된다. 이러한 필요에 따라 항원 – 항체 반응을 응용하여 시료에 존재하는 성분을 분석하는 다양한 형태의 키트가 개발되고 있다. <u>항원 – 항체 반응은 항원과 그 항원에만 특이적으로 반응하는 항체가 결합하</u>
　　　　　　　　　　　　　　　　　　　④

<u>는 면역 반응을 말한다.</u> 항체 제조 기술이 발전하면서 휴대성이 높고 분석 시간이 짧은
측면유동면역분석법(LFIA)을 이용한 다양한 종류의 키트가 개발되고 있다.
　　　　　　　　　　　　　　　　⑤

=〉 서론 : 문제 제기[① + ② + ③], 개념 정의[④], 글 쓸 방향[③ + ⑤]

<u>LFIA 키트를 이용</u>하면 키트에 나타나는 선을 통해, 액상의 시료에서 검출하고자 하
　　⑥

는 목표 성분의 유무를 간편하게 확인할 수 있다. LFIA 키트는 가로로 긴 납작한 막대 모양인데, 시료 패드, 결합 패드, 반응막, 흡수 패드가 순서대로 나란히 배열된 구조로 되어 있다. 시료 패드로 흡수된 시료는 결합 패드에서 복합체와 함께 반응막을 지나 여분의 시료가 흡수되는 흡수 패드로 이동한다. 결합 패드에 있는 복합체는 금 – 나노 입자 또는 형광 비드 등의 표지 물질에 특정 물질이 붙어 이루어진다. 표지 물질은 발색 반응에 의해 색깔을 내는데, 이 표지 물질에 붙어 있는 특정 물질은 키트 방식에 따라 종류가 다르다. 일반적으로 한 가지 목표 성분을 검출하는 키트의 반응막에는 항체들이 띠 모양으로 두 가닥 고정되어 있는데, 그중 시료 패드와 가까운 쪽에 있는 가닥이 검사선이고 다른 가닥은 표준선이다. 표지 물질이 검사선이나 표준선에 놓이면 발색 반응에 의해 반응선이 나타난다. 검사선이 발색되어 나타나는 반응선을 통해서는 목표 성분의 유무를 판정할 수 있다. 표준선이 발색된 반응선이 나타나면 검사가 정상적으로 진행되었음을 알 수 있다.

=〉 본론 1 : 측면유동면역분석법(LFIA)의 이용법[⑥]

    LFIA 키트는 주로 ㉠ **직접 방식** 또는 ㉡ **경쟁 방식**으로 제작되는데, 방식에 따라 검
                      ⑦   ⑧
사선의 발색 여부가 의미하는 바가 다르다. 직접 방식에서 복합체에 포함된 특정 물질은 목표 성분에 결합할 수 있는 항체이다. 시료에 목표 성분이 포함되어 있다면 목표 성분은 이 항체와 일차적으로 결합하고, 이후 검사선의 고정된 항체와 결합한다. 따라서 검사선이 발색되면 시료에서 목표 성분이 검출되었다고 판정한다. 한편 경쟁 방식에서 복합체에 포함된 특정 물질은 목표 성분에 대한 항체가 아니라 목표 성분 자체이다. 만약 시료에 목표 성분이 포함되어 있으면 시료의 목표 성분과 복합체의 목표 성분이 서로 검사선의 항체와 결합하려 경쟁한다. 이때 시료에 목표 성분이 충분히 많다면 시료의 목표 성분은 복합체의 목표 성분이 검사선의 항체와 결합하는 것을 방해하므로 검사선이 발색되지 않는다. 직접 방식은 세균이나 분자량이 큰 단백질 등을 검출할 때 이용하고, 경쟁 방식은 항생 물질처럼 목표 성분의 크기가 작은 경우에 이용한다.

=〉 본론 2 : ㉠ 직접 방식 또는 ㉡ 경쟁 방식 특징 비교[⑦ + ⑧]

    한편, 검사용 키트는 휴대성과 신속성 외에 **정확성**도 중요하다. 키트의 정확성을 측
                                          ⑨
정하기 위해서는 키트를 이용해 여러 번의 검사를 실시하고 그 결과를 분석한다. 키트가 시료에 목표 성분이 들어있다고 판정하면 이를 양성이라고 한다. 이때 시료에 목표 성분이 실제로 존재하면 진양성, 시료에 목표 성분이 없다면 위양성이라고 한다. 반대로 키트가 시료에 목표 성분이 들어 있지 않다고 판정하면 음성이라고 한다. 이 경우 실제로 목표 성분이 없다면 진음성, 목표 성분이 있다면 위음성이라고 한다. 현실에서 위양성이나 위음성을 배제할 수 있는 키트는 없다.

=〉 본론 3 : 검사용 키트의 휴대성과 신속성 외에 정확성의 의미[⑨]
    여러 번의 검사 결과를 통해 키트의 정확도를 구하는데, 정확도란 시료를 분석할 때 올바른 검사 결과를 얻을 확률이다. **정확도는 민감도와 특이도로 나뉜다.** 민감도는 시

료에 목표 성분이 존재하는 경우에 대해 키트가 이를 양성으로 판정한 비율이다. 특이도
는 시료에 목표 성분이 없는 경우에 대해 키트가 이를 음성으로 판정한 비율이다. 민감
도와 특이도가 모두 높아 정확도가 높은 키트가 **가장 이상적이지만 현실에서는 그렇지
않은 경우가 많아서 상황에 따라 민감도나 특이도를 고려하여 키트를 선택해야 한다.**

⑩   ⑪

⑫

=〉 결론 : 검사용 키트의 정확성, 민감도와 특이도 특징[⑩ + ⑪] 및 전망[⑫]

윗글의 지문 구조를 정리하면,

중심화제 A : 검사용 키트
= a : ㉠ 직접 방식 + b : ㉡ 경쟁 방식

위와 같은 분류형에서는 기본적으로 1. 전체 지문에 대한 이해 문
항, 그리고 2. a 혹은 b의 특징을 묻는 문항, 3. a와 b를 비교하는 문
항, 그리고 4. a 혹은 b의 특징을 적용한 <보기> 문항이 출제된다.
따라서 지문 - 독해에서 전체 A 혹은 하위 분류인 a 혹은 b의 특징
를 바탕으로 차이점과 공통점을 염두에 두고 독해해야 한다.

윗글에 해당하는 발문을 정리해 보면,

발문	분류형
35. 윗글을 읽고 알 수 있는 내용으로 적절하지 **않은** 것은?	1. 전체 지문에 대한 이해 문항
36. ㉠과 ㉡에 대한 이해로 가장 적절한 것은?	2. a 혹은 b의 특징을 묻는 문항, 3. a와 b를 비교하는 문항
37. 윗글을 참고할 때, <보기>의 A와 B에 들어갈 말을 올바르게 짝지은 것은?	4. a 혹은 b의 특징을 적용한 <보기> 문항
38. 윗글을 바탕으로 <보기>를 이해한 반응으로 적절하지 **않은** 것은? [3점]	4. a 혹은 b의 특징을 적용한 <보기> 문항

tip 분류형과 같은 유사 지문 구조를 수능 기출에서 볼 수 있다.

가령, 2018학년도 11월 38 - 42번 문항에서,

A : 디지털 통신 시스템

= **a : 송신기** + **b** : 채널 + **c** : 수신기

= a' : 소스 부호화 + b' : 채널 부호화 + c' : 선부호화

2018학년도 6월 22 - 25번 문항에서,

A : 통화 정책

= **a** : 선제성 + **b : 정책 신뢰성**

= a' : ㉠ 준칙주의 + b' = ㉡ : 재량주의

2016학년도 6월 A형 22 - 26번 문항에서

A : 소비자 권익 정책

= **a : 경제 정책** + **b** : 소비자 정책

= a' : 생산적 효용 + b' = 배분적 효용

전국연합학평도 수능 기출 양식에서 벗어나지 않는다. 최근 몇 년 사이 난이도가 가장 높다는 3학년 2019학년도 10월 모의고사 29 - 32번 문항에서도 볼 수 있다.

A : 디젤 엔진
= a : DPR 방식 + b : EGR 방식 + c : SCR 방식

다. A + B = C형(통합형)

지문 전체를 관통하는 하나의 주제 즉 **중심화제**에서 나오는 중심 개념어가 각각 **A, B, C** 세 개인데, 다만 A + B = C로 **통합되는 형태**의 지문 유형이다.

[예시]

[33~38] 다음 글을 읽고 물음에 답하시오. [2019학년도 9월]

근대 도시의 삶의 양식은 많은 학자들의 관심을 끌어 왔다. 오랫동안 지배적인 관점으로 받아들여진 것은 삶의 양식 중 **노동 양식에 주목**하는 ㉠ **생산학파의 견해**였다. 생산학파는 산업 혁명을 통해 근대 도시 특유의 노동 양식이 형성되는 점에 관심을 기울였다. 그들은 우선 새로운 테크놀로지를 갖춘 근대 생산 체제가 대규모의 노동력을 각지로부터 도시로 끌어 모으는 현상에 주목했다. 또한 다양한 습속을 지닌 사람들이 어떻게 대규모 기계의 리듬에 맞추어 획일적으로 움직이는 노동자가 되는지 탐구했다. **예를 들어, 미셸 푸코는** 노동자를 집단 규율에 맞춰 금욕 노동을 하는 유순한 몸으로 만들어 착취하기 위해 어떤 훈육 전략이 동원되었는지 연구하였다. 또한 생산학파는 노동자가 기계화된 노동으로 착취당하는 동안 감각과 감성으로 체험하는 내면세계를 상실하고 사물로 전락했다고 고발하였다. 이렇게 보면 근대 도시는 어떠한 쾌락과 환상도 끼어들지 못하는 거대한 생산 기계인 듯하다.

=〉 본론 1 : 노동 양식 주목, ㉠ 생산학파의 견해 + 예시[학자 견해]

이에 대하여 ㉡ **소비학파**는 근대 도시인이 내면세계를 상실한 사물로 전락한 것은 아니라고 하면서 생산학파를 비판하기 시작했다. **예를 들어, 콜린 캠벨은** 금욕주의 정신을 지닌 청교도들조차 소비 양식에서 자기 환상적 쾌락주의를 가지고 있었다고 주장하였다. 결핍을 충족시키려는 욕망과 실제로 욕망이 충족된 상태 사이에는 시간적 간극이 존재할 수밖에 없다. 그런데 근대 도시에서는 이 간극이 좌절이 아니라 오히려 욕망이 충족된 미래 상태에 대한 주관적 환상을 자아낸다. 생산학파와 달리 캠벨은 새로운 테크놀로지의 발달 덕분에 이런 환상이 단순한 몽상이 아니라 실현 가능한 현실이 될 것이라는 기대를 불러일으킨다고 보았다. 그는 이런 기대가 쾌락을 유발하여 근대 소비

정신을 북돋웠다고 긍정적으로 평가했다.

=〉본론 2 : ⓛ 소비학파의 견해 + 예시[학자 견해]

근래 들어 노동 양식에 주목한 **생산학파와 소비 양식에 주목한 소비학파의 입장을 아우르려는 연구가 진행되고 있다. 일찍이 근대 도시의 복합적 특성에 주목**했던 발터 벤야민은 이러한 연구의 선구자 중 한 명으로 재발견되었다. 그는 새로운 테크놀로지의 도입이 노동의 소외를 심화한다는 점은 인정하였다. 하지만 소비 행위의 의미가 자본가에게 이윤을 가져다주는 구매 행위로 축소될 수는 없다고 생각했다. 소비는 그보다 더 복합적인 체험을 가져다주기 때문이다. 벤야민은 이런 사실을 근대 도시에 대한 탐구를 통해 설명한다. 근대 도시에서는 옛것과 새것, 자연적인 것과 인공적인 것 등 서로 다른 것들이 병치되고 뒤섞이며 빠르게 흘러간다. 환상을 자아내는 다양한 구경거리도 근대 도시 곳곳에 등장했다. 철도 여행은 근대 이전에는 정지된 이미지로 체험되었던 풍경을 연속적으로 이어지는 파노라마로 체험하게 만들었다. 또한 유리와 철을 사용하여 만든 상품 거리인 아케이드는 안과 밖, 현실과 꿈의 경계가 모호해지는 체험을 가져다주었다. 벤야민은 이러한 체험이 근대 도시인에게 충격을 가져다준다고 보았다. 또한 이러한 충격 체험을 통해 새로운 감성과 감각이 일깨워진다고 말했다.

=〉본론 3 : 생산학파와 소비학파의 입장 수용 진행. 근대 도시의 복합적 특성 주목+
　　　예시[학자 견해]

벤야민은 **근대 도시의 복합적 특성이 영화라는 새로운 예술 형식에 드러난다고 주장**했다. 19세기 말에 등장한 신기한 구경거리였던 영화는 벤야민에게 근대 도시의 작동 방식과 리듬에 상응하는 매체다. 영화는 조각난 필름들이 일정한 속도로 흘러가면서 움직임을 만들어 낸다는 점에서 공장에서 컨베이어 벨트가 만들어 내는 기계의 리듬을 떠올리게 한다. 또한 관객이 아닌 카메라라는 기계 장치 앞에서 연기를 해야 하는 배우나 자신의 전문 분야에만 참여하는 스태프는 작품의 전체적인 모습을 파악하기 어렵다. 분업화로 인해 노동으로부터 소외되는 근대 도시인의 모습이 영화 제작 과정에서도 드러나는 것이다. 하지만 동시에 영화는 일종의 충격 체험을 통해 근대 도시인에게 새로운 감성과 감각을 불러일으키는 매체이기도 하다. 예측 불가능한 이미지의 연쇄로 이루어진 영화를 체험하는 것은 이질적인 대상들이 복잡하고 불규칙하게 뒤섞인 근대 도시의 일상 체험과 유사하다. 서로 다른 시·공간의 연결, 카메라가 움직일 때마다 변화하는 시점, 느린 화면과 빠른 화면의 교차 등 영화의 형식 원리는 ㉮ 정신적 충격을 발생시킨다. 영화는 보통 사람의 육안이라는 감각적 지각의 정상적 범위를 넘어선 체험을 가져다준다. 벤야민은 이러한 충격 체험을 환각, 꿈의 체험에 빗대어 '시각적 무의식'이라고 불렀다. 관객은 영화가 제공하는 시각적 무의식을 체험함으로써 일상적 공간에 대해 새로운 의미를 발견하게 된다. 영화관에 모인 관객은 이런 체험을 집단적으로 공유하면서 동시에 개인적인 꿈의 세계를 향유한다.

=〉 본론 4 : 근대 도시의 복합적 특성이 영화라는 새로운 예술 형식[통합]

근대 도시와 영화의 체험에 대한 **벤야민의 견해는 생산학파와 소비학파를 포괄할 수 있는 이론적 단초**를 제공한다. 벤야민은 근대 도시인이 사물화된 노동자이지만 그 자체로 내면세계를 지닌 꿈꾸는 자이기도 하다는 사실을 보여 준다. 벤야민이 말한 근대 도시 는 착취의 사물 세계와 꿈의 주체 세계가 교차하는 복합 공간이다. 이렇게 벤야민의 견해는 **근대 도시에 대한 일면적인 시선을 바로잡는 데 도움**을 준다.

=〉 결론 : 통합적 특성[학자 견해] + 통합적 의의

윗글의 지문 구조를 정리하면,

중심화제 : 노동 양식에 주목
 => A : ㉠ 생산학파 + B : ㉡ 소비학파 = C : 통합파[복합적 특성]

윗글은 서론의 문제 제기 없이 중심 개념어를 바탕으로 출제된 지문이다.

위와 같은 통합형에서는 기본적으로 1. 전체 지문에 대한 이해 문항, 그리고 2. A 혹은 B의 특징을 묻는 문항, 3. A와 B를 비교하는 문항, 그리고 4. A 혹은 B의 특징을 적용한 <보기> 문항이, 5. C에 대한 통합적 특성 등이 출제된다. 따라서 지문 - 독해에서 C 와 A 혹은 B의 특징에 대한 차이점과 공통점을 염두에 두고 독해 해야 한다.

윗글에 해당하는 발문을 정리해 보면,

발문	통합형
33. 윗글의 내용 전개 방식으로 가장 적절한 것은?	1. 전체 지문에 대한 이해 문항
34. ㉠, ㉡에 대한 이해로 가장 적절한 것은?	2. A 혹은 B의 특징을 묻는 문항, 3. A와 B를 비교하는 문항,
35. ㉮에 대한 이해로 적절하지 **않은** 것은?	5. C에 대한 통합적 특성
36. 윗글을 바탕으로 <보기>를 이해한 내용으로 적절하지 **않은** 것은? [3점]	4. A 혹은 B의 특징을 적용한 <보기> 문항
37. 벤야민이 말한 근대 도시 를 이해한 내용으로 적절하지 않은 것은?	5. C에 대한 통합적 특성
38. 문맥상 ⓐ~ⓔ와 바꿔 쓰기에 가장 적절한 것은?	어휘, 어법

라. A + B ≒ C형(융합형)

지문 전체를 관통하는 하나의 주제 즉 **중심화제**에서 파생되는 중심 개념어가 각각 A, B, C 세 개인데, 다만 **A + B ≒ C로 융합**되어 다른 교과와 연결된다는 점이 A + B = C형(통합형)과 다른 점이다.

[예시]

[27 – 32] 다음을 읽고 물음에 답하시오. [2018학년도 9월]

<u>고전 역학</u>에 따르면, 물체의 크기에 관계없이 초기 운동 상태를 정확히 알 수 있다면 일정한 시간 후의 물체의 상태는 정확히 측정될 수 있으며, **배타적인 두 개의 상태가 공존할 수 없다**. 하지만 <u>20세기에 등장한 양자 역학에 의해 미시 세계</u>에서는 상호
①   ②
<u>배타적인 상태들이 공존할 수 있음</u>이 알려졌다.

=〉 서론 : 문제 제기[고전역학과 20세기 양자 역학의 미시 세계] + 글 쓸 방향[① +②]

미시 세계에서의 상호 배타적인 상태의 공존을 이해하기 위해, 거시 세계에서 회전하고 있는 반지름 5 ㎝의 팽이를 생각해 보자. 그 팽이는 시계 방향 또는 반시계 방향 중 한쪽으로 회전하고 있을 것이다. **팽이의 회전 방향**은 관찰하기 이전에 이미 정해져
③
있으며, 다만 관찰을 통해 알게 되는 것뿐이다. 이와 달리 미시 세계에서 전자만큼 작은 팽이 하나가 회전하고 있다고 상상해 보자. 이 팽이의 회전 방향은 시계 방향과 반시계 방향의 두 상태가 공존하고 있다. 하나의 팽이에 공존하고 있는 두 상태는 관찰을 통해서 한 가지 회전 방향으로 결정된다. 두 개의 방향 중 어떤 쪽이 결정될지는 관찰하기 이전에는 알 수 없다. 거시 세계와 달리 양자 역학이 지배하는 미시 세계에서는, 우리가 관찰하기 이전에는 상호 배타적인 상태가 공존하는 것이다. 배타적인 상태의 공존과 관찰 자체가 물체의 상태를 결정한다는 개념을 받아들이기 힘들었기 때문에, 아인슈타인은 "당신이 달을 보기 전에는 달이 존재하지 않는 것인가?"라는 말로 양자 역학의 해석에 회의적인 태도를 취하였다.

⇒ 본론 1 : 미시 세계의 특징 + 예시[③ 일상 경험의 팽이 회전]

    최근에는 상호 배타적인 상태의 공존을 적용함으로써 초고속 연산을 수행하는 양자 컴퓨터에 대한 연구가 진행되고 있다. 이는 양자 역학에서 말하는 상호 배타적인 상태의 공존이 현실에서 실제로 구현될 수 있음을 잘 보여 주는 예라 할 수 있다. **미시 세계에 대한 이러한 연구 성과는 거시 세계에 대해 우리가 자연스럽게 지니게 된 상식적인 생각들에 근본적인 의문**을 던진다. 이와 **비슷한 의문은 논리학에서도 볼 수 있다.**

④

⇒ 본론 2 : 미시 세계와 거시 세계의 비교 + 논리학의 연관성[④ 융합]

    고전 논리는 '참'과 '거짓'이라는 두 개의 진리치만 있는 이치 논리이다. 그리고 고전

⑤

논리에서는 어떠한 진술이든 '참' 또는 '거짓'이다. 이는 우리의 상식적인 생각과 잘 들어맞는다. 그러나 프리스트에 따르면, '참'인 진술과 '거짓'인 진술 이외에 '참인 동시에 거짓'인 진술이 있다. 이를 설명하기 위해 그는 '거짓말쟁이 문장'을 제시한다. 거짓말쟁이 문장을 이해하기 위해 자기 지시적 문장과 자기 지시적이지 않은 문장을 구분해 보자. 자기 지시적 문장 은 말 그대로 자기 자신을 가리키는 문장을 말한다. **예를 들어 "이 문장은 모두 열여덟 음절로 이루어져 있다."라는 '참'인 문장은 자기 자신을 가리키며 그것이 몇 음절로 이루어져 있는지 말하고 있다. 반면 "페루의 수도는 리마이다."라는 '참'인 문장은 페루의 수도가 어디인지 말할 뿐 자기 자신을 가리키는 문장은 아니다.**

⑥

"이 문장은 거짓이다."는 거짓말쟁이 문장이다. 이는 '이 문장'이라는 표현이 문장 자체를 가리키며 그것이 '거짓'이라고 말하는 자기 지시적 문장이다. 그렇다면 프리스트는 왜 거짓말쟁이 문장에 '참인 동시에 거짓'을 부여해야 한다고 생각할까? 이에 답하기 위해 우선 거짓말쟁이 문장이 '참'이라고 가정해 보자. 그렇다면 거짓말쟁이 문장은 '거짓'이다. 왜냐하면 거짓말쟁이 문장은 자기 자신을 가리키며 그것이 '거짓'이라고 말하는 문장이기 때문이다. 반면 거짓말쟁이 문장이 '거짓'이라고 가정해 보자. 그렇다면 거짓말쟁이 문장은 '참'이다. 왜냐하면 그것이 바로 그 문장이 말하는 바이기 때문이다. 프리스트에 따르면 어떤 경우에도 거짓말쟁이 문장은 '참인 동시에 거짓'인 문장이다. 따라서 그는 거짓말쟁이 문장에 '참인 동시에 거짓'을 부여해야 한다고 본다. 그는 거짓말쟁이 문장 이외에 '참인 동시에 거짓'인 진리치가 존재함을 뒷받침하는 다양한 사례를 제시한다. 특히 그는 **양자 역학에서 상호 배타적인 상태의 공존은 이 점을 시사하고 있다고 본다.**

⑦

=> 융합 1 : 고전 논리 개념[⑤] + 예시[⑥] + 의의[⑦]

고전 논리에서는 '참인 동시에 거짓'인 진리치를 지닌 문장을 다룰 수 없기 때문에 프리스트는 그것도 다룰 수 있는 비고전 논리 중 하나인 LP*를 제시하였다. 그런데
　　　　　　⑧
LP에서는 직관적으로 호소력 있는 몇몇 추론 규칙이 성립하지 않는다. **전건 긍정 규칙을 예로 들어 생각해 보자.** 고전 논리에서는 전건 긍정 규칙이 성립한다. 이는 ⓒ "P
　　　⑨
이면 Q이다."라는 조건문과 그것의 전건인 P가 '참'이라면 그것의 후건인 Q도 반드시 '참'이 된다는 것이다. 이와 비슷한 방식으로 LP에서 전건 긍정 규칙이 성립하려면, 조건문과 그것의 전건인 P가 모두 '참' 또는 '참인 동시에 거짓'이라면 그것의 후건인 Q도 반드시 '참' 또는 '참인 동시에 거짓'이어야 한다. 그러나 LP에서 조건문의 전건은 '참인 동시에 거짓'이고 후건은 '거짓'인 경우, 조건문과 전건은 모두 '참인 동시에 거짓'이지만 후건은 '거짓'이 된다. 비록 전건 긍정 규칙이 성립하지는 않지만, **LP는 고전 논리에 대한 근본적인 의문들에 답하기 위한 하나의 시도로서 의의**가 있다.
　　　　　　⑩

=> 결론 : 고전 논리의 한계[⑧] + 예시[⑨]+ 전망[⑩]

* LP : '역설의 논리(Logic of Paradox)'의 약자.

윗글의 지문 구조를 정리하면,

중심화제 : 고전역학
A : 미시세계 + B : 거시세계 ≒ C : 고전논리학[비고전논리]

물리에서 다루는 고전역학의 개념을 철학의 논리학 개념으로 융합한 지문이다.

위와 같은 융합형에서는 기본적으로 1. 전체 지문에 대한 이해 문항, 그리고 2. A 혹은 B의 특징을 묻는 문항, 3. A와 B를 비교하는

문항, 그리고 4. A 혹은 B의 특징을 적용한 <보기> 문항이 출제된다. 그리고 5. 융합지문인 뒷부분의 C와 <보기> 적용 문항이 동시에 출제된다. 따라서 지문 - 독해에서 C와 A 혹은 B의 특징에 대한 차이점과 공통점을 염두에 두고 독해해야 한다.

윗글에 해당하는 발문을 정리해 보면,

발문	통합형
27. 문맥을 고려할 때 ㉠의 의미를 추론한 내용으로 가장 적절한 것은?	1. 전체 지문에 대한 이해 문항
28. 윗글을 바탕으로, <보기>의 '양자 컴퓨터'와 '일반 컴퓨터'에 대해 이해한 내용으로 적절한 것은?	2. A 혹은 B의 특징을 <보기>에 적용하는 문항, 3. A와 B를 비교하는 문항
29. 자기 지시적 문장에 대해 이해한 내용으로 적절한 것은?	2. A 혹은 B의 특징을 묻는 문항
30. 윗글을 통해 ㉡에 대해 적절하게 추론한 것은?	2. A 혹은 B의 특징을 묻는 문항
31. 윗글을 바탕으로 <보기>를 이해한 내용으로 적절하지 **않은** 것은? [3점]	5. 융합지문인 뒷부분의 C와 <보기> 적용 문항
32. 문맥상 ⓐ~ⓔ와 바꾸어 쓸 수 있는 말로 적절하지 **않은** 것은?	어휘, 어법

마. A->B->C->D->E ---등(변화형)

지문 전체를 관통하는 하나의 주제 즉, **중심화제[한 개 혹은 두 개]로부터** 나오는 변화된 부분을 통시적 관점으로 나열한 경우이다. 즉 중심화제 = A->B->C->D->E ---등으로 나열하는 형태의 지문 유형이다.

[27~32] 다음 글을 읽고 물음에 답하시오. [2019학년도 11월]

16세기 전반에 서양에서 태양 중심설을 지구 중심설의 대안으로 제시하며 시작된 천
①

문학 분야의 개혁은 경험주의의 확산과 수리 과학의 발전을 통해 형이상학을 뒤바꾸는
②   ③   ④

변혁으로 이어졌다. 서양의 우주론이 전파되자 중국에서는 중국과 서양의 우주론을
⑤

회통하려는 시도가 전개되었고, 이 과정에서 자신의 지적 유산에 대한 관심이 제고되
⑥

었다.

=〉 서론 : 문제 제기[①] + 글 쓸 방향(전반부 ② + ③ + ④) / (후반부 ⑤ + ⑥)

　복잡한 문제를 단순화하여 푸는 **수학적 전통을 이어받은 코페르니쿠스**는 천체의 운행을 단순하게 기술할 방법을 찾고자 하였고, 그것이 ⓐ 일으킬 **형이상학적 문제**에는 별 관심이 없었다. 고대의 **아리스토텔레스와 프톨레마이오스**는 우주의 중심에 고정되어 움직이지 않는 지구의 주위를 달, 태양, 다른 행성들의 천구들과, 항성들이 붙어 있는 항성 천구가 회전한다는 **지구 중심설**을 내세웠다. **그와 달리** 코페르니쿠스는 태양을 우주의 중심에 고정하고 그 주위를 지구를 비롯한 행성들이 공전하며 지구가 자전하는 우주 모형을 ⓑ 만들었다. 그러자 프톨레마이오스보다 훨씬 적은 수의 원으로 행성들의 가시적인 운동을 설명할 수 있었고 행성이 태양에서 멀수록 공전 주기가 길어진다는 점에서 단순성이 충족되었다. 그러나 **아리스토텔레스의 형이상학을 고수**하는 다수 지식인과 종교 지도자들은 그의 이론을 받아들이려 하지 않았다. 왜냐하면 그것은 지상계와 천상계를 대립시키는 아리스토텔레스의 이분법적 구도를 무너뜨리고, 신의 형상을 ⓒ 지닌 인간을 한갓 행성의 거주자로 전락시키는 것으로 여겨졌기 때문이다.

=〉본론 1 : 전반부 ③ 수리 과학의 발전 + ④ 형이상학의 상세화

　　16세기 후반에 **브라헤**는 코페르니쿠스 천문학의 장점은 인정 하면서도 아리스토텔레스 형이상학과의 상충을 피하고자 우주의 중심에 지구가 고정되어 있고, 달과 태양과 항성들은 지구 주위를 공전하며, 지구 외의 행성들은 태양 주위를 공전하는 모형을 제안하였다. 그러나 케플러는 우주의 수적 질서를 신봉하는 형이상학인 신플라톤주의에 매료되었기 때문에, 태양을 우주 중심에 배치하여 단순성을 추구한 코페르니쿠스의 천문학을 받아들였다. 하지만 그는 **경험주의자**였기에 브라헤의 천체 관측치를 활용하여 태양 주위를 공전하는 행성의 운동 법칙들을 수립할 수 있었다. 우주의 단순성을 새롭게 보여 주는 이 법칙들은 **아리스토텔레스 형이상학**을 더 이상 온존할 수 없게 만들었다.

=〉본론 2 : 전반부 ② 경험주의의 확산 + ④ 형이상학의 변화

　　17세기 후반에 뉴턴은 태양 중심설을 역학적으로 정당화하였다. 그는 만유인력 가설로부터 케플러의 행성 운동 법칙들을 성공적으로 연역했다. 이때 가정된 만유인력은 두 질점*이 서로 당기는 힘으로, 그 크기는 두 질점의 질량의 곱에 비례하고 거리의 제곱에 반비례한다. 지구를 포함하는 천체들이 밀도가 균질하거나 구 대칭*을 이루는 구라면 천체가 그 천체 밖 어떤 질점을 당기는 만유인력은, 그 천체를 잘게 나눈 부피 요소들 각각이 그 천체 밖 어떤 질점을 당기는 만유인력을 모두 더하여 구할 수 있다. 또한 여기에서 지구보다 질량이 큰 태양과 지구가 서로 당기는 만유인력이 서로 같음을 증명할 수 있다. 뉴턴은 이 원리를 적용하여 달의 공전 궤도와 사과의 낙하 운동 등에 관한 실측값을 연역함으로써 만유인력의 실재를 입증하였다.

=〉본론 3 : 전반부 문제 제기 ①에 대한 예시[뉴턴 만유인력으로 태양중심설 정당화]

　　16세기 말부터 중국에 본격 유입된 서양 과학은, 청 왕조가 1644년 중국의 역법(曆法)을 기반으로 서양 천문학 모델과 계산법을 수용한 시헌력을 공식 채택함에 따라 그 위상이 구체화되었다. 브라헤와 케플러의 천문 이론을 차례대로 수용하여 정확도를 높인 시헌력이 생활 리듬으로 자리 잡았지만, 중국 지식인들은 서양 과학이 중국의 지적 유산에 적절히 연결되지 않으면 아무리 효율적이더라도 불온한 요소로 ⓓ 여겼다. 이에 따라 서양 과학에 매료된 학자들도 어떤 방식으로든 ㉠ 서양 과학과 중국 전통 사이의 적절한 관계 맺음을 통해 이 문제를 해결하고자 하였다.

=〉본론 4 : 후반부 ⑤ 서양 우주론 전파 + ⑥ 중국과 서양의 우주론 회통

17세기 웅명우와 방이지 등은 중국 고대 문헌에 수록된 우주론에 대해서는 부정적 태도를 견지하면서 **성리학적 기론(氣論)에 입각하여 실증적인 서양 과학을 재해석한 독창적 이론을 제시**하였다. 수성과 금성이 태양 주위를 회전한다는 그들의 태양계 학설은 브라헤의 영향이었지만, 태양의 크기에 대한 서양 천문학 이론에 의문을 제기하고 **기(氣)와 빛을 결부하여 제시한 광학 이론은 그들이 창안**한 것이었다.

㋑

=〉 본론 5 : 후반부 중국의 지적 유산에 대한 관심

17세기 후반 왕석천과 매문정은 서양 과학의 영향을 받아 **경험적 추론과 수학적 계산을 통해 우주의 원리를 파악**하고자 하였다. 그러면서 서양 과학의 우수한 면은 모두 중국 고전에 이미 ⓔ 갖추어져 있던 것인데 웅명우 등이 이를 깨닫지 못한 채 성리학 같은 형이상학에 몰두했다고 비판했다. 매문정은 고대 문헌에 언급된, 하늘이 땅의 네 모퉁이를 가릴 수 없을 것이라는 증자의 말을 땅이 둥글다는 서양 이론과 연결하는 등 서양 과학의 중국 기원론을 뒷받침하였다.

=〉 본론 6 : 후반부 ② 경험주의의 확산 + ③ 수리 과학의 발전

중국 천문학을 중심으로 서양 천문학을 회통하려는 매문정의 입장은 18세기 초를 기점으로 중국의 공식 입장으로 채택되었으며, 이 입장은 중국의 역대 지식 성과물을 망라한 총서인 『사고전서』에 그대로 반영되었다. 이 총서의 편집자들은 **고대부터 당시까지 쏟아진 천문 관련 문헌들을 정리하여 수록하였다. 이와 같이 고대 문헌에 담긴 우주론을 재해석하고 확인하려는 경향은 19세기 중엽까지 주를 이루었다.**

㋑

=〉 결론 : ㋑ 지적 재산에 대한 관심 제고

* 질점 : 크기가 없고 질량이 모여 있다고 보는 이론상의 물체.
* 구 대칭 : 어떤 물체가 중심으로부터 모든 방향으로 같은 거리에서 같은 특성을 갖는 상태.

윗글의 지문 구조를 정리하면,

중심 화제 : 태양중심설과 지구중심설에 대한 서양 과학과 중국 과학의 변화

  A : 16세기 전반 아리스토텔레스와 프톨레마이오스 지구중심설과 코페르니쿠스 태양중심설

->B : 16세기 후반 브라헤의 지구중심설과 태양중심설 수용 + 케플러 태양중심설

->C : 17세기 후반 뉴턴의 태양중심설 + 만유인력

->D : 16세기 말 중국의 서양 과학 유입(브라헤와 케플러의 천문 이론 수용)

->E : 17세기 웅명우와 방이지의 광학이론 창안

->F : 17세기 후반 왕석천과 매문정의 서양 과학의 중국 기원론

->G : 18세기 초 매문정의 입장 + 중국 공식적 채택한 "사고전서"발간

->H : 19세기 중엽까지 우주론에 대한 재해석

지구과학에서 다루는 태양중심설과 지구중심설의 변혁에 대한 서양과 중국의 인식을 통시적으로 정리한 지문이다.

위와 같은 나열형에서는 기본적으로 1. 전체 지문에 대한 이해 문항, 그리고 2. A 혹은 B...H의 특징을 묻는 문항, 3. A와 B 혹은 C...H를 비교하는 문항, 그리고 4. A 혹은 B(C...H)의 특징을 적용한 <보기> 문항이 출제된다. 따라서 지문 - 독해에서 A 혹은 B, C...H의 특징에 대한 차이점과 공통점을 염두에 두고 독해해야 한다.

윗글에 해당하는 발문을 정리해 보면,

발문	나열형
27. 다음은 윗글을 읽은 학생의 독서 기록 중 일부이다. 윗글을 참고할 때, '점검 결과'로 적절하지 **않은** 것은?	1. 전체 지문에 대한 이해 문항
28. 윗글에 대한 이해로 적절하지 **않은** 것은?	1. 전체 지문에 대한 이해 문항
29. 윗글에 나타난 서양의 우주론에 대한 설명으로 가장 적절한 것은?	2. A 혹은 B...H의 특징을 묻는 문항
30. ㉠에 대한 이해로 적절하지 **않은** 것은?	2. A 혹은 B...H의 특징을 묻는 문항
31. <보기>를 참고할 때, [A]에 대한 이해로 적절하지 **않은** 것은? [3점]	4. A 혹은 B(C...H)의 특징을 적용한 <보기> 문항
32. 문맥상 ⓐ~ⓔ와 바꿔 쓴 것으로 가장 적절한 것은?	어휘, 어법

    윗글은 독서 영역의 지문이 기본적으로 갖추어야 할 요소를 충실하게 반영했다. 앞에서 언급한 지문 구성의 특징인 ① 논리성, ② 가독성, ③ 적용성에 부합하는 지문이다. 논리성으로 서론 – 본론[전반부 / 후반부] – 결론의 요소를 갖춘 지문이고, 가독성 역시 지문의 변화형으로 나열하여 이해를 돕고 있으며, 적용성은 태양 중심설을 기반으로 <보기> 문항으로 출제되었다.

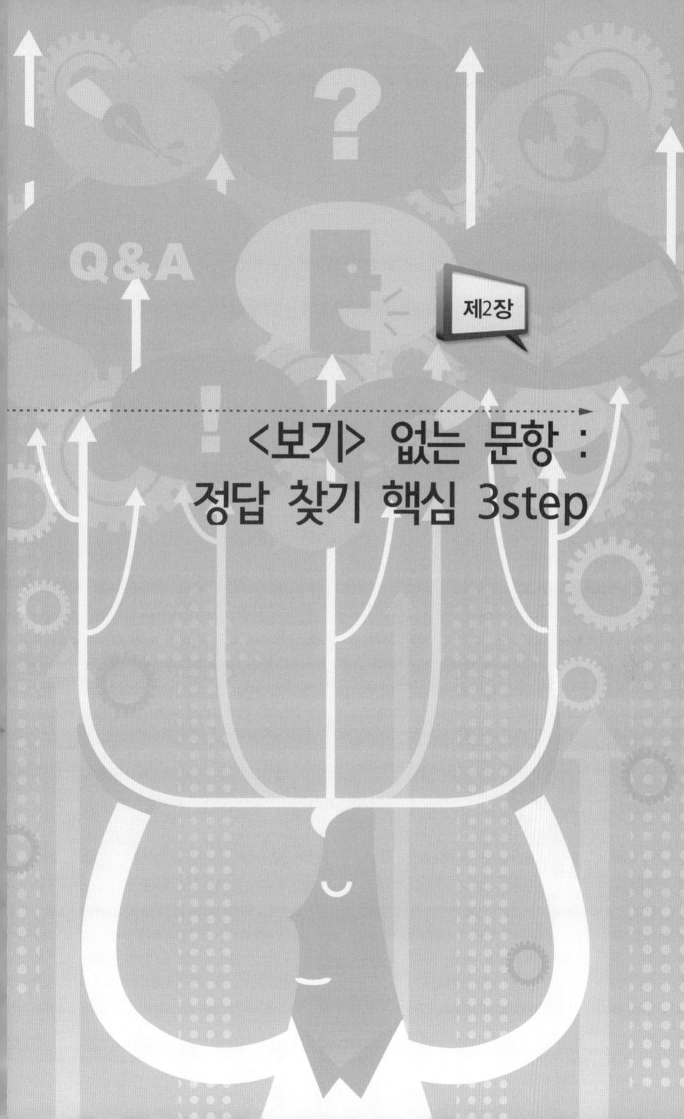

제2장

<보기> 없는 문항 :
정답 찾기 핵심 3step

수능 독서 영역은 출제 지문의 난해함과 장문화, 그리고 <보기> 적용 혹은 추론 문항과 같이 복잡하다는 특징이 있다. 하지만 복잡함의 단순화라는 진리처럼 독서 영역을 단순화하면 복잡함의 실마리를 풀 수 있다. 복잡한 것처럼 보이는 독서 영역의 문항은 **<보기> 없는 문항과 <보기> 있는 문항**밖에 없다. <보기> 없는 문항에 대한 정답 찾기는 3 step을 적용한다. 이는 수년간 출제된 수능 기출의 정답 찾기에 대한 분석 결과에 근거한 것이다. 정답을 찾는 과정으로 3 step을 적용하는 이유는 다음과 같다.

step 1. 선택지에서 **지문요소 / 평가요소 / 판단요소**를 구별해야 한다. 이유는 출제자 의도인 **평가요소**를 정확하게 판단할 수 있기 때문이다.

step 2. **지문요소**를 반영한 **평가요소**와의 **연결성**을 선택지에서 확인하는 단계가 필요하기 때문이다. 평가요소가 요구하는 정답의 근거인 지문요소가 선택지에 연결되어 서술되었기 때문에 이를 확인해야 한다. 즉 지문요소와 출제자 의도[평가요소] 사이의 타당한 연결성을 확인하는 절차가 필요하다.

step 3. step 2에서 지문요소를 반영한 평가요소와의 연결성을 확인한 다음, 최종적으로 **판단요소**의 **적절성** 혹은 **타당성** 여부로 정답을 확정하는 단계이다.

위와 같은 방법론으로 일관되게 정답 찾기가 가능하다. 실제 개념 확인과 예시 문항 - 적용 문항 - 실전 문항을 단계별로 학습한 다음, 실제 수능에서 정답 찾기를 해보자.

선택지 – 나누기 법칙

　　　　　정답 찾기에서 가장 **기본적**이면서도 **중요한** 법칙이다. 문항을 풀기 전에 선택지를 한번 자세히 보면, 선택지가 공통적인 형식으로 이루어져 있다는 점을 알 수 있다. 발문에 출제자가 의도하는 평가요소가 구체적인 경우와 모호한 경우가 있다. 평가요소의 파악은 정답 찾기의 명확한 지름길이다. 선택지에는 평가요소뿐만 아니라 지문요소를 포함한다. 그래서 선택지의 평가요소를 기준으로 나누어 정답을 판단한다. 간단한 문제의 경우, 선택지를 나누기만 해도 정답의 깃발을 쉽게 찾을 수 있다. 다음 예를 보자.

　　선택지를 나누기 위해서는 우선, 지문요소, 평가요소, 판단요소에 대해 이해해야 한다. 지문은 선택지에서 '윗글'에 대응하고, '~에 대한 이해'는 출제자가 지문에서 의도하고자 하는 바, 즉 문제에서 묻고자하는 내용이다. 이를 평가요소라고 한다. 그리고 적절성 여부를 통해 정답을 판단하는 부분을 판단요소라고 하며, 이 판단요소는 문장의 서술어에 나타난다.

　　발문에는 **가. 평가요소가 구체적인 경우**와 **나. 평가요소가 모호한 경우**가 있다. 이 두 가지의 경우는 스피드[speed]하게 정답을 판단하는데 '정답 찾기 핵심 3step'만으로 가능하다.

　그리고 선택지에 지문인용 + 평가요소의 경우와 지문인용 없이 지문에 대한 평가요소만 서술되는 경우가 있다. 즉, **ㄱ. 지문인용 선택지**와 **ㄴ. 지문인용 없는 선택지**가 있다.

가. 평가요소가 구체적인 경우

[예시]

22. 윗글에서 사용한 **설명 방식**에 해당하지 **않는** 것은?　　　---평가요소 [o]
① 통화 정책의 목적을 유형별로 나누어 제시하고 있다.
② 통화 정책에서 선제적 대응의 필요성을 예를 들어 설명하고 있다.
③ 공개 시장 운영이 경제 전반에 영향을 미치는 과정을 인과적으로 설명하고 있다.
④ 관련된 주요 용어의 정의를 바탕으로 통화 정책의 대표적인 수단을 설명하고 있다.
⑤ 통화 정책의 신뢰성 확보를 위해 준칙을 지켜야 하는지에 대한 두 견해의 차이를 드러내고 있다.

　'설명 방식'이라는 구체적인 평가요소가 드러나 있어, 정답 판단의 근거인 지문을 파악할 때, '구분, 분류 혹은 예시, 인과, 정의, 비교, 정의. 대조' 등과 같은 설명에 대한 개념을 파악하면 정답을 확정할 수 있다.

[정답 찾기 3step]

step 1. 선택지를 지문요소 + 평가요소[=설명 방식], 서술구를 기준으로 나눈다.

① 통화 정책의 목적을 / **유형별로 나누어** / 제시하고 있다.

② 통화 정책에서 선제적 대응의 필요성을 / **예를 들어** / 설명하고 있다.

③ 공개 시장 운영이 경제 전반에 영향을 미치는 / **과정을 인과적으로** / 설명하고 있다.

④ 관련된 주요 용어의 / **정의를 바탕으로** / 통화 정책의 대표적인 수단을 / 설명하고 있다. **[지문요소]**

⑤ 통화 정책의 신뢰성 확보를 위해 준칙을 지켜야 하는지에 대한 / **두 견해의 차이**를 / 드러내고 있다.

tip 대부분의 선택지는 지문요소가 앞부분에 놓여 있다. 간혹 ④번처럼 지문요소[통화 정책의 대표적인 수단]가 선택지의 중간에 있을 수 있는데, 선택지를 보면 금방 판단할 수 있다.

발칙한 생각   선택지를 나누는 이유는?

[가]

22. 윗글에서 사용한 **설명 방식**에 해당하지 <u>않는</u> 것은?

[나]

22. 윗글에서 사용한 **<A>**에 해당하지 <u>않는</u> 것은?

위에서처럼 [가]와 [나]을 비교해 보면, [가]에서는 정확하게 '설명 방식'이라는 출제자의 의도 즉 묻고자 하는 내용이 평가요소로 나타나 있어, 정답을 확정할 수 있다. 그러나 [나]에서처럼 정확하게 출제 의도가 나타나 있지 않는 경우 선택지를 읽으면서 출제 의도를 파악해야 한다. 선택지를 나누기만하면 출제 의도를 파악할 수 있다. 그리고 출제 의도가 분명한 평가요소를 중심으로 나누어 정답을 확정한다.

① 통화 정책의 목적을 / **유형별로 나누어** / 제시하고 있다.

　[지문요소/정답 판단 기준 X] / [평가요소/정답 판단 기준 O]

step 2. 선택지의 지문요소와 평가요소를 묶어 지문과 일치 여부로 정답을 판단한다.

① 통화 정책의 목적을 / **유형별로 나누어** / 제시하고 있다.
　　　　　　↓　　　　　　　　↓　　　　　　　　↓
　　　지문요소　＝　　평가요소　／　판단요소(서술구로 진술된 문장)
　　　└─[1차 일치 여부]─┘

　'통화 정책의 목적'은 지문 내용[지문요소]인데, 이를 유형별로 나누었는지를 중심으로 정답을 확정하면 된다. 물론 '통화 정책의 목적'이 아니라 전혀 다른 '00 정책' 혹은 '통화△△이 목적'인지 여부는 1차적으로 정답 확인의 대상이다. 그러나 **지문요소는 대체로 정답에 영향을 미치지 못한다.** 발문에서 요구하는 평가요소가 아니기 때문이다.

　대부분 step 2에서 정답이 결정된다. 만약 step 2에서도 정답을 확정하지 못하면 다음 단계인 step 3로 가면 정답이 보인다.

step 3. 선택지의 서술구를 중심으로 발문에서 요구하는 정답 여부를 판단한다.

① 통화 정책의 목적을 / **유형별로 나누어** / 제시하고 있다.
　　　지문요소　＝　　평가요소　　　／ 서술구
　　└1차 정답 확인 일치 여부┘
　　　　　└─[2차 정답 확인 일치 여부]─┘　　　　──(타당한 연결)

　선택지의 서술어의 의미를 명확하게 밝히는 앞부분의 구를 포함한 서술어 즉 서술구인 '유형별로 나누어 / 제시하고 있다.'에 따라 정답을 판단한다. 가령 '유형별로 나누어 / 제시하고 있다'가 아니라 '유형별로 나누어 / 분석(?)하고 있다' 혹은 '특징을 설명하고 있다.'와 같은 서술어가 연결되면 적절성 여부를 묻는 판단 요소에 따라 정답 선택이 달라질 수도 있다.

∴ 1차 정답 확인 : 지문요소 = 평가요소인 '통화 정책의 목적을 유형별로 나누었는지' 여부 확인.
2차 정답 확인 : 서술구를 중심으로 유형별로 나누어 제시되었는지 여부 확인.

발칙한 생각

선택지에서 지문요소 + 평가요소 + 서술구로 나누어 평가요소가 무엇인지 생각해 보자.

설명에 해당하는 방식은 ①번 선택지의 경우 '유형별로 나누어'이며, ②번 선택지의 경우 '예를 들어'이다. ③번은 '인과적으로'이다. 그럼 ④번과 ⑤번 선택지의 앞부분 중심 키 워드는 무엇인가? ④번은 '정의를 바탕으로'이며, ⑤번은 '두 견해의 차이'이다. 그럼 이 핵심어만 판단하면 된다.

발문이 '해당하지 <u>않는</u> 것'이므로 지문에 없는 것을 찾기만 하면 된다. 이렇게 선택지를 나누어 평가요소를 파악하기만 해도 바로 정답 판단이 가능하다. 모든 문항을 풀 때 이렇게 선택지를 나누어서 평가요소를 판단하는 것이 문제 풀이의 기본이 된다. 이렇게 하면 문제를 스피드(Speed!)하게 풀 수 있다. 특히나 '설명 방식', '논지 전개 방식', '서술 방식'을 묻는 문항은 나누는 것만으로도 바로 정답 판단이 가능하다.

나. 평가요소가 모호한 경우

[예시]

37. 윗글에 대한 **설명**으로 가장 적절한 것은?   ---평가요소 [x]

① 보험 계약에서 보험사가 준수해야 할 법률 규정의 실효성을 검토하고 있다.

② 보험사의 보험 상품 판매 전략에 내재된 경제학적 원리와 법적 규제의 필요성을 강조하고 있다.

③ 공정한 보험의 경제학적 원리와 보험의 목적을 실현하는 데 기여하는 법적 의무를 살피고 있다.

④ 보험금 지급을 두고 벌어지는 분쟁의 원인을 나열한 후 경제적 해결책과 법적 해결책을 모색하고 있다.

⑤ 보험 상품의 거래에 부정적으로 작용하는 법률 조항의 문제점을 경제학적 시각에서 분석하고 있다.

윗글에 대한 '설명'이 평가요소에 해당하지만, 발문을 통해서는 구체적으로 지문 내용의 이해를 평가하고자 하는지, 지문 내용에 대한 특징을 평가하고자 하는지 여부를 판단하기 애매한 경우이다. 이럴 때 평가요소가 모호한 경우에 해당한다. 그러나 대부분 평가요소가 발문에 드러나지만, 때에 따라서는 **선택지에서 평가요소를 추출해야 한다**. 왜냐하면 선택지를 보면 평가요소를 판단할 수 있기 때문이다.

[정답 찾기 3step]

step 1. 선택지의 지문요소와 평가요소[=설명], 서술구를 기준으로 나눈다.

① 보험 계약에서 보험사가 준수해야 할 법률 규정의 실효성을 / 검토하고 있다.

지문요소 = 평가요소[출제자 의도] / 판단요소(서술구)

step 2. 지문요소와 평가요소를 묶어, 지문과 일치 여부로 정답을 판단한다.

① <u>보험 계약에서 보험사가 준수해야 할 법률 규정의 실효성을</u> / 검토하고 있다.

지문요소 = 평가요소[출제자 의도] / 판단요소(서술구)

ㄴ 1차 정답 확인 : 일치 여부 」

밑줄 부분이 바로 발문의 '윗글'에 해당하는 지문요소이다. 동시에 발문에서 요구하는 평가요소이기도 하다. <보기> 없는 문항에서는 지문요소=평가요소이다.

step 3. 선택지의 서술구를 중심으로 발문에서 요구하는 정답 여부를 판단한다.

타당한 연결을 판단할 때, '내용상 해석'이 맞는지 여부를 판단하면 된다. 사실 이런 문항의 경우 삭제한 앞부분에서 핵심 키워드만 뽑아내면 된다.

① <u>보험 계약에서 보험사가 준수해야 할 법률 규정의 / 실효성을 검토하고 있다.</u>

지문요소 = 평가요소[출제자 의도] / 판단요소(서술구)

ㄴ[1차 정답 확인 : 일치 여부]」

ㄴ [2차 정답 확인 : 검토하는지? 여부]—」

위의 서술구는 '실효성을 / 검토하고' 있느냐에 대한 여부로 정답을 판단한다. 결국 선택지에서 정답을 찾는다. 그래서 선택지의 기본 구성 방식을 알아야 한다.

ㄱ. 지문인용 선택지

전체 지문 중 **지문요소** ≠ 평가요소 / 판단요소로 진술된 문장[서술구]
　　　　└일치 여부┘　　──────── 1차 확인 [o, x]
　　　　　└─[적절성 여부]─┘ ──── 2차 확인 [o, x]

[예시]

28. ㉮를 바탕으로 정책 수단의 특성을 이해한 것으로 가장 적절한 것은?

① 다자녀 가정에 출산 장려금을 지급하는 것은, / 불법 주차 차량에 과태료를 부과하는
　　　　　지문요소　　　　　　　　／　　　　평가요소[출제 의도]

　것보다 강제성이 높다.

선택지 '① 다자녀 가정에 출산 장려금을 지급하는 것은'까지는 지문요소이고, 이 지문요소에 대한 평가를 '불법 주차 차량에 과태료를 부과하는 것보다 강제성이 높다.'라고 출제자가 분석한 내용 [**출제자 분석** : 출제자가 지문에 대한 자신의 생각을 타당성과 객관성을 담보로 진술한 문장]을 수험생이 적절하다고 판단해서 정답을 확정한 것이다. 즉 1차 확인에서 지문요소와 평가요소가 타당하게 연결되었는지 판단하고, 2차에서 서술구로 정답을 판단한다. 지문인용은 주로 인문·예술 영역과 사회·문화 영역의 경우가 대체로 가능한 문항이다.

ㄴ. 지문인용 없는 선택지

출제지문 ≠ 평가요소 / 판단요소로 진술된 문장[서술구]
└[일치 여부]┘ ────── 1차 확인 [o, x]
　　└─[적절성 여부]┘ ─── 2차 확인 [o, x]

[예시]

16. 윗글의 논거 전개 방식으로 가장 적절한 것은?

① 대립되는 두 이론을 소개하고 / 각 이론의 장단점을 비교하고 있다.
　　　　지문요소 [o, x]　　　 / 평가요소[출제 의도]
　　　　정답 확인 [o, x]　　 / 　정답 확인 [o, x]

지문요소는 없고 평가요소를 두 부분으로 나누어 평가요소(1)로 1차 정답을 먼저 판단하는데, 대부분 정답 확정을 할 수 있다. 다만 정답 확정이 어려우면 평가요소(2)에서 적절성 여부의 판단으로 2차 정답을 확정한다. 즉 1차 확인에서 전체 지문 중에서 지문인용 없이 **평가요소와 관련한 지문 부분만**(선택지 앞부분 정답 확인[o, x] / 선택지 뒷부분 정답 확인[o, x]) 타당하게 연결되었는지 판단하고, 2차에서 서술구로 정답을 판단한다.

[예시 문항-1] 평가요소가 구체적인 경우

* 다음 글을 읽고 물음에 답하시오. [2018학년도 11월]

> 자연에서 발생하는 모든 일은 목적 지향적인가? 자기 몸통보다 더 큰 나뭇가지나 잎사귀를 허둥대며 운반하는 개미들은 분명히 목적을 가진 듯이 보인다. 그런데 가을

에 지는 낙엽이나 한밤중에 쏟아지는 우박도 목적을 가질까? 아리스토텔레스는 모든 자연물이 목적을 추구하는 본성을 타고나며, 외적 원인이 아니라 내재적 본성에 따른 운동을 한다는 목적론을 제시한다. 그는 자연물이 단순히 목적을 갖는 데 그치는 것이 아니라 목적을 실현할 능력도 타고나며, 그 목적은 방해받지 않는 한 반드시 실현될 것이고, 그 본성적 목적의 실현은 운동 주체에 항상 바람직한 결과를 가져온다고 믿는다. 아리스토텔레스는 이러한 자신의 견해를 "자연은 헛된 일을 하지 않는다!"라는 말로 요약한다.

근대에 접어들어 모든 사물이 생명력을 갖지 않는 일종의 기계라는 견해가 강조되면서, 아리스토텔레스의 목적론은 비과학적이라는 이유로 많은 비판에 직면한다. 갈릴레이는 목적론적 설명이 과학적 설명으로 사용될 수 없다고 주장하며, 베이컨은 목적에 대한 탐구가 과학에 무익하다고 평가하고, 스피노자는 목적론이 자연에 대한 이해를 왜곡한다고 비판한다. 이들의 비판은 목적론이 인간 이외의 자연물도 이성을 갖는 것으로 의인화한다는 것이다. 그러나 이런 비판과는 달리 아리스토텔레스는 자연물을 생물과 무생물로, 생물을 식물·동물·인간으로 나누고, 인간만이 이성을 지닌다고 생각했다.

일부 현대 학자들은, 근대 사상가들이 당시 과학에 기초한 기계론적 모형이 더 설득력을 갖는다는 일종의 교조적 믿음에 의존했을 뿐, 아리스토텔레스의 목적론을 거부할 충분한 근거를 제시하지 못했다고 비판한다. 이런 맥락에서 볼로틴은 근대과학이 자연에 목적이 없음을 보이지도 못했고 그렇게 하려는 시도조차 하지 않았다고 지적한다. 또한 우드필드는 목적론적 설명이 과학적 설명은 아니지만, 목적론의 옳고 그름을 확인할 수 없기 때문에 목적론이 거짓이라 할 수도 없다고 지적한다.

17세기의 과학은 실험을 통해 과학적 설명의 참·거짓을 확인할 것을 요구했고, 그런 경향은 생명체를 비롯한 세상의 모든 것이 물질로만 구성된다는 물질론으로 이어졌으며, 물질론 가운데 일부는 모든 생물학적 과정이 물리·화학 법칙으로 설명된다는 환원론으로 이어졌다. 이런 환원론은 살아 있는 생명체가 죽은 물질과 다르지 않음을 함축한다. 하지만 아리스토텔레스는 자연물의 물질적 구성 요소를 알면 그것의 본성을 모두 설명할 수 있다는 엠페도클레스의 견해를 반박했다. 이 반박은 자연물이 단순히 물질로만 이루어진 것이 아니며, 또한 그것의 본성이 단순히 물리·화학적으로 환원되지도 않는다는 주장을 내포한다.

첨단 과학의 발전에도 불구하고 생명체의 존재 원리와 이유를 정확히 규명하는 과제는 아직 진행 중이다. 자연물의 구성 요소에 대한 아리스토텔레스의 탐구는 자연물이 존재하고 운동하는 원리와 이유를 밝히려는 것이었고, 그의 목적론은 지금까지 이어지는 그러한 탐구의 출발점이라 할 수 있다.

17. 윗글에 나타난 아리스토텔레스의 견해에 대한 이해로 가장 적절한 것은? ③

① 개미의 본성적 운동은 이성에 의한 것으로 설명된다.
② 자연물의 목적 실현은 때로는 그 자연물에 해가 된다.
③ 본성적 운동의 주체는 본성을 실현할 능력을 갖고 있다.
④ 낙엽의 운동은 본성적 목적 개념으로는 설명되지 않는다.
⑤ 자연물의 본성적 운동은 외적 원인에 의해 야기되기도 한다.

[정답 찾기 3step]

step 1. 선택지를 지문요소와 평가요소(=아리스토텔레스의 견해), 서술구로 나눈다.

① 개미의 본성적 운동은 이성에 의한 것으로 / 설명된다.
② 자연물의 목적 실현은 때로는 그 자연물에 / 해가 된다.
③ 본성적 운동의 주체는 본성을 실현할 능력을 / 갖고 있다.
④ 낙엽의 운동은 본성적 목적 개념으로는 / 설명되지 않는다.
⑤ 자연물의 본성적 운동은 외적 원인에 의해 / 야기되기도 한다.

step 2. 선택지의 지문요소와 평가요소를 묶어, 지문과 일치 여부로 정답을 판단한다.

① 개미의 본성적 운동은 이성에 의한 것으로 / 설명된다.
　　　　지문요소　＝　　평가요소 ── 일치 여부
　　　　　└─[정답 확인]─┘
–)1단계 : 지문요소 = 평가요소인 '개미의 본성적 운동은 이성에 의한 것'인지의 일치
　여부 확인
　2단계 : '개미의 본성적 운동 = 이성에 의한 것' 일치 여부 확인, 예를 들면 '개미의
　본성적 운동 = 혹 감각(?)에 의한 것'은 아닌지하는 연결 모순 확인 때문에 2단계 확
　인 필요

② 자연물의 목적 실현은 때로는 그 자연물에 해가 /된다.
　　　　지문요소　＝　　평가요소 ── 일치 여부
　　　　　└─[정답 확인]─┘

–)1단계 : 지문요소 = 평가요소인 '자연물의 목적 실현은 때로는 그 자연물에 해'가 되
　　　　는지 일치 여부 확인
　　2단계 : '자연물의 목적 실현 = 때로는 그 자연물에 해'가 되는지 일치 여부 확인

③ 본성적 운동의 주체는 본성을 실현할 능력을 / 갖고 있다.
　　　　　　지문요소　=　평가요소 —— 일치 여부
　　　　　　└─[정답 확인]─┘
–)1단계 : 지문요소 = 평가요소인 '본성적 운동의 주체는 본성을 실현할 능력'이 있는지
　　　　일치 여부 확인
　　2단계 : '본성적 운동의 주체 = 본성을 실현할 능력'이 있는지 일치 여부 확인

④ 낙엽의 운동은 본성적 목적 개념으로는 / 설명되지 않는다.
　　　　　　지문요소　=　평가요소 —— 일치 여부
　　　　　　└─[정답 확인]─┘
–)1단계 : 지문요소 = 평가요소인 '낙엽의 운동은 본성적 목적 개념'이 있는지 일치 여
　　　　부 확인
　　2단계 : '낙엽의 운동은 본성적 목적 개념으로는 / 설명'되는지 일치 여부 확인

⑤ 자연물의 본성적 운동은 외적 원인에 의해 / 야기되기도 한다.
　　　　　　지문요소　=　평가요소 —— 일치 여부
　　　　　　└─[정답 확인]─┘
–)1단계 : 지문요소 = 평가요소인 '자연물의 본성적 운동은 외적 원인'이 되는지 일치
　　　　여부 확인
　　2단계 : '자연물의 본성적 운동은 외적 원인에 의해 야기'하는지 일치 여부 확인

　이 모든 선택지에서 앞부분 즉, 주어에 해당하는 '개미의 본성적 운동', '자연물의 목적 실현', '본성적 운동의 주체', '낙엽의 운동은', '자연물의 본성적 운동은' 부분과 즉 '이성에 의한 것', '때로는 그 자연물에 해', '본성을 실현할 능력', '본성적 목적 개념', '외적 원인에 의해'가 일치하는지를 판단한다. 선택지의 뒷부분이 앞부분의 지문과 일치하는지만 판단하면 정답지를 골라 낼 수 있다.

step 2에서 정답을 판단할 수 없다면 step 3에서 **지문요소(=평가요소)와 서술구가 타당한 연결**인지 판단하면 정답을 고를 수 있다.

step 3. 선택지의 서술구를 중심으로 발문에서 요구하는 정답 여부를 판단한다.

① 개미의 본성적 운동은 / 이성에 의한 것으로 / 설명된다.
　　지문요소　＝　　평가요소　　　　　／　서술구
　　　　└─[정답 확인───연결성(타당한 연결)]─┘

∴ **서술구**인 '이성에 의한 것으로 설명' 되는지 여부 확인

② 자연물의 목적 실현은 / 때로는 그 자연물에 해가 / 된다.
　　지문요소　＝　　평가요소　　　　　／　서술구
　　　　└─[정답 확인───연결성(타당한 연결)]─┘

∴ **서술구**인 '자연물에 해'가 되는지 여부 확인

③ 본성적 운동의 주체는 / 본성을 실현할 능력을 / 갖고 있다.
　　지문요소　＝　　평가요소　　　　　／　서술구
　　　　└─[정답 확인───연결성(타당한 연결)]─┘

∴ **서술구**인 '능력을 갖고 있'느냐의 여부 확인

④ 낙엽의 운동은 / 본성적 목적 개념으로는 / 설명되지 않는다.
　　지문요소　＝　　평가요소　　　　　／　서술구
　　　　└─[정답 확인───연결성(타당한 연결)]─┘

∴ **서술구**인 '개념으로는 설명'되는지 여부 확인

⑤ 자연물의 본성적 운동은 / 외적 원인에 의해 / 야기되기도 한다.
　　지문요소　＝　　평가요소　　　　　／　서술구
　　　　└─[정답 확인───연결성(타당한 연결)]─┘

∴ **서술구**인 '외적 원인에 의해 야기되는'지 여부 확인

tip 〈보기〉 없는 문항의 경우, 지문요소 = 평가요소가 일치하는 경우가 대부분이다. 판
　　　단요소인 서술구를 제외하고 1/2 나누어[수험생이 의미 단위를 중심으로 나눈다.]
　　　지문과 선택지를 1:1 대응하는지를 판단하면 된다.
즉 출제 지문 = p, a[지문요소] + b[평가요소] + c[판단요소]라고 하면,

1. a–〉p : 일치 여부 확인
2. a　　=　　b : 1차 확인
　　ㄴ[연결성]⎯⎤
3. [a + b]　= c : 2차 확인
　　ㄴ[연결성]⎯⎤

[예시 문항-1] 평가요소가 모호한 경우

* 다음 글을 읽고 물음에 답하시오. [2017학년도 11월]

　　보험은 같은 위험을 보유한 다수인이 위험 공동체를 형성하여 보험료를 납부하고
보험 사고가 발생하면 보험금을 지급받는 제도이다. 보험 상품을 구입한 사람은 장래의
우연한 사고로 인한 경제적 손실에 대비할 수 있다. 보험금 지급은 사고 발생이라는 우
연적 조건에 따라 결정되는데, 이처럼 보험은 조건의 실현 여부에 따라 받을 수 있는
재화나 서비스가 달라지는 조건부 상품이다.

　　위험 공동체의 구성원이 납부하는 보험료와 지급받는 보험금은 그 위험 공동체의
사고 발생 확률을 근거로 산정된다. 특정 사고가 발생할 확률은 정확히 알 수 없지만
그동안 발생된 사고를 바탕으로 그 확률을 예측한다면 관찰 대상이 많아짐에 따라 실
제 사고 발생 확률에 근접하게 된다. 본래 보험 가입의 목적은 금전적 이득을 취하는
데 있는 것이 아니라 장래의 경제적 손실을 보상받는 데 있으므로 위험 공동체의 구성
원은 자신이 속한 위험 공동체의 위험에 상응하는 보험료를 납부하는 것이 공정할 것
이다. 따라서 공정한 보험에서는 구성원 각자가 납부하는 보험료와 그가 지급받을 보험
금에 대한 기댓값이 일치해야 하며 구성원 전체의 보험료 총액과 보험금 총액이 일치
해야 한다. 이때 보험금에 대한 기댓값은 사고가 발생할 확률에 사고 발생 시 수령할
보험금을 곱한 값이다. 보험금에 대한 보험료의 비율(보험료 / 보험금)을 보험료율이라
하는데, 보험료율이 사고 발생 확률보다 높으면 구성원 전체의 보험료 총액이 보험금
총액보다 더 많고, 그 반대의 경우 에는 구성원 전체의 보험료 총액이 보험금 총액보다
더 적게 된다. 따라서 공정한 보험에서는 보험료율과 사고 발생 확률이 같아야 한다.

물론 현실에서 보험사는 영업 활동에 소요되는 비용 등을 보험료에 반영하기 때문에 공정한 보험이 적용되기 어렵지만 기본적으로 위와 같은 원리를 바탕으로 보험료와 보험금을 산정한다. 그런데 보험 가입자들이 자신이 가진 위험의 정도에 대해 진실한 정보를 알려 주지 않는 한, 보험사는 보험 가입자 개개인이 가진 위험의 정도를 정확히 파악하여 거기에 상응하는 보험료를 책정하기 어렵다. 이러한 이유로 사고 발생 확률이 비슷하다고 예상되는 사람들로 구성된 어떤 위험 공동체에 사고 발생 확률이 더 높은 사람들이 동일한 보험료를 납부하고 진입하게 되면, 그 위험 공동체의 사고 발생 빈도가 높아져 보험사가 지급하는 보험금의 총액이 증가한다. 보험사는 이를 보전하기 위해 구성원이 납부해야 할 보험료를 인상할 수밖에 없다. 결국 자신의 위험 정도에 상응하는 보험료보다 더 높은 보험료를 납부하는 사람이 생기게 되는 것이다. 이러한 문제는 정보의 비대칭성에서 비롯되는데 보험 가입자의 위험 정도에 대한 정보는 보험 가입자가 보험사보다 더 많이 갖고 있기 때문이다. 이를 해결하기 위해 보험사는 보험 가입자의 감춰진 특성을 파악할 수 있는 수단이 필요하다.

우리 상법에 규정되어 있는 고지 의무는 이러한 수단이 법적으로 구현된 제도이다. 보험 계약은 보험 가입자의 청약과 보험사의 승낙으로 성립된다. 보험 가입자는 반드시 계약을 체결하기 전에 '중요한 사항'을 알려야 하고, 이를 사실과 다르게 진술해서는 안 된다. 여기서 '중요한 사항'은 보험사가 보험 가입자의 청약에 대한 승낙을 결정하거나 차등적인 보험료를 책정하는 근거가 된다. 따라서 고지 의무는 결과적으로 다수의 사람들이 자신의 위험 정도에 상응하는 보험료보다 더 높은 보험료를 납부해야 하거나, 이를 이유로 아예 보험에 가입할 동기를 상실하게 되는 것을 방지한다.

보험 계약 체결 전 보험 가입자가 고의나 중대한 과실로 '중요한 사항'을 보험사에 알리지 않거나 사실과 다르게 알리면 고지 의무를 위반하게 된다. 이러한 경우에 우리 상법은 보험사에 계약 해지권을 부여한다. 보험사는 보험 사고가 발생하기 이전이나 이후에 상관없이 고지 의무 위반을 이유로 계약을 해지할 수 있고, 해지권 행사는 보험사의 일방적인 의사 표시로 가능하다. 해지를 하면 보험사는 보험금을 지급할 책임이 없게 되며, 이미 보험금을 지급했다면 그에 대한 반환을 청구할 수 있다. 일반적으로 법에서 의무를 위반하게 되면 위반한 자에게 그 의무를 이행하도록 강제하거나 손해 배상을 청구할 수 있는 것과 달리, 보험 가입자가 고지 의무를 위반했을 때에는 보험사가 해지권만 행사할 수 있다. 그런데 보험사의 계약 해지권이 제한되는 경우도 있다. 계약 당시에 보험사가 고지 의무 위반에 대한 사실을 알았거나 중대한 과실로 인해 알지 못한 경우에는 보험 가입자가 고지 의무를 위반했어도 보험사의 해지권은 배제된다. 이는 보험 가입자의 잘못보다 보험사의 잘못에 더 책임을 둔 것이라 할 수 있다. 또 보험사가 해지권을 행사할 수 있는 기간에도 일정한 제한을 두고 있는데, 이는 양자의 법률관계를 신속히 확정함으로써 보험 가입자가 불안정한 법적 상태에 장기간 놓여 있는 것을 방지하려는 것이다. 그러나 고지해야 할 '중요한 사항' 중 고지 의무 위반에 해당되는 사항이 보험 사고와 인과 관계가 없을 때에는 보험사는 보험금을 지급할 책임이 있다. 그렇지만 이때에도 해지권은 행사할 수 있다.

보험에서 고지 의무는 보험에 가입하려는 사람의 특성을 검증함으로써 다른 가입자에게 보험료가 부당하게 전가되는 것을 막는 기능을 한다. 이로써 사고의 위험에 따른 경제적 손실에 대비하고자 하는 보험 본연의 목적이 달성될 수 있다.

37. 윗글에 대한 설명으로 가장 적절한 것은? ③

① 보험 계약에서 보험사가 준수해야 할 법률 규정의 실효성을 검토하고 있다.

② 보험사의 보험 상품 판매 전략에 내재된 경제학적 원리와 법적 규제의 필요성을 강조하고 있다.

③ 공정한 보험의 경제학적 원리와 보험의 목적을 실현하는 데 기여하는 법적 의무를 살피고 있다.

④ 보험금 지급을 두고 벌어지는 분쟁의 원인을 나열한 후 경제적 해결책과 법적 해결책을 모색하고 있다.

⑤ 보험 상품의 거래에 부정적으로 작용하는 법률 조하의 문제점을 경제학적 시각에서 분석하고 있다.

[정답 찾기 3step]

step 1. 선택지를 지문요소와 평가요소, 서술구로 나눈다.

① 보험 계약에서 보험사가 준수해야 할 법률 규정의 실효성을 / 검토하고 있다.

② 보험사의 보험 상품 판매 전략에 내재된 경제학적 원리와 법적 규제의 / 필요성을 강조하고 있다.

③ 공정한 보험의 경제학적 원리와 보험의 목적을 실현하는 데 / 기여하는 법적 의무를 살피고 있다.

④ 보험금 지급을 두고 벌어지는 분쟁의 원인을 나열한 후 / 경제적 해결책과 법적 해결책을 모색하고 있다.

⑤ 보험 상품의 거래에 부정적으로 작용하는 법률 조항의 문제점을 / 경제학적 시각에서 분석하고 있다.

step 2. 선택지의 지문요소와 평가요소를 묶어 지문과 일치 여부로 정답을 판단한다.

① 보험 계약에서 보험사가 / 준수해야 할 법률 규정의 실효성을 / 검토하고 있다.

        지문요소 = 평가요소[출제 의도]

          └[일치 여부]┘

② 보험사의 보험 상품 판매 전략에 내재된 / 경제학적 원리와 법적 규제의 / 필요성을 강조하고 있다.

        지문요소 = 평가요소[출제 의도]

          └[일치 여부]┘

③ 공정한 보험의 경제학적 원리와 보험의 목적을 실현하는 데 / 기여하는 법적 의무를 살피고 있다.

        지문요소 = 평가요소[출제 의도]

          └[일치 여부]┘

④ 보험금 지급을 두고 / 벌어지는 분쟁의 원인을 나열한 후 / 경제적 해결책과 법적 해결책을 모색하고 있다.

        지문요소 = 평가요소[출제 의도]

          └[일치 여부]┘

⑤ 보험 상품의 거래에 부정적으로 / 작용하는 법률 조항의 문제점을 경제학적 시각에서 / 분석하고 있다.

        지문요소 = 평가요소[출제 의도]

          └[일치 여부]┘

step 3. 지문요소와 평가요소의 일치 여부를 묶어서 타당한 연결이 되는지를 서술구를 중심으로 확인한다.

타당한 연결을 판단할 때, '내용상 해석'이 맞는지 여부를 판단하면 된다. 사실 이런 문항의 경우 삭제한 앞부분에서 핵심 키워드만 뽑아내면 된다.

① 보험 계약에서 보험사가 준수해야 할 법률 규정의 실효성을 / 검토하고 있다.

      지문요소 = 평가요소[출제 의도]   판단요소(서술구)

         └[일치 여부]┘

             └───────── [검토하는지? 여부]─────────┘

② 보험사의 보험 상품 판매 전략에 내재된 경제학적 원리와 법적 규제의 / 필요성을 강조하고 있다.

      지문요소 = 평가요소[출제 의도]   판단요소(서술구)

         └[일치 여부]┘

             └───────── [필요성 강조하는지? 여부]─────────┘

③ 공정한 보험의 경제학적 원리와 보험의 목적을 실현하는 데 / 기여하는 법적 의무를 살피고 있다.

      지문요소 = 평가요소[출제 의도]   판단요소(서술구)

         └[일치 여부]┘

             └─────── [법적 의무을 살피는지? 여부]───────┘

④ 보험금 지급을 두고 벌어지는 분쟁의 원인을 나열한 후 / 경제적 해결책과 법적 해결책을 모색하고 있다.

      지문요소 = 평가요소[출제 의도]   판단요소(서술구)

         └[일치 여부]┘

             └─────── [법적 해결책을 모색하는지? 여부]───────┘

⑤ 보험 상품의 거래에 부정적으로 작용하는 법률 조항의 문제점을 경제학적 시각에서 / 분석하고 있다.

      지문요소 = 평가요소[출제 의도]   판단요소(서술구)

         └[일치 여부]┘

             └─────── [경제학적 시각에서 분석하는지? 여부]───────┘

[예시 문항-2] - 평가요소가 구체적인 경우(평가요소가 두 개인 경우)

* 다음 글을 읽고 물음에 답하시오. [2018학년도 11월 수능]

자연에서 발생하는 모든 일은 목적 지향적인가? 자기 몸통보다 더 큰 나뭇가지나 잎사귀를 허둥대며 운반하는 개미들은 분명히 목적을 가진 듯이 보인다. 그런데 가을에 지는 낙엽이나 한밤중에 쏟아지는 우박도 목적을 가질까? 아리스토텔레스는 모든 자연물이 목적을 추구하는 본성을 타고나며, 외적 원인이 아니라 내재적 본성에 따른 운동을 한다는 목적론을 제시한다. 그는 자연물이 단순히 목적을 갖는 데 그치는 것이 아니라 목적을 실현할 능력도 타고나며, 그 목적은 방해받지 않는 한 반드시 실현될 것이고, 그 본성적 목적의 실현은 운동 주체에 항상 바람직한 결과를 가져온다고 믿는다. 아리스토텔레스는 이러한 자신의 견해를 "자연은 헛된 일을 하지 않는다!"라는 말로 요약한다.

근대에 접어들어 모든 사물이 생명력을 갖지 않는 일종의 기계라는 견해가 강조되면서, 아리스토텔레스의 목적론은 비과학적이라는 이유로 많은 비판에 직면한다. 갈릴레이는 목적론적 설명이 과학적 설명으로 사용될 수 없다고 주장하며, 베이컨은 목적에 대한 탐구가 과학에 무익하다고 평가하고, 스피노자는 목적론이 자연에 대한 이해를 왜곡한다고 비판한다. 이들의 비판은 목적론이 인간 이외의 자연물도 이성을 갖는 것으로 의인화한다는 것이다. 그러나 이런 비판과는 달리 아리스토텔레스는 자연물을 생물과 무생물로, 생물을 식물·동물·인간으로 나누고, 인간만이 이성을 지닌다고 생각했다.

일부 현대 학자들은, 근대 사상가들이 당시 과학에 기초한 기계론적 모형이 더 설득력을 갖는다는 일종의 교조적 믿음에 의존했을 뿐, 아리스토텔레스의 목적론을 거부할 충분한 근거를 제시하지 못했다고 비판한다. 이런 맥락에서 볼로틴은 근대과학이 자연에 목적이 없음을 보이지도 못했고 그렇게 하려는 시도조차 하지 않았다고 지적한다. 또한 우드필드는 목적론적 설명이 과학적 설명은 아니지만, 목적론의 옳고 그름을 확인할 수 없기 때문에 목적론이 거짓이라 할 수도 없다고 지적한다.

17세기의 과학은 실험을 통해 과학적 설명의 참·거짓을 확인할 것을 요구했고, 그런 경향은 생명체를 비롯한 세상의 모든 것이 물질로만 구성된다는 물질론으로 이어졌으며, 물질론 가운데 일부는 모든 생물학적 과정이 물리·화학 법칙으로 설명된다는 환원론으로 이어졌다. 이런 환원론은 살아 있는 생명체가 죽은 물질과 다르지 않음을 함축한다. 하지만 아리스토텔레스는 자연물의 물질적 구성 요소를 알면 그것의 본성을 모두 설명할 수 있다는 엠페도클레스의 견해를 반박했다. 이 반박은 자연물이 단순히 물질로만 이루어진 것이 아니며, 또한 그것의 본성이 단순히 물리·화학적으로 환원되지도 않는다는 주장을 내포한다.

첨단 과학의 발전에도 불구하고 생명체의 존재 원리와 이유를 정확히 규명하는 과제는 아직 진행 중이다. 자연물의 구성 요소에 대한 아리스토텔레스의 탐구는 자연물이 존재하고 운동하는 원리와 이유를 밝히려는 것이었고, 그의 목적론은 지금까지 이어지는 그러한 탐구의 출발점이라 할 수 있다.

16. 윗글의 논지 전개 방식으로 가장 적절한 것은? ⑤

① 대립되는 두 이론을 소개하고 각 이론의 장단점을 비교하고 있다.

② 특정 이론에 대한 상반된 주장을 제시하여 절충 방안을 모색하고 있다.

③ 특정 이론에 대한 다양한 비판의 타당성을 검토한 후 새로운 이론을 도출하고 있다.

④ 특성 이론에 대한 비판들을 시대순으로 제시하여 그 이론의 부당성을 주장하고 있다.

⑤ 특정 이론에 대한 비판들을 검토하고 그 이론에 대한 해석을 제시하여 의의를 밝히고 있다.

[정답 찾기 3step]

step 1. 선택지의 평가요소를 둘로 나눈다.

① 대립되는 두 이론을 소개하고 / 각 이론의 장단점을 비교하고 있다.

② 특정 이론에 대한 상반된 주장을 제시하여 / 절충 방안을 모색하고 있다.

③ 특정 이론에 대한 다양한 비판의 타당성을 검토한 후 / 새로운 이론을 도출하고 있다.

④ 특정 이론에 대한 비판들을 시대순으로 제시하여 / 그 이론의 부당성을 주장하고 있다.

⑤ 특정 이론에 대한 비판들을 검토하고 / 그 이론에 대한 해석을 제시하여 의의를 밝히고 있다.

tip 이렇게 나누어서 '논지 전개 방식'에 해당하는 평가요소는

①은 두 이론 소개와 장단점 비교

②는 상반된 주장과 절충 방안

③은 타당성 검토와 새 이론

④는 비판의 시대순 제시와 이론의 부당성 주장

⑤는 비판 검토와 이론 해석 및 의의 이다.

이렇게 하는 것만으로도 바로 정답지를 골라낼 수 있다.

step 2. 선택지의 1차 평가요소에서 포함되지 않은 부분을 삭제한다.

① 대립되는 두 이론을 소개하고 / 각 이론의 장단점을 비교하고 있다.
　　　1차 정답 확인 [o, x]

② 특정 이론에 대한 상반된 주장을 제시하여 / 절충 방안을 모색하고 있다.
　　　1차 정답 확인 [o, x]

③ 특정 이론에 대한 다양한 비판의 타당성을 검토한 후 / 새로운 이론을 도출하고
　　　1차 정답 확인 [o, x]
　있다.

④ 특정 이론에 대한 비판들을 시대순으로 제시하여 / 그 이론의 부당성을 주장하고
　　　1차 정답 확인 [o, x]
　있다.

⑤ 특정 이론에 대한 비판들을 검토하고 / 그 이론에 대한 해석을 제시하여 의의를
　　　1차 정답 확인 [o, x]
　밝히고 있다.

만약 이렇게 해도 정답을 모르겠다면 다음 단계에서 정답을 확정
하면 된다.

발칙한 생각

① '대립되는 두 이론의 소개'한다는 것은 바로 '각 이론의 장단점을 비교하고 있다'는
　것을 전제로 하는 것이 아닐까?

② '특정 이론에 대한 상반된 주장을 제시'했을 때, '절충 방안을 모색하고 있다'는 것의 의미를 함의하고 있는 것이 아닐까?

③ '특정 이론에 대한 다양한 비판의 타당성'을 검토한다는 것은 '새로운 이론을 도출한다'는 것을 포함하는 것이 아닐까?

④ '특정 이론에 대한 비판을 검토한다는 것'은 그 '이론의 부당성을 주장하고 있는' 내용을 검토하는 것이 아닐까?

⑤ '특정 이론에 대한 비판들을 검토'하는 것은 '그 이론에 대한 해석을 제시하여 의의를 밝히고' 있는 것이 아닐까? 그래서 선택지의 앞부분만으로 정답을 확정할 수 있다.

평가요소가 둘 이상일 때, 1차적으로 앞부분만으로 평가요소와 지문요소의 일치 여부로 정답을 판단할 수 있다. 그래서 뒷부분은 삭제하고 정답을 판단할 수 있다. 1차 정답 확인이 어려우면 뒷부분의 평가요소로 정답을 확정하면 된다.

step 3. 선택지의 2차 평가요소로 정답을 판단한다.

① ~~대립되는 두 이론을 소개하고~~ / 각 이론의 장단점을 비교하고 있다.
   1차 정답 확인 [o, x]   2차 정답 확인 [o, x]
   ∴ 서술구인 '~ 이론을 소개하고 / 비교하는지'의 여부 확인

② ~~특정 이론에 대한 상반된 주장을 제시하여~~ / 절충 방안을 모색하고 있다.
   1차 정답 확인 [o, x]   2차 정답 확인 [o, x]
   ∴ 서술구인 '~ 상반된 주장을 제시하고 / 절충 방안을 모색하는지'의 여부 확인

③ ~~특정 이론에 대한 다양한 비판의 타당성을 검토한 후~~ / 새로운 이론을 도출하고 있다.
   1차 정답 확인 [o, x]   2차 정답 확인 [o, x]
   ∴ 서술구인 '~타당성을 검토하는지'의 여부 확인, 서술구인 '새로운 이론을 도출하는지'의 여부 확인

④ 특정 이론에 대한 비판들을 시대순으로 제시하여 / 그 이론의 부당성을 주장하고 있다.

　　1차 정답 확인 [o, x]　　　　　　　　2차 정답 확인 [o, x]

∴ 서술구인 '∼비판을 시대순으로 제시하는지'의 여부 확인, 서술구인 '∼ 이론의 부당성을 주장하는지'의 여부 확인

⑤ 그 이론에 대한 해석을 제시하여 의의를 밝히고 있다.

　　1차 정답 확인 [o, x]　　　　　　　　2차 정답 확인 [o, x]

∴ 서술구인 '비판을 검토하는지'의 여부 확인, 서술구인 '∼ 해석을 제시하고 의의를 밝히는지'의 여부 확인

> **tip** 선택지의 평가요소가 두 개일 때 선택지의 앞부분[1/2법칙 혹은 선택지 절반의 법칙(선택지를 임의적으로 나눔)]에서 정답 판단을 하고, 뒷부분을 확인하는 순서로 정답을 찾는다. 즉
> 선택지(S) = A　　　　　/　　　　　B
> ①∼⑤번까지 A만 우선 O, X로 판단하고, 다음으로 B을 O, X로 판단한다.

가령, 윗글의 논지 전개 방식으로 가장 적절한 것은?에서 정답이 ③번이라고 할 경우 정답 찾기 방법이다.

번호	A	B	
①	X[1차만 확인]		
②	X[1차만 확인]		
③	O[1차 확인 후]	O[2차 확인 후]	정답 확정
④	X[1차만 확인]		
⑤	X[1차만 확인]		

> **tip** 선택지 나누기 법칙은 1. 윗글에 대한 설명으로 / 2. 윗글에 대한 설명 방식에 / 3. 윗글에 대한 논지 전개 방식 혹은 전개 방식 등과 같은 유형의 문제에서 유용하게 정답을 찾을 수 있다.

[적용 문항] 평가요소가 구체적인 경우(평가요소가 두 개인 경우)

* 다음 글을 읽고 물음에 답하시오. [2018학년도 11월]

자연에서 발생하는 모든 일은 목적 지향적인가? 자기 몸통보다 더 큰 나뭇가지나 잎사귀를 허둥대며 운반하는 개미들은 분명히 목적을 가진 듯이 보인다. 그런데 가을에 지는 낙엽이나 한밤중에 쏟아지는 우박도 목적을 가질까? 아리스토텔레스는 모든 자연물이 목적을 추구하는 본성을 타고나며, 외적 원인이 아니라 내재적 본성에 따른 운동을 한다는 목적론을 제시한다. 그는 자연물이 단순히 목적을 갖는 데 그치는 것이 아니라 목적을 실현할 능력도 타고나며, 그 목적은 방해받지 않는 한 반드시 실현될 것이고, 그 본성적 목적의 실현은 운동 주체에 항상 바람직한 결과를 가져온다고 믿는다. 아리스토텔레스는 이러한 자신의 견해를 "자연은 헛된 일을 하지 않는다!"라는 말로 요약한다.

근대에 접어들어 모든 사물이 생명력을 갖지 않는 일종의 기계라는 견해가 강조되면서, 아리스토텔레스의 목적론은 비과학적이라는 이유로 많은 비판에 직면한다. 갈릴레이는 목적론적 설명이 과학적 설명으로 사용될 수 없다고 주장하며, 베이컨은 목적에 대한 탐구가 과학에 무익하다고 평가하고, 스피노자는 목적론이 자연에 대한 이해를 왜곡한다고 비판한다. 이들의 비판은 목적론이 인간 이외의 자연물도 이성을 갖는 것으로 의인화한다는 것이다. 그러나 이런 비판과는 달리 아리스토텔레스는 자연물을 생물과 무생물로, 생물을 식물·동물·인간으로 나누고, 인간만이 이성을 지닌다고 생각했다.

일부 현대 학자들은, 근대 사상가들이 당시 과학에 기초한 기계론적 모형이 더 설득력을 갖는다는 일종의 교조적 믿음에 의존했을 뿐, 아리스토텔레스의 목적론을 거부할 충분한 근거를 제시하지 못했다고 비판한다. 이런 맥락에서 볼로틴은 근대과학이 자연에 목적이 없음을 보이지도 못했고 그렇게 하려는 시도조차 하지 않았다고 지적한다. 또한 우드필드는 목적론적 설명이 과학적 설명은 아니지만, 목적론의 옳고 그름을 확인할 수 없기 때문에 목적론이 거짓이라 할 수도 없다고 지적한다.

17세기의 과학은 실험을 통해 과학적 설명의 참·거짓을 확인할 것을 요구했고, 그런 경향은 생명체를 비롯한 세상의 모든 것이 물질로만 구성된다는 물질론으로 이어졌으며, 물질론 가운데 일부는 모든 생물학적 과정이 물리·화학 법칙으로 설명된다는 환원론으로 이어졌다. 이런 환원론은 살아 있는 생명체가 죽은 물질과 다르지 않음을 함축한다. 하지만 아리스토텔레스는 자연물의 물질적 구성 요소를 알면 그것의 본성을 모두 설명할 수 있다는 엠페도클레스의 견해를 반박했다. 이 반박은 자연물이 단순히 물질로만 이루어진 것이 아니며, 또한 그것의 본성이 단순히 물리·화학적으로 환원되지도 않는다는 주장을 내포한다.

첨단 과학의 발전에도 불구하고 생명체의 존재 원리와 이유를 정확히 규명하는 과제는 아직 진행 중이다. 자연물의 구성 요소에 대한 아리스토텔레스의 탐구는 자연물이 존재하고 운동하는 원리와 이유를 밝히려는 것이었고, 그의 목적론은 지금까지 이어지는 그러한 탐구의 출발점이라 할 수 있다.

18. 윗글에 나타난 목적론에 대한 논의를 적절하게 진술한 것은? ②

① 갈릴레이와 볼로틴은 목적론이 근대 과학에 기초한 기계론적 모형이라고 비판한다.
② 갈릴레이와 우드필드는 목적론적 설명이 과학적 설명이 아니라고 비판한다.
③ 베이컨과 우드필드는 목적론적 설명이 교조적 신념에 의존했다고 비판한다.
④ 스피노자와 볼로틴은 목적론이 자연에 대한 이해를 확장한다고 주장한다.
⑤ 스피노자와 우드필드는 목적론이 사물을 의인화하기 때문에 거짓이라고 주장한다.

[정답 찾기 3step]

step 1. 선택지를 지문요소와 평가요소, 서술구로 나눈다.

① 갈릴레이와 볼로틴은 목적론이 근대 과학에 기초한 기계론적 모형이라고 / 비판한다.
② 갈릴레이와 우드필드는 목적론적 설명이 과학적 설명이 아니라고 / 비판한다.
③ 베이컨과 우드필드는 목적론적 설명이 교조적 신념에 의존했다고 / 비판한다.
④ 스피노자와 볼로틴은 목적론이 자연에 대한 이해를 확장한다고 / 주장한다.
⑤ 스피노자와 우드필드는 목적론이 사물을 의인화하기 때문에 거짓이라고 / 주장한다.

tip 지문요소와 평가요소가 일치하기 때문에 이 둘은 선택지 - 나누기를 하지 않고 서술구와 구별해서 나눈다.

step 2. 선택지를 지문요소와 평가요소로 묶어, 지문과 일치 여부를 확인한다. [1/n 적용] 이 때 a와 b 형식의 선택지는 두 문장 형식으로 나누어 1, 2차 정답을 확인한다.

① 갈릴레이와 볼로틴은 / 목적론이 근대 과학에 기초한 기계론적 모형이라고 // 비판한다.
1차 정답 확인 : 갈릴레이와 볼로틴은 / 목적론이 근대 과학에 기초한 기계론적 모형이라고 // 비판한다. [o, x]

2차 정답 확인 ; 갈릴레이와 볼로틴은 / 목적론이 근대 과학에 기초한 기계론적 모형이
라고 // 비판한다. [o, x]

② 갈릴레이와 우드필드는 / 목적론적 설명이 과학적 설명이 아니라고 // 비판한다.

1차 정답 확인 : 갈릴레이와 우드필드는 / 목적론적 설명이 과학적 설명이 아니라고 //
비판한다. [o, x]

2차 정답 확인 ; 갈릴레이와 우드필드는 / 목적론적 설명이 과학적 설명이 아니라고 //
비판한다. [o, x]

③ 베이컨과 우드필드는 / 목적론적 설명이 교조적 신념에 의존했다고 // 비판한다.

1차 정답 확인 : 베이컨과 우드필드는 / 목적론적 설명이 교조적 신념에 의존했다고 //
비판한다. [o, x]

2차 정답 확인 ; 베이컨과 우드필드는 / 목적론적 설명이 교조적 신념에 의존했다고 //
비판한다. [o, x]

④ 스피노자와 볼로틴은 / 목적론이 자연에 대한 이해를 확장한다고 // 주장한다.

1차 정답 확인 : 스피노자와 볼로틴은 / 목적론이 자연에 대한 이해를 확장한다고 // 주
장한다. [o, x]

2차 정답 확인 : 스피노자와 볼로틴은 / 목적론이 자연에 대한 이해를 확장한다고 // 주
장한다. [o, x]

⑤ 스피노자와 우드필드는 / 목적론이 사물을 의인화하기 때문에 거짓이라고 // 주장한다.

1차 정답 확인 : 스피노자와 우드필드는 / 목적론이 사물을 의인화하기 때문에 거짓이라
고 // 주장한다. [o, x]

2차 정답 확인 ; 스피노자와 우드필드는 / 목적론이 사물을 의인화하기 때문에 거짓이라
고 // 주장한다. [o, x]

tip 선택지의 문장 주어가 a와 b 형식일 때, 선택지는 두 문장 형식을 취한다. 즉 'a는
- 이다.'와 'b는 - 이다.'라는 두 문장으로 정답을 확인해야 한다. 먼저 a만 확인
[1차 정답 확인]한 후, b를 확인[2차 정답확인]한다.
즉 ① 갈릴레이는(a) / 목적론이 / 근대 과학에 기초한 기계론적 모형이라고 //
비판한다. [정답 O, X] / ① '볼로틴은(b) / 목적론이 / 근대 과학에 기초한 기계
론적 모형이라고 // 비판한다. [정답 O, X]라는 두 문장으로 판단한다.

①번 선택지는 '목적론'이 '근대 과학에 기초한 기계론적 모형'인지 판단해 보자. 목적론을 주창한 아리스토텔레스는 고대의 사람이므로 선택지 자체에 벌써 모순이 발생한다.

②번 선택지는 갈릴레이와 우드필드가 목적론이 과학이 아니라는 것을 2, 3문단에서 바로 확인이 가능하다. 그러므로 정답이다.

③번 선택지는 목적론이 교조적 신념에 의존하는지 판단하면 되는데 교조적 신념이라는 말은 현대 학자들이 갈릴레이와 같은 근대 학자를 비판하는 데 쓴 말이므로 지문의 내용과 다르다.

⑤번 선택지는 목적론이 사물을 의인화한다는 말이 지문에 있는지 판단하면 된다. 2문단 끝에서 아리스토텔레스가 인간만이 이성을 가진다고 생각했다는 말에서 바로 정답이 아님을 알 수 있다.

step 3. 선택지의 지문요소와 평가요소를 묶어 지문과 일치 여부를 서술구를 중심으로 정답 여부를 판단한다.

① 갈릴레이와 볼로틴은 / 목적론이 근대 과학에 기초한 기계론적 모형이라고 / 비판한다.
　　　지문요소　＝　평가요소　　　　　　　　　　　　　　　　 / 서술구
　　　└──[정답 확인 ──────────── 연결성(타당한 연결)]─┘

② 갈릴레이와 우드필드는 / 목적론적 설명이 과학적 설명이 아니라고 / 비판한다.
　　　지문요소　＝　평가요소　　　　　　　　　　　　　　 / 서술구
　　　└──[정답 확인 ──────────── 연결성(타당한 연결)]─┘

③ 베이컨과 우드필드는 / 목적론적 설명이 교조적 신념에 의존했다고 / 비판한다.

        지문요소   =   평가요소   / 서술구

            └──[정답 확인 ──────────────── 연결성(타당한 연결)]──┘

④ 스피노자와 볼로틴은 / 목적론이 자연에 대한 이해를 확장한다고 // 주장한다.

        지문요소   =   평가요소   // 서술구

            └──[정답 확인 ──────────────── 연결성(타당한 연결)]──┘

⑤ 스피노자와 우드필드는 / 목적론이 사물을 의인화하기 때문에 거짓이라고 / 주장한다.

        지문요소   =   평가요소   / 서술구

            └──[정답 확인 ──────────────── 연결성(타당한 연결)]──┘

[실전 문항-1]

* 다음 글을 읽고 물음에 답하시오. [2016학년도 9월 A형]

사진은 19세기 초까지만 해도 근대 문명이 만들어 낸 기술적 도구이자 현실 재현의 수단으로 인식되었다. 하지만 점차 여러 사진작가들이 사진을 연출된 형태로 찍거나 제작함으로써 자기의 주관을 표현하고자 하는 시도를 하였다. 이들은 빛의 처리, 원판의 합성 등의 기법으로 회화적 표현을 모방하여 예술성 있는 사진을 추구하였다. 이러한 흐름 속에서 만들어진 사진 작품들을 회화주의 사진이라고 부른다.

스타이컨의 ㉠⟨빅토르 위고와 생각하는 사람과 함께 있는 로댕⟩(1902년)은 회화주의 사진을 대표하는 것으로 평가된다. 이 작품에서 피사체들은 조각가 '로댕'과 그의 작품인 ⟨빅토르 위고⟩와 ⟨생각하는 사람⟩이다. 스타이컨은 로댕을 대리석상⟨빅토르 위고⟩ 앞에 두고 찍은 사진과, 청동상 ⟨생각하는 사람⟩을 찍은 사진을 합성하여 하나의 사진 작품으로 만들었다. 이렇게 제작된 사진의 구도에서 어둡게 나타난 근경에는 로댕이 ⟨생각하는 사람⟩과 서로 마주 보며 비슷한 자세로 앉아 있고, 반면 환하게 보이는 원경에는 ⟨빅토르 위고⟩가 이들을 내려다보는 모습으로 배치되어 있다. 단순히 근경과 원경을 합성한 것이 아니라, 두 사진의 피사체들이 작가가 의도한 바에 따라 하나의 프레임 속에서 자리 잡을 수 있도록 당시로서는 고난도인 합성 사진 기법을 동원한 것이다. 또한 인화 과정에서는 피사체의 질감이 억제되는 감광액을 사용하였다.

스타이컨은 1901년부터 거의 매주 로댕과 예술적 교류를 하며 그의 작품들을 촬영했다. 로댕은 사물의 외형만을 재현하려는 당시 예술계의 경향에서 벗어나 생명력과 표현성을 강조하는 조각을 하고 있었는데, 스타이컨은 이를 높이 평가하고 깊이 공감하였다. 스타이컨은 사진이나 조각이 작가의 주관과 감정을 표현할 수 있으며 문학 작품처럼 해석의 대상도 될 수 있다고 생각했는데, 로댕 또한 이에 동감하여 기꺼이 사진 작품의 모델이 되어 주기도 하였다.

이 사진에서는 피사체들의 질감이 뚜렷이 살지 않게 처리하여 모든 피사체들이 사람인 듯한 느낌을 주고자 하였다. 대문호 ⟨빅토르 위고⟩가 내려다보고 있는 가운데 로댕은 ⟨생각하는 사람⟩과 마주하여 자신도 ⟨생각하는 사람⟩이 된 양, 같은 자세로 묵상하는 모습을 취하고 있다. 원경에서 희고 밝게 빛나는 ⟨빅토르 위고⟩는 근경에 있는 로댕과 ⟨생각하는 사람⟩의 어두운 모습에 대비되어 창조의 영감을 발산하는 모습으로 나타난다. 이러한 구도는 로댕의 작품도 문학 작품과 마찬가지로 창작의 고뇌 속에서 이루어진 것이라는 메시지를 주고 있다.

이처럼 스타이컨은 명암 대비가 뚜렷이 드러나도록 촬영하고, 원판을 합성하여 구도를 만들고, 특수한 감광액으로 질감에 변화를 주는 등의 방식으로 사진이 회화와 같은 방식으로 창작되고 표현될 수 있는 예술임을 보여 주고자 하였다.

27. 윗글에 대한 이해로 가장 적절한 것은?

① 로댕은 사진 작품, 조각 작품, 문학 작품 모두 해석의 대상이 된다고 여겼다.

② 빅토르 위고는 사진과 조각을 모두 해석의 대상이라고 생각하여 그것들을 내려다보고 있었다.

③ 스타이컨의 사진은 대상을 그대로 보여 준다는 점에서 회화주의 사진의 대표적 작품으로 평가된다.

④ 로댕과 스타이컨은 조각의 역할이 사물의 형상을 충실히 재현하는 것으로 한정되어야 한다고 보았다.

⑤ 스타이컨의 작품에서 명암 효과는 합성 사진 기법으로 구현되었고 질감 변화는 피사체의 대립적인 구도로 실현되었다.

[실전 문항-2]

[21~24] 다음 글을 읽고 물음에 답하시오. [2016학년도 11월 B형]

> 현대 사회에서 지식의 중요성이 커지면서 기업에서도 지식 경영을 강조하는 목소리가 높다. 지식 경영은 기업 경쟁력의 원천이 조직적인 학습과 혁신 능력, 즉 기업의 지적 역량에 있다고 보아 지식의 활용과 창조를 강조하는 경영 전략이다.
>
> 지식 경영론 중에는 마이클 폴라니의 '암묵지' 개념을 활용하는 경우가 많다. 폴라니는 명확하게 표현되지 않고 주체에게 체화된 암묵지 개념을 통해 모든 지식이 지적 활동의 주체인 인간과 분리될 수 없다는 것을 강조했다. 그에 따르면 우리의 일상적 지각뿐만 아니라 고도의 과학적 지식도 지적 활동의 주체가 몸담고 있는 구체적인 현실로부터 유리된 것이 아니다. 어떤 지각 활동이나 관찰, 추론 활동에도 우리의 몸이나 관찰 도구, 지적 수단이 항상 수반되고 그에 의해 이러한 활동이 암묵적으로 영향을 받기 때문이다. 요컨대 모든 지식에는 암묵적 요소들과 이들을 하나로 통합하는 '인간적 행위'가 전제되어 있다는 것이다. "우리는 우리가 말할 수 있는 것보다 훨씬 더 많이 알고 있다."라는 폴라니의 말은 모든 지식이 암묵지에 기초하고 있음을 강조한다.
>
> 노나카 이쿠지로는 지식에 대한 폴라니의 탐구를 실용적으로 응용하여 지식 경영론을 펼쳤다. 그는 폴라니의 '암묵지'를 신체 감각, 상상 속 이미지, 지적 관심 등과 같이 객관적으로 표현하기 어려운 주관적 지식으로 파악했다. 또한 '명시지'를 문서나 데이터베이스 등에 담긴 지식과 같이 객관적이고 논리적으로 형식화된 지식으로 파악하고, 이것이 암묵지에 비해 상대적으로 지식의 공유 가능성이 높다고 보았다.
>
> 암묵지와 명시지의 분류에 기초하여, 노나카는 개인, 집단, 조직 수준에서 이루어지는 지식 변환 과정을 네 가지로 유형화하였다. 암묵지가 전달되어 타자의 암묵지로 변환되는 것은 대면 접촉을 통한 모방과 개인의 숙련 노력에 의해 이루어지는 것으로서 '공동화'라 한다. 암묵지에서 명시지로의 변환은 암묵적 요소 중 일부가 형식화되어 객관화되는 것으로서 '표출화'라 한다. 또 명시지들을 결합하여 새로운 명시지를 형성하는 것은 '연결화'라 하고, 명시지가 숙련 노력에 의해 암묵지로 전환되는 것은 '내면화'라 한다. 노나카는 이러한 변환 과정이 원활하게 일어나 기업의 지적 역량이 강화되도록 기업의 조직 구조도 혁신되어야 한다고 주장하였다.
>
> 이러한 주장대로 지식 경영이 실현되기 위해서는 지식 공유 과정에 대한 구성원들의 참여가 전제되어야 한다. 하지만 인간에게 체화된 무형의 지식을 공유하는 것은 쉬운 일이 아니다. 단순한 정보와 유용한 지식을 구분하기도 쉽지 않고, 이를
>
> 계량화하여 평가하는 것도 어렵다. 따라서 지식 경영의 성패는 지식의 성격에 대한 정확한 이해에 기초하여 구성원들이 지식 공유와 확산 과정에 자발적으로 참여하도록 하는 방안을 마련하는 것에 달려 있다고 할 수 있다.

21. 윗글의 내용 전개에 대한 설명으로 가장 적절한 것은?

① 지식의 성격이 변화된 원인을 분석하고 지식 경영론의 등장 배경을 탐색하고 있다.

② 지식이 분리되어 가는 과정에 따른 지식 변환의 단계를 설명하고 지식 경영론의 문제점을 살펴보고 있다.

③ 지식에 대한 논의에 기초하여 지식 경영론을 소개하고 지식 경영의 성패를 좌우하는 요건을 검토하고 있다.

④ 지식에 대한 견해의 변화 과정을 순차적으로 살펴보고 그에 대비되는 지식 경영론의 발전 과정을 소개하고 있다.

⑤ 지식에 대한 두 견해의 장단점을 비교하고 이를 바탕으로 지식 경영의 유용성을 새로운 시각에서 조명하고 있다.

[실전 문항-3]

* 다음 글을 읽고 물음에 답하시오. [2019학년도 6월]

서양의 과학 지식은 당시 조선의 지식인들에게 적지 않은 지적 충격을 주며 사상의 변화를 이끌었다. 하지만 19세기 중반까지 서양 의학의 영향력은 천문·지리 지식에 비해 미미하였다. 일부 유학자들이 서양 의학 서적들을 읽었지만, 이에 대해 논평을 남긴 인물은 극히 제한적이었다.

이런 가운데 18세기 실학자 이익은 주목할 만한 인물이다. 그는 「서국의(西國醫)」라는 글에서 아담 샬이 쓴 『주제군징(主制群徵)』의 일부를 채록하면서 자신의 생각을 제시하였다. 『주제군징』에는 당대 서양 의학의 대변동을 이끈 근대 해부학 및 생리학의 성과나 그에 따른 기계론적 인체관은 담기지 않았다. 대신 기독교를 효과적으로 전파하기 위해 신의 존재를 증명하려 했던 로마 시대의 생리설, 중세의 해부 지식 등이 실려 있었다. 한정된 서양 의학 지식이었지만 이익은 그 우수성을 인정하고 내용을 부분적으로 수용하였다. 뇌가 몸의 운동과 지각 활동을 주관한다는 아담 샬의 설명에 대해, 이익은 몸의 운동을 뇌가 주관한다는 것은 긍정하였지만, 지각 활동은 심장이 주관한다는 전통적인 심주지각설(心主知覺說)을 고수하였다.

이익 이후에도 서양 의학이 조선 사회에 끼친 영향은 두드러지지 않았다. 당시 유학자들은 서양 의학의 필요성을 느끼지 못하였고, 의원들의 관심에서도 서양 의학은 비껴나 있었다. 당시에 전해진 서양 의학 지식은 내용 면에서도 부족했을 뿐 아니라, 지구가 둥글다거나 움직인다는 주장만큼 충격적이지는 않았다. 서양 해부학이 야기하는 윤리적 문제도 서양 의학의 영향력을 제한하는 요인으로 작용하였으며, 서학에 대한 조정(朝廷)의 금지 조치도 걸림돌이었다. 그러던 중 19세기 실학자 최한기는 당대 서양에서 주류를 이루고 있던 최신 의학 성과를 담은 홉슨의 책들을 접한 후 해부학 전반과 뇌 기능을 중심으로 문제의식을 본격화하였다. 인체에 대한 이전 유학자들의 논의가 도덕적 차원에 초점이 있었던 것과 달리, 그는 지각적·생리적 기능에 주목하였다.

최한기의 인체관을 함축하는 개념 중 하나는 '몸기계'였다. 그는 이 개념을 본격적으로 사용하기에 앞서 인체를 형체와 내부 장기로 구성된 일종의 기계로 파악하고 있었다. 이러한 생각은 『전체신론(全體新論)』 등 홉슨의 저서를 접한 후 더 분명해져서 인체를 복잡한 장치와 그 작동으로 이루어진 몸기계로 형상화하면서도, 인체가 외부 동력에 의한 기계적 인과 관계에 지배되는 것이 아니라 그 자체가 생명력을 가지고 자발적인 운동을 한다고 보았다. 이는 인체를 '신기(神氣)'와 결부하여 이해한 결과였다. 기계적 운동의 인과 관계를 설명하려면 원인을 찾는 과정이 꼬리에 꼬리를 물고 이어지게 된다. 따라서 이러한 무한 소급을 끝맺으려면 운동의 최초 원인을 상정해야만 한다. 이 문제를 해결하기 위해 의료 선교사인 홉슨은 창조주와 같은 질적으로 다른 존재를 상정하였다. 기독교적 세계관을 부정했던 최한기는 인체를 구성하는 신기를 신체 운동의 원인으로 규정하여 이 문제를 해결하려 하였다.

최한기는 『전체신론』에 수록된, 뇌로부터 온몸에 뻗어 있는 신경계 그림을 접하고, 신체 운동을 주관하는 뇌의 역할과 중요성을 인정하였다. 하지만 뇌가 운동뿐만 아니라 지각을 주관한다는 홉슨의 뇌주지각설(腦主知覺說)에 관심을 기울이면서도, 뇌주지각설은 완전한 체계를 이루기에 불충분하다고 보았다. 뇌가 지각을 주관하는 과정을 창조주의 섭리로 보고 지각 작용과 기독교적 영혼 사이의 연관성을 부각하려 한 『전체신론』의 견해를 부정하고, 대신 '심'이 지각 운용을 주관한다는 심주지각설이 더 유용하다고 주장하였다

그러나 종래의 심주지각설을 그대로 수용한 것은 아니었다. 기존의 심주지각설이 '심'을 심장으로 보았던 것과 달리 그는 신기의 '심'으로 파악하였다. 그에 따르면, 신기는 신체와 함께 생성되고 소멸되는 것으로, 뇌나 심장 같은 인체 기관이 아니라 몸을 구성하면서 형체가 없이 몸속을 두루 돌아다니는 것이다. 신기는 유동적인 성질을 지녔는데 그 중심이 '심'이다. 신기는 상황에 따라 인체의 특정 부분에 더 높은 밀도로 몰린다. 그래서 특수한 경우에는 다른 곳으로 중심이 이동하는데, 신기가 균형을 이루어야 생명 활동과 지각이 제대로 이루어질 수 있다. 그는 경험 이전에 아무런 지각 내용을 내포하지 않고 있는 신기가 감각 기관을 통한 지각 활동에 의해 외부 세계의 정보를 받아들여 기억으로 저장한다고 파악하였다. 신기는 한 몸을 주관하며 그 자체가 하나로 통합되어 있기 때문에 감각을 통합할 수 있으며, 지각 내용의 종합과 확장, 곧 스스로의 사유를 통해 지각내용을 조정하고, 그러한 작용에 적응하여 온갖 세계의 변화에 대응할 수 있다고 보았다. 최한기의 인체관은 서양 의학과 신기 개념의 접합을 통해 새롭게 정립된 것이었다. 비록 양자 사이의 결합이 완전하지는 않았지만, 서양 의학을 맹신하지 않고 주체적으로 수용하여 정합적인 체계를 이루고자 한 그의 시도는 조선 사상사에서 주목할 만한 성취라 평가할 수 있을 것이다.

16. 윗글의 전개 방식으로 가장 적절한 것은?

① 조선에서 인체관이 분화하는 과정을 서양과 대조하여 단계적 으로 서술하고 있다.

② 서학의 수용으로 일어난 인체관의 변화를 조선 시대 학자들의 견해를 통해 제시하고 있다.

③ 인체관과 관련된 유학자들의 주장이 지닌 문제점을 열거하여 역사적인 시각에서 비판하고 있다.

④ 우리나라 근대의 인체관 가운데 서로 충돌되는 견해를 절충하여 새로운 결론을 도출하고 있다.

⑤ 동양과 서양의 지식인들이 서로 영향을 주고받으며 인체관을 정립하는 과정을 인과적으로 설명하고 있다.

[제1법칙 : 선택지 – 나누기 법칙 실전 문항 정답 해설]

[실전 문항-1] / [2016학년도 9월 A형]

27. 윗글에 대한 이해로 가장 적절한 것은? 정답 ①

[정답 찾기 3step]

step 1. 선택지를 평가요소(=지문요소)와 서술구로 나눈다.

① 로댕은 사진 작품, 조각 작품, 문학 작품 모두 해석의 대상이 된다고 / 여겼다.
② 빅토르 위고는 사진과 조각을 모두 해석의 대상이라고 생각하여 / 그것들을 내려다보고 있었다.
③ 스타이컨의 사진은 대상을 그대로 보여 준다는 점에서 회화주의 사진의 대표적 작품으로 / 평가된다.
④ 로댕과 스타이컨은 조각의 역할이 사물의 형상을 충실히 재현하는 것으로 한정되어야 한다고 / 보았다.
⑤ 스타이컨의 작품에서 명암 효과는 합성 사진 기법으로 구현되었고 질감 변화는 피사체의 대립적인 구도로 / 실현되었다.

step 2. 선택지를 지문요소와 평가요소를 묶어 지문과 일치 여부로 정답을 판단한다.

① 로댕은 / 사진 작품, 조각 작품, 문학 작품 모두 해석의 대상이 된다고 / 여겼다.

지문요소 : 3문단에서, 스타이컨은 사진이나 조각이 작가의 주관과 감정을 표현할 수 있으며 문학 작품처럼 해석의 대상이 될 수 있다고 생각했는데 <u>로댕 또한 이에 동감하여</u>

∴ 지문요소에서 '스타이컨'과 '로댕'이 같은 생각임을 알 수 있다. 따라서 이 선택지는 적절하다. [o]

② 빅토르 위고는 / 사진과 조각을 모두 해석의 대상이라고 생각하여 그것들을 / 내려다 보고 있었다. [x]

③ 스타이컨의 사진은 / 대상을 그대로 보여 준다는 점에서 회화주의 사진의 대표적 작품으로 / 평가된다. [x]

④ 로댕과 스타이컨은 / 조각의 역할이 사물의 형상을 충실히 재현하는 것으로 한정되어야 한다고 / 보았다. [x]

⑤ 스타이컨의 작품에서 / 명암 효과는 합성 사진 기법으로 / 구현되었고 // 질감 변화는 / 피사체의 대립적인 구도로 // 실현되었다. [x]

tip 지문에 등장하는 중요 인물을 인위적으로 나누어 선택지와 인물 중심의 지문 내용과의 일치 여부를 확인한다. 대체로 지문에 등장하는 인물과 그의 행적을 엇갈리게 진술하는 경우가 많아 선택지를 판단할 때 유의해야 한다.

⑤번 선택지는 좀더 복잡한데 크게 두 부분으로 나누고 더 자세하게 나눌 수 있다. 크게는 '스타이컨의 작품에서 명암 효과는 합성 사진 기법으로 / 구현되었고 // (스타이컨의 작품에서) 질감 변화는 피사체의 대립적인 구도로 / 실현되었다'로 나눌 수 있고 이를 다시 부분으로 나누어 판단해야 한다.

step 2에서 정답지를 선택하지 못할 경우, step 3로 접근해 정답을 확정한다. 사실 대부분의 문항은 여기까지 올 필요조차 없다. 이 문항의 경우도 마찬가지이지만 설명을 위해 더 나누어 보자.['지문 주어 교체->선택지' 참고]

step 3. 선택지의 지문요소와 평가요소를 묶어, 지문 내용과 일치 여부를 확인한 다음, 선택지의 서술구를 중심으로 발문에서 요구하는 정답 여부를 판단한다.

① 로댕은 / 사진 작품, 조각 작품, 문학 작품 / 모두 해석의 대상이 된다고 // 여겼다.
　지문요소　＝　　평가요소　　　　　　　　　　　　　　　　　 / 서술구
　　　└───[정답 확인─────────────────연결성(타당한 연결)]┘

∴ '~대상이 된다고 / 여겼'느냐? 여기지 않았느냐의 여부 확인

② 빅토르 위고는 / 사진과 조각을 / 모두 해석의 대상이라고 생각하여 그것들을 // 내려다보고 있었다.

    지문요소 = 평가요소   / 서술구
       └──[정답 확인────────────연결성(타당한 연결)]─┘

∴ '~대상이라고 생각하여 / 그것들을 내려다보고' 있었느냐의 여부 확인

③ 스타이컨의 사진은 / 대상을 그대로 보여 준다는 점에서 / 회화주의 사진의 대표적 작품으로 // 평가된다.

    지문요소 = 평가요소   / 서술구
       └──[정답 확인────────────연결성(타당한 연결)]─┘

∴ '~회화주의 사진의 대표적 작품으로 / 평가'되었느냐의 여부 확인

④ 로댕과 스타이컨은 / 조각의 역할이 / 사물의 형상을 충실히 재현하는 것으로 한정되어야 한다고 / 보았다.

    지문요소 = 평가요소   / 서술구
       └──[정답 확인────────────연결성(타당한 연결)]─┘

∴ '~ 재현하는 것으로 한정되어야 한다고 / 보았느냐의 여부 확인

⑤ 스타이컨의 작품에서 / 명암 효과는 / 합성 사진 기법으로 // 구현되었고(1) /// 질감 변화는 / 피사체의 대립적인 구도(2)로 // 실현되었다.

∴ 평가요소가 두 개인 경우, 1차 정답 확인으로만 판단이 어려울 때 2차 정답 확인까지 해야 한다. '~합성 사진 기법으로 / 구현되었'느냐의 여부 확인[1차 정답확인] '~대립적인 구도로 / 실현되었'느냐의 여부 확인[2차 정답확인]

    지문요소 = 평가요소   // 서술구
       └──[정답 확인────────────연결성(타당한 연결)]─┘

∴ '명암 효과는~구현되었느냐'(1)와 / 질감 변화는~대립적인 구도(2)로 / 실현되었느냐~?의 여부 확인

tip 1 정답을 결정하기 못할 때의 경우, 의미 단위의 1/n한 선택지

선택지를 두 부분으로 나누어 판단이 어려울 경우 선택지를 의미 단위로 더 자세하게 나누어 판단한다. 그리고 나서 지문과 1/n한 선택지 간의 일치와 불일치를 확인해야 한다.

tip 2 의미 단위의 1/n한 선택지

[예시]

△ 로댕은 ——————— 선택지 문장의 주어이기 때문에 나누기 법칙 적용

∴ 로댕이 아닐 수 있기 때문에 정답 확인에 필요함.

△ 사진 작품, 조각 작품, 문학 작품 ——————— 지문과 선택지 사이에 개수가 다룰 수 있기 때문에 나누기 법칙 적용

∴ 사진 작품, 조각 작품, 문학 작품 중에서 하나를 빠뜨릴 수 있기 때문에 정답 확인에 필요함.

△ 모두 해석의 대상이 된다 ——————— 모두가 아닐 수도 있고, 또한 해석이 아니라 감상일 수도 있다는 점에서 나누기 법칙 적용

△ 여겼다.——————— '여겼느냐'의 여부에 따라 나누기 법칙 적용

tip 2 나누기 법칙의 정오

1. 로댕은 사진 작품, / 조각 작품, 문학 작품 모두 해석의 대상이 된다고 여겼다. [x]
2. 로댕은 / 사진 작품, 조각 작품, 문학 작품 모두 해석의 / 대상이 된다고 여겼다. [x]
3. 로댕은 / 사진 작품, 조각 작품, 문학 작품 / 모두 해석의 대상이 된다고 / 여겼다. [o]

step 2. 선택지를 지문요소와 평가요소를 묶어 지문과 일치 여부로 정답을 판단한다.

① 로댕은 / 사진 작품, 조각 작품, 문학 작품 모두 해석의 대상이 된다고 // 여겼다.

①	로댕은	사진 작품, 조각 작품, 문학 작품	모두 해석의 대상이 된다고	여겼다.
판단	로댕의 말인지를 판단	사진, 조각, 문학 작품 세 영역 포함하는지 아니면 두 개 영역만 포함하는지 판단(가령 문학 작품은 포함 안 될 수도 있음.)	모두 혹은 작품에 따라서 선별될 수 있기 때문에 판단	o, x
정답 확인	지문과 1/n한 선택지 간에 일치와 불일치를 확인 : 지문에서 로댕은 모두 해석의 대상이 될 수 있다고 한 스타이컨의 견해에 깊이 공감했다고 했기 때문에 정답이다. 지문의 특정한 부분이 선택지의 평가요소(=지문요소)와 일치하기 때문에 발문에서 요구하는 정답이다.			

② 빅토르 위고는 / 사진과 조각을 모두 해석의 대상이라고 생각하여 그것들을 // 내려다보고 있었다.

②	빅토르 위고는	사진과 조각을 모두	해석의 대상이라고 생각하여 그것들을	내려다보고 있었다.
판단	빅토르 위고의 견해인지 판단	사진과 조각을(가령 사진만 혹은 조각만이 포함될 수 있음에 주의해야 함.)	해석의 대상이라고 생각하여(해석의 대상이 아니라, 가령 감상의 대상 혹은 관찰의 대상이라고 하면? 주의해야 함.)	o, x
정답 확인	지문과 1/n한 선택지 간에 일치와 불일치를 확인 : 지문에서 '빅토르 위고'는 로댕의 작품명이지 '빅토르 위고'가 예술에 대한 자신의 견해를 밝힌 것은 아니므로 지문과는 다른 내용이다.			

③ 스타이컨의 사진은 / 대상을 그대로 보여 준다는 점에서 회화 주의 사진의 대표적 작품으로 // 평가된다.

③	스타이컨의 사진은	대상을 그대로 보여 준다는 점에서	회화주의 사진의 대표적 작품으로	평가된다.
판단	스타이컨의 사진인 지 판단	대상을 그대로 보여주 는지 판단?	회화주의 사진의 대표적 작품인지 판단?	o, x
정답 확인	지문과 1/n한 선택지 간에 일치와 불일치를 확인 : 지문에서 스타이컨의 사진은 '합성 사진 기법'을 사용했다고 했으므로 지문과는 다른 내용이다			

④ 로댕과 스타이컨은 / 조각의 역할이 사물의 형상을 충실히 재 현하는 것으로 한정되어야 한다고 // 보았다.

④	로댕과 스타이컨은	조각의 역할이	사물의 형상을 충실히 재현하는 것으로 한정되어야 한다고	보았다.
판단	두 사람의 견해인지 판단	조각의 역할인 지 판단?	사물의 충실한 재현하는 것으로 한정하는지 판단?	o, x
정답 확인	지문과 1/n한 선택지 간에 일치와 불일치를 확인 : 이 지문의 핵심은 로댕이 아니 라 스타이컨으로 스타이컨은 회화주의 사진 작업을 한 예술가이다. 그러므로 이 선택지는 아예 지문의 핵심 내용에서 벗어나 있다. 또한 로댕의 작업은 사물의 외 형만을 재현하는 것이 아니라고 하였으므로 지문의 내용과는 다르다.			

⑤ 스타이컨의 작품에서 / 명암 효과는 합성 사진 기법으로 // 구 현되었고 /// 질감 변화는 / 피사체의 대립적인 구도로 // 실현되었다.

이 선택지는 좀더 복잡한데 크게 두 부분으로 나누고 더 자세하게 나눌 수 있다. 크게는 '스타이컨의 작품에서 명암 효과는 합성 사진 기법으로 / 구현되었고 // (스타이컨의 작품에서) 질감 변화는 피사체의 대립적인 구도로 / 실현되었다 '로 나눌 수 있고 이를 다시 부분으로 나누어 판단해야 한다.

⑤	스타이컨의 작품에서	명암 효과는	합성 사진 기법으로	구현되었고
판단	스타이컨의 작품인지?	명암 효과인지?	합성 사진 기법인지?	o, x
⑤	(생략 부분)	질감 변화는	피사체의 대립 구도로	실현되었다
판단		질감 효과인지?	대립 구도인지?	o, x
정답 확인	지문과 1/n한 선택지 간에 일치와 불일치를 확인 : 지문의 마지막 문단에서 명암 효과가 뚜렷하게 드러나도록 촬영하고 합성하여 대립 구도를 만든다고 하였으며, 질감 변화는 특수한 감광액을 사용한다고 하였으므로 지문의 내용과 다르다.			

21. 윗글의 내용 전개에 대한 설명으로 가장 적절한 것은? ③

[정답 찾기 3step]

step 1. 선택지를 평가요소(=지문요소)와 서술구로 나눈다.

① 지식의 성격이 변화된 원인을 분석하고 / 지식 경영론의 등장 배경을 탐색하고 있다.
② 지식이 분리되어 가는 과정에 따른 지식 변환의 단계를 설명하고 / 지식 경영론의 문제점을 살펴보고 있다.
③ 지식에 대한 논의에 기초하여 지식 경영론을 소개하고 / 지식 경영의 성패를 좌우하는 요건을 검토하고 있다.
④ 지식에 대한 견해의 변화 과정을 순차적으로 살펴보고 / 그에 대비되는 지식 경영론의 발전 과정을 소개하고 있다.
⑤ 지식에 대한 두 견해의 장단점을 비교하고 / 이를 바탕으로 지식 경영의 유용성을 새로운 시각에서 조명하고 있다.

step 2. 선택지의 1차 평가요소에서 포함되지 않은 부분을 삭제한다.

① 지식의 성격이 변화된 원인을 분석하고 / 지식 경영론의 등장 배경을 탐색하고 있다.
　1차 정답 확인 [o, x]

∴ 지식의 변환 과정은 설명되지만 원인 분석은 없다. [x]

② 지식이 분리되어 가는 과정에 따른 지식 변환의 단계를 설명하고 / 지식 경영론의 문제점을 살펴보고 있다.
　1차 정답 확인 [o, x]

∴ 지식의 변환 과정의 네 단계를 설명하고 있다. [o]

③ 지식에 대한 논의에 기초하여 지식 경영론을 소개하고 / ~~지식 경영의 성패를 좌우하는 요건을 검토하고 있다.~~

　1차 정답 확인 [o, x]

∴ 지식의 경영론에 대해 폴라니의 '암묵지' 개념과 노나카의 '명시지' 개념을 소개하고 있다. [o]

④ 지식에 대한 견해의 변화 과정을 순차적으로 살펴보고 / ~~크에 대비되는 지식 경영론의 발전 과정을 소개하고 있다.~~

　1차 정답 확인 [o, x]

∴ 두 학자의 지식에 대한 견해를 순차적으로 살펴보라고 할 수 있다. [o]

⑤ 지식에 대한 두 견해의 장단점을 비교하고 / ~~어를 바탕으로 지식 경영의 유용성을 새로운 시각에서 조명하고 있다.~~

　1차 정답 확인 [o, x]

∴ 두 학자의 견해 설명은 있으나 장단점 비교는 없다. [x]

step 2에서 정답 판단, 즉 '내용 전개에 대한 설명으로 가장 적절한 것'에서 1차 정답 확인을 판단할 수 있다. 그런데 대체로 2~3개 정도는 적절한 것에 해당(선택지 ②번과 ③번, ④번)되기 때문에 이 두 개 중에서 2차 정답 확인을 통해 정답을 확정하면 된다.

step 3. 선택지의 2차 평가요소로 정답을 판단한다.

① ~~지식의 성격이 변화된 원인을 분석하고~~ / 지식 경영론의 등장 배경을 탐색하고 있다.
　1차 정답 확인 [o, x]　　2차 정답 확인 [o, x]

∴ '지식 경영론의 등장배경을 탐색'했는지 여부 확인 [x]

② ~~지식이 분리되어 가는 과정에 따른 지식 변환의 단계를 설명하고~~ / 지식 경영론의 문제점을 살펴보고 있다.
　1차 정답 확인 [o, x]　　2차 정답 확인 [o, x]

∴ '지식 경영론의 문제점을 살피'는지 여부 확인 [x]

③ ~~지식에 대한 논의에 기초하여 지식 경영론을 소개하고~~ / 지식 경영의 성패를 좌우하
는 요건을 검토하고 있다.
    1차 정답 확인 [o, x]   2차 정답 확인 [o, x]

∴ '지식 경영의 성패를 좌우하는 요건을 검토'하는지 여부 확인
step 2에서 1차 정답 확인이 어렵다. 따라서 step 3에서 2차 정답 확인이 필요하다.
5문단에서, 지식 경영의 성패를 좌우하는 요건을 설명하고 있다. [o]

④ ~~지식에 대한 견해의 변화 과정을 순차적으로 살펴보고~~ / 그에 대비되는 지식 경영론
의 발전 과정을 소개하고 있다.
    1차 정답 확인 [o, x]   2차 정답 확인 [o, x]

∴ '대비되는 지식 경영론의 발전 과정을 소개'했는지 여부 확인 [x]

⑤ ~~지식에 대한 두 견해의 장단점을 비교하고~~ / 이를 바탕으로 지식 경영의 유용성을 새
로운 시각에서 조명하고 있다.
    1차 정답 확인 [o, x]   2차 정답 확인 [o, x]

∴ '지식 경영의 유용성을 새로운 시각에서 조명하고'있는지 여부 확인 [x]

[실전 문제-3] / [2019학년도 6월]

16. 윗글의 전개 방식으로 가장 적절한 것은? ②

[정답 찾기 3step]

step 1. 선택지를 평가요소(=지문요소)와 서술구로 나눈다.

① 조선에서 인체관이 분화하는 과정을 / 서양과 대조하여 단계적으로 서술하고 있다.
② 서학의 수용으로 일어난 인체관의 변화를 / 조선 시대 학자들의 견해를 통해 제시하고 있다.
③ 인체관과 관련된 유학자들의 주장이 지닌 문제점을 열거하여 / 역사적인 시각에서 비판하고 있다.
④ 우리나라 근대의 인체관 가운데 서로 충돌되는 견해를 절충하여 / 새로운 결론을 도출하고 있다.
⑤ 동양과 서양의 지식인들이 서로 영향을 주고받으며 / 인체관을 정립하는 과정을 인과적으로 설명하고 있다.

step 2. 선택지의 1차 평가요소에서 포함되지 않은 부분은 삭제한다.

① 조선에서 인체관이 분화하는 과정을 / ~~서양과 대조하여 단계적으로 서술하고 있다.~~
   1차 정답 확인 [o, x]
∴ 분화과정에 대한 설명은 없다. [x]

② 서학의 수용으로 일어난 인체관의 변화를 / ~~조선 시대 학자들의 견해를 통해 제시하고 있다.~~
   1차 정답 확인 [o, x]

∴ 인체관의 변화에 대한 설명은 있다. [o]

③ 인체관과 관련된 유학자들의 주장이 지닌 문제점을 열거하여 / ~~역사적인 시각에서 비~~
~~판하고 있다.~~

    1차 정답 확인 [o, x]

∴ 문제점을 열거하지는 않았다. [x]

④ 우리나라 근대의 인체관 가운데 서로 충돌되는 견해를 절충하여 / ~~새로운 결론을 도~~
~~출하고 있다.~~

    1차 정답 확인 [o, x]

∴ 충돌되는 견해에 대한 설명은 없다. [x]

⑤ 동양과 서양의 지식인들이 서로 영향을 주고받으며 / 인체관을 정립하는 과정을 / 인
과적으로 설명하고 있다.

    1차 정답 확인 [o, x]

∴ 영향을 주고 받았다는 설명은 없다. [x]

step 3. 선택지의 2차 평가요소로 정답을 판단한다.

① ~~조선에서 인체관이 분화하는 과정을~~ / 서양과 대조하여 단계적으로 서술하고 있다.

    1차 정답 확인 [o, x]   2차 정답 확인 [o, x]

∴ '서양과 대조하여 단계적으로 서술'했는지 여부 확인

② ~~서학의 수용으로 일어난 인체관의 변화를~~ / 조선 시대 학자들의 견해를 통해 / 제시하
고 있다.

    1차 정답 확인 [o, x]   2차 정답 확인 [o, x]

∴ '조선시대 학자들의 견해를 통해 제시'했는지 여부 확인

③ ~~인체관과 관련된 유학자들의 주장이 지닌 문제점을 열거하여~~ / 역사적인 시각에서 비
판하고 있다.

    1차 정답 확인 [o, x]   2차 정답 확인 [o, x]

∴ '역사적 시각에서 비판하고' 있는지 여부 확인

④ 우리나라 근대의 인체관 가운데 서로 충돌되는 견해를 절충하여 / 새로운 결론을 도출하고 있다.

    1차 정답 확인 [o, x]   2차 정답 확인 [o, x]

∴ '새로운 결론을 도출하고' 있는지 여부 확인

⑤ <u>동양과 서양의 지식인들이 서로 영향을 주고받으며</u> / 인체관을 정립하는 과정을 인과적으로 설명하고 있다.

    1차 정답 확인 [o, x]   2차 정답 확인 [o, x]

∴ '인체관을 정립하는 과정을 인과적으로 설명하고' 있는지 여부 확인

지문삭제 - 깃발 법칙

선택지에 특정 지문을 그대로 인용하는 **직접인용지문**과 특정 지문을 요약 정리해서 인용하는 **간접인용지문**이 있다. 문학 영역의 경우, 두 가지 모두 나타나지만, 독서 영역의 경우는 **간접인용지문이 대부분**이다.

지문삭제 - 깃발 법칙에 해당하는 문항은 주로 인문 사회 영역이 대부분이지만, 이마저도 출제 빈도가 많지 않다. 과학기술 영역의 경우, 특정 원리나 과학사 혹은 변천사에 대한 지문이 대부분이기 때문에 간접인용지문은 많지 않다. 그리고 독서 영역의 경우 선택지에 인용된 지문은 정답 판단의 전제일 뿐 결정적인 영향을 미치지 않는다. 따라서 선택지에서 **지문**은 **삭제**하고 지문에 대한 설명[출제의도 혹은 평가요소]에서 정답을 찾아야 한다.

정답지는 반드시 **깃발**을 들고 있다! 그 깃발은 보물처럼 숨겨져 있으나 반드시 찾도록 숨겨 놓는다. 여러 개의 깃발이 있다면, 출제자가 가리키는 깃발을 뽑아야지 수험생이 생각하는 깃발을 뽑아선 안 된다.

가령 '**자연과 인간**', '**자연 대 인간**'을 보자.

위 두 구에서 보통 학생들이 주목하는 것은 자연과 인간이다. **자연과 인간**이 지니는 무게감 때문이다. 그렇기 때문에 두 선택지에서 답을 찾지 못한다. 정말 주목할 것은 '과'와 '대'이다. '**과**'는 함께한다는 공동체 의식이지만, '**대**'는 대립 관계를 의미한다. 이처럼 조사의 차이 때문에 답지 선택이 달라지 듯이, 두 개념 사이에서 그 의미 관계를 드러내는 '깃발'을 찾는 것이 중요하다.

이처럼 선택지에서 **깃발**은 지문 내용 + 지문에 대한 출제자의 판단 부분[평가요소]에서 지문 내용은 정답을 판단하는 부분이 아니다. 그래서 선택지에서 지문은 삭제하고 '지문에 대한 출제자의 판단 부분[평가요소]'을 중심으로 정답을 판단해야 한다. 정답의 깃발은 '**지문에 대한 출제자의 판단 부분[평가요소]**'이다.

[예시]

27. 윗글에 대한 <u>이해</u>로 가장 <u>적절한</u> 것은?

    ↓   ↓   ↓

  지문요소   평가요소   판단요소(서술구)

위와 같은 요소를 가지고 문제를 해결하는 방법을 설명하면 다음과 같다. 선택지 = 지문요소 + 평가요소로 진술된 문장이다. 이때 지문요소는 정답과 상관없기 때문에 삭제하고, 선택지에서 '이해'에 해당하는 부분만이 평가요소이기 때문에 정답의 깃발이 된다.

선택지에 구체적으로 적용하면 다음처럼 된다.

① 신채호가 『조선 상고사』를 쓴 것은, / 대아인 조선 민족의 자성을 역사적으로 어떻게 유지·계승할 수 있는지 모색하기 위한 것이겠군.

∴ 정리하자면

번호	지문 내용 = 지문삭제 정답지와는 상관없다. (답지 선택 고민 x)	평가요소 = 깃발 법칙 지문에 대한 적절성만 판단(답지 선택 고민 O)
①	~~신채호가 『조선 상고사』를 쓴 것은,~~ [a]	대아인 조선 민족의 자성을 역사적으로 어떻게 유지·계승할 수 있는지 모색하기 위한 것이겠군. [b]

* 다만 지문요소 [a]와 평가요소 [b]의 결론의 전제로 타당한 연결 여부를 확인해야 한다.

발칙한 생각

아마도 이 법칙이 통용되면, 수능 영역에서 지문 인용 오류로 답을 유도할 수 있다는 생각이 든다. 간혹 문학 영역에서는 지문 인용을 의도적으로 오류로 만들어 답을 유도한 경우가 있다.

[예시 문항]

* 다음 글을 읽고 물음에 답하시오. [2015학년도 B형]

역사가 신채호는 역사를 아(我)와 비아(非我)의 투쟁 과정이라고 정의한 바 있다. 그가 무장 투쟁의 필요성을 역설한 독립운동가이기도 했다는 사실 때문에, 그의 이러한 생각은 그를 투쟁만을 강조한 강경론자처럼 비춰지게 하곤 한다. 하지만 그는 식민지 민중과 제국주의 국가에서 제국주의를 반대하는 민중 간의 연대를 지향하기도 했다. 그의 사상에서 투쟁과 연대는 모순되지 않는 요소였던 것이다. 이를 바르게 이해하기 위해서는 그의 사상의 핵심 개념인 '아'를 정확하게 이해할 필요가 있다.

신채호의 사상에서 아란 자기 본위에서 자신을 자각하는 주체인 동시에 항상 나와 상대하고 있는 존재인 비아와 마주 선 주체를 의미한다. 자신을 자각하는 누구나 아가 될 수 있다는 상대성을 지니면서 또한 비아와의 관계 속에서 비로소 아가 생성된다는 상대성도 지닌다. 신채호는 조선 민족의 생존과 발전의 길을 모색하기 위해『조선 상고사』를 저술하여 아의 이러한 특성을 규정했다. 그는 아의 자성(自性), 곧 '나의 나됨'은 스스로의 고유성을 유지하려는 항성(恒性)과 환경의 변화에 대응하여 적응하려는 변성(變性)이라는 두 요소로 이루어 져 있다고 하였다. 아는 항성을 통해 아 자신에 대해 자각하며, 변성을 통해 비아와의 관계 속에서 자기의식을 갖게 되는 것으로 설정하였다. 그리고 자성이 시대와 환경에 따라 변화한다고 하였다.

신채호는 아를 소아와 대아로 구별하였다. 그에 따르면, 소아는 개별화된 개인적 아이며, 대아는 국가와 사회 차원의 아이다. 소아는 자성은 갖지만 상속성(相續性)과 보편성(普遍性)을 갖지 못하는 반면, 대아는 자성을 갖고 상속성과 보편성을 가질 수 있다. 여기서 상속성이란 시간적 차원에서 아의 생명력이 지속되는 것을 뜻하며, 보편성이란 공간적 차원에서 아의 영향력이 파급되는 것을 뜻한다. 상속성과 보편성은 긴밀한 관계를 가지는데, 보편성의 확보를 통해 상속성이 실현되며 상속성의 유지를 통해 보편성이 실현된다. 대아가 자성을 자각한 이후, 항성과 변성의 조화를 통해 상속성과 보편성을 실현할 수 있다. 만약 대아의 항성이 크고 변성이 작으면 환경에 순응하지 못하여 멸절(滅絶)할 것이며, 항성이 작고 변성이 크면 환경에 주체적으로 대응하지 못하여 우월한 비아에게 정복당한다고 하였다.

이러한 아의 개념을 통해 우리는 투쟁과 연대에 관한 신채호의 인식을 정확히 이해할 수 있다. 일본의 제국주의 침략에 직면하여 그는 신국민이라는 새로운 개념을 제시하고 조선 민족이 신국민이 될 때 민족 생존이 가능하다고 보았다. 신국민은 상속성과 보편성을 지닌 대아로서, 역사적 주체 의식이라는 항성과 제국주의 국가에 대응하여 생긴 국가 정신이라는 변성을 갖춘 조선 민족의 근대적 대아에 해당한다. 또한 그는 일본을 중심으로 서구 열강에 대항하자는 동양주의에 반대했다.

동양주의는 비아인 일본이 아가 되어 동양을 통합하는 길이기에, 조선 민족인 아의 생존이 위협받는다고 보았기 때문이다. 식민 지배가 심화될수록 일본에 동화되는 세력이 증가하면서 신채호는 아 개념을 더욱 명료화할 필요가 있었다. 이에 그는 조선 민중을 아의 중심에 놓으면서, 아에도 일본에 동화된 '아 속의 비아'가 있고, 일본이라는 비아에도 아와 연대할 수 있는 '비아 속의 아'가 있음을 밝혔다. 민중은 비아에 동화된 자들을 제외한 조선 민족을 의미한 것이었다. 그는 조선 민중을, 민족 내부의 압제와 위선을 제거함으로써 참된 민족 생존과 번영을 달성할 수 있는 주체이자 제국주의 국가에서 제국주의를 반대하는 민중과의 연대를 통하여 부당한 폭력과 억압을 강제하는 제국주의에 함께 저항할 수 있는 주체로 보았다. 이러한 민중 연대를 통해 '인류로서 인류를 억압하지 않는' 자유를 지향했다.

19. 윗글에 대한 이해로 적절하지 <u>않은</u> 것은? [3점] ③

① 신채호가 『조선 상고사』를 쓴 것은, 대아인 조선 민족의 자성을 역사적으로 어떻게 유지·계승할 수 있는지 모색하기 위한 것이겠군.

② 신채호가 동양주의를 비판한 것은, 동양주의로 인해 아의 항성이 작아짐으로써 아의 자성을 유지하기 어렵게 될 것으로 보았기 때문이겠군.

③ 신채호가 신국민이라는 개념을 설정한 것은, 대아인 조선 민족이 시대적 환경에 대응하여 비아와의 연대를 통해 아의 생존을 꾀할 수 있다고 보았기 때문이겠군.

④ 신채호가 독립 투쟁을 한 것은, 비아인 일본 제국주의의 침략이 아의 상속성과 보편성 유지를 불가능하게 하기에 일본 제국주의와 투쟁해야 한다고 생각했기 때문이겠군.

⑤ 신채호가 제국주의 국가에서 제국주의를 반대하는 민중과 식민지 민중의 연대를 지향한 것은, 아가 비아 속의 아와 연대하여 억압을 이겨 내고 자유를 얻을 수 있다고 생각했기 때문이겠군.

[정답 찾기 3step]

step 1. 선택지를 지문요소와 평가요소로 나눈다.

① 신채호가 『조선 상고사』를 쓴 것은, / 대아인 조선 민족의 자성을 역사적으로 어떻게 유지·계승할 수 있는지 모색하기 위한 것이겠군.

② 신채호가 동양주의를 비판한 것은, / 동양주의로 인해 아의 항성이 작아짐으로써 아의 자성을 유지하기 어렵게 될 것으로 보았기 때문이겠군.

③ 신채호가 신국민이라는 개념을 설정한 것은, / 대아인 조선 민족이 시대적 환경에 대응하여 비아와의 연대를 통해 아의 생존을 꾀할 수 있다고 보았기 때문이겠군.

④ 신채호가 독립 투쟁을 한 것은, / 비아인 일본 제국주의의 침략이 아의 상속성과 보편성 유지를 불가능하게 하기에 일본 제국주의와 투쟁해야 한다고 생각했기 때문이겠군.

⑤ 신채호가 제국주의 국가에서 제국주의를 반대하는 민중과 식민지 민중의 연대를 지향한 것은, / 아가 비아 속의 아와 연대하여 억압을 이겨 내고 자유를 얻을 수 있다고 생각했기 때문이겠군.

step 2. 평가요소가 아닌 지문요소 부분은 삭제한다.

① ~~신채호가 『조선 상고사』를 쓴 것은,~~ / 대아인 조선 민족의 자성을 역사적으로 어떻게 유지·계승할 수 있는지 모색하기 위한 것이겠군.

② ~~신채호가 동양주의를 비판한 것은,~~ / 동양주의로 인해 아의 항성이 작아짐으로써 아의 자성을 유지하기 어렵게 될 것으로 보았기 때문이겠군.

③ ~~신채호가 신국민이라는 개념을 설정한 것은,~~ / 대아인 조선 민족이 시대적 환경에 대응하여 비아와의 연대를 통해 아의 생존을 꾀할 수 있다고 보았기 때문이겠군.

④ ~~신채호가 독립 투쟁을 한 것은,~~ / 비아인 일본 제국주의의 침략이 아의 상속성과 보편성 유지를 불가능하게 하기에 일본 제국주의와 투쟁해야 한다고 생각했기 때문이겠군.

⑤ ~~신채호가 제국주의 국가에서 제국주의를 반대하는 민중과 식민지 민중의 연대를 지향한 것은,~~ / 아가 비아 속의 아와 연대하여 억압을 이겨 내고 자유를 얻을 수 있다고 생각했기 때문이겠군.

tip 지문요소 부분은 삭제하고, 지문을 근거로 하여 출제자가 생각한 내용(추론 과정)을 정답으로 확정하면 된다.

step 3. 지문요소와 평가요소를 묶어서 타당한 연결이 되는지를 평가요소로 판단한다.

정답의 근거는 지문에서 찾을 수 있다고 했다. 때문에 답을 찾기 위해선 지문요소와의 일치 여부를 확인하면서 읽어야 한다.

지문요소 / 평가요소 ──연결성(타당한 연결)
└──[정답 확인]──┘

출제자는 지문 내용을 평가요소와 연결해서 선택지로 구성하기 때문에, 이 두 가지 요소를 연결해서 적절성에 부합하느냐 아니냐에 따라 타당한 연결인지 판단하면 된다. **대부분은 여기서 정답이 결정된다.**

다시 한 번 강조하지만 지문요소만으로 정답의 o, x는 결정되지 않는다. 그래서 정답 찾기의 깃발인 선택지의 평가요소로 판단해야 한다.

① 신채호가 『조선 상고사』를 쓴 것은, / 대아인 조선 민족의 자성을 역사적으로
                  지문요소   /   평가요소   ——연결성(타당한 연결)
                   └—[정답 확인 o, x]—┘
어떻게 유지 · 계승할 수 있는지 모색하기 위한 것이겠군.

② 신채호가 동양주의를 비판한 것은, / 동양주의로 인해 아의 항성이 작아짐으로써
                  지문요소   /   평가요소   ——연결성(타당한 연결)
                   └—[정답 확인 o, x]—┘
아의 자성을 유지하기 어렵게 될 것으로 보았기 때문이겠군.

③ 신채호가 신국민이라는 개념을 설정한 것은, / 대아인 조선 민족이 시대적
                  지문요소   /   평가요소   ——연결성(타당한 연결)
                   └—[정답 확인 o, x]—┘
환경에 대응하여 비아와의 연대를 통해 아의 생존을 꾀할 수 있다고 보았기 때문이겠군.

④ 신채호가 독립 투쟁을 한 것은, / 비아인 일본 제국주의의 침략이 아의 상속성과
                  지문요소   /   평가요소   ——연결성(타당한 연결)
                   └—[정답 확인 o, x]—┘
보편성 유지를 불가능하게 하기에 일본 제국주의와 투쟁해야 한다고 생각했기 때문이겠군.

⑤ 신채호가 제국주의 국가에서 제국주의를 반대하는 민중과 식민지 민중의 연대를 지향
   한 것은, / 아가 비아 속의 아와 연대하여 억압을 이겨 내고 자유를
                  지문요소   /   평가요소   ——연결성(타당한 연결)
                   └—[정답 확인 o, x]—┘
얻을 수 있다고 생각했기 때문이겠군.

[적용 문항]

* 다음 글을 읽고 물음에 답하시오. [2017학년도 11월]

　　㉠ <u>논리실증주의자와 포퍼</u>는 지식을 수학적 지식이나 논리학 지식처럼 경험과 무관한 것과 과학적 지식처럼 경험에 의존하는 것으로 구분한다. 그중 과학적 지식은 과학적 방법에 의해 누적된다고 주장한다. 가설은 과학적 지식의 후보가 되는 것인데, 그들은 가설로부터 논리적으로 도출된 예측을 관찰이나 실험 등의 경험을 통해 맞는지 틀리는지 판단함으로써 그 가설을 시험하는 과학적 방법을 제시한다. 논리실증주의자는 예측이 맞을 경우에, 포퍼는 예측이 틀리지 않는 한, 그 예측을 도출한 가설이 하나씩 새로운 지식으로 추가된다고 주장한다.

　　하지만 ㉡ <u>콰인</u>은 가설만 가지고서 예측을 논리적으로 도출할 수 없다고 본다. 예를 들어 ⓐ <u>새로 발견된 금속 M은 열을 받으면 팽창한다는 가설</u>만 가지고는 ⓑ <u>열을 받은 M이 팽창할 것이라는 예측</u>을 이끌어낼 수 없다. 먼저 지금까지 관찰한 모든 금속은 열을 받으면 팽창한다는 기존의 지식과 M에 열을 가했다는 조건 등이 필요하다. 이렇게 예측은 가설, 기존의 지식들, 여러 조건 등을 모두 합쳐야만 논리적으로 도출된다는 것이다. 그러므로 예측이 거짓으로 밝혀지면 정확히 무엇 때문에 예측에 실패한 것인지 알 수 없다는 것이다. 이로부터 콰인은 개별적인 가설뿐만 아니라 ㉢ <u>기존의 지식들과 여러 조건 등을 모두 포함하는 전체 지식</u>이 경험을 통한 시험의 대상이 된다는 총체주의를 제안한다.

　　논리실증주의자와 포퍼는 수학적 지식이나 논리학 지식처럼 경험과 무관하게 참으로 판별되는 분석 명제와, 과학적 지식처럼 경험을 통해 참으로 판별되는 종합 명제를 서로 다른 종류라고 구분한다. 그러나 콰인은 총체주의를 정당화하기 위해 이 구분을 부정하는 논증을 다음과 같이 제시한다. 논리실증주의자와 포퍼의 구분에 따르면 "총각은 총각이다."와 같은 동어 반복 명제와, "총각은 미혼의 성인 남성이다."처럼 동어 반복 명제로 환원할 수 있는 것은 모두 분석 명제이다. 그런데 후자가 분석 명제인 까닭은 전자로 환원할 수 있기 때문이다. 이러한 환원이 가능한 것은 '총각'과 '미혼의 성인 남성'이 동의적 표현이기 때문인데 그게 왜 동의적 표현인지 물어보면, 이 둘을 서로 대체하더라도 명제의 참 또는 거짓이 바뀌지 않기 때문이라고 할 것이다. 하지만 이것만으로는 두 표현의 의미가 같다는 것을 보장하지 못해서, 동의적 표현은 언제나 반드시 대체 가능해야 한다는 필연성 개념에 다시 의존하게 된다. 이렇게 되면 동의적 표현이 동어 반복 명제로 환원 가능하게 하는 것이 되어, 필연성 개념은 다시 분석 명제 개념에 의존하게 되는 순환론에 빠진다. 따라서 콰인은 종합 명제와 구분되는 분석 명제가 존재한다는 주장은 근거가 없다는 결론에 도달한다.

　　콰인은 분석 명제와 종합 명제로 지식을 엄격히 구분하는 대신, 경험과 직접 충돌하지 않는 중심부 지식과, 경험과 직접 충돌할 수 있는 주변부 지식을 상정한다. 경험과 직접 충돌하여 참과 거짓이 쉽게 바뀌는 주변부 지식과 달리 주변부 지식의 토대가 되는 중심부 지식은 상대적으로 견고하다. 그러나 이 둘의 경계를 명확히 나눌 수 없기 때문에, 콰인은 중심부 지식과 주변부 지식을 다른 종류라고 하지 않는다. 수학적 지식이나 논리학 지식은 중심부 지식의 한가운데에 있어 경험에서 가장 멀리 떨어져 있지만 그렇다고 경험과 무관한 것은 아니라는 것이다. 그런데 주변부 지식이 경험과 충돌하여 거짓으로 밝혀지면 전체 지식의 어느 부분을 수정해야 할지 고민하게 된다. 주변부 지식을 수정하면 전체 지식의 변화가 크지 않지만 중심부 지식을 수정하면 관련된 다른 지식이 많기 때문에 전체 지식도 크게 변화하게 된다. 그래서 대부분의 경우에는 주변부 지식을 수정하는 쪽을 선택하겠지만 실용적 필요 때문에 중심부 지식을 수정하는 경우도 있다. 그리하여 콰인은 중심부 지식과 주변부 지식이 원칙적으로 모두 수성의 대상이 될 수 있고, 지식의 변화도 더 이상 개별적 지식이 단순히 누적되는 과정이 아니라고 주장한다.

총체주의는 특정 가설에 대해 제기되는 반박이 결정적인 것처럼 보이더라도 그 가설이 실용적으로 필요하다고 인정되면 언제든 그와 같은 반박을 피하는 방법을 강구하여 그 가설을 받아들일 수 있다. 그러나 총체주의는 "A이면서 동시에 A가 아닐 수는 없다."와 같은 논리학의 법칙처럼 아무도 의심하지 않는 지식은 분석 명제로 분류해야 하는 것이 아니냐는 비판에 답해야 하는 어려움이 있다.

17. 윗글에 대해 이해한 내용으로 가장 적절한 것은? ④

① 포퍼가 제시한 과학적 방법에 따르면, 예측이 틀리지 않았을 경우보다는 맞을 경우에 그 예측을 도출한 가설이 지식으로 인정된다.

② 논리실증주의자에 따르면, "총각은 미혼의 성인 남성이다."가 분석 명제인 것은 총각을 한 명 한 명 조사해 보니 모두 미혼의 성인 남성으로 밝혀졌기 때문이다.

③ 콰인은 관찰과 실험에 의존하는 지식이 관찰과 실험에 의존하지 않는 지식과 근본적으로 다르다고 한다.

④ 콰인은 분석 명제가 무엇인지는 동의적 표현이란 무엇인지에 의존하고, 다시 이는 필연성 개념에, 필연성 개념은 다시 분석 명제 개념에 의존한다고 본다.

⑤ 콰인은 어떤 명제에, 의미가 다를 뿐만 아니라 서로 대체할 경우 그 명제의 참 또는 거짓이 바뀌는 표현을 사용할 수 있으면, 그 명제는 동어 반복 명제라고 본다.

[정답 찾기 3step]

step 1. 선택지를 지문요소와 평가요소로 나눈다.

① 포퍼가 제시한 과학적 방법에 따르면, / 예측이 틀리지 않았을 경우보다는 맞을 경우에 그 예측을 도출한 가설이 지식으로 인정된다.

② 논리실증주의자에 따르면, "총각은 미혼의 성인 남성이다."가 분석 명제인 것은 / 총각을 한 명 한 명 조사해 보니 모두 미혼의 성인 남성으로 밝혀졌기 때문이다.

③ 콰인은 관찰과 실험에 의존하는 지식이 / 관찰과 실험에 의존하지 않는 지식과 근본적으로 다르다고 한다.

④ 콰인은 분석 명제가 무엇인지는 동의적 표현이란 무엇인지에 의존하고, / 다시 이는 필연성 개념에, 필연성 개념은 다시 분석 명제 개념에 의존한다고 본다.

⑤ 콰인은 어떤 명제에, 의미가 다를 뿐만 아니라 서로 대체할 경우 / 그 명제의 참 또는 거짓이 바뀌는 표현을 사용할 수 있으면, 그 명제는 동어 반복 명제라고 본다.

step 2. 평가요소가 아닌 지문요소 부분은 삭제한다.

① ~~포퍼가 제시한 과학적 방법에 따르면,~~ / 예측이 틀리지 않았을 경우보다는 맞을 경우에 그 예측을 도출한 가설이 지식으로 인정된다.

② ~~논리실증주의자에 따르면, "총각은 미혼의 성인 남성이다."가 분석 명제인 것은~~ / 총각을 한 명 한 명 조사해 보니 모두 미혼의 성인 남성으로 밝혀졌기 때문이다.

③ ~~콰인은 관찰과 실험에 의존하는 지식이~~ / 관찰과 실험에 의존하지 않는 지식과 근본적으로 다르다고 한다.

④ ~~콰인은 분석 명제가 무엇인지는 동의적 표현이란 무엇인지에 의존하고,~~ / 다시 이는 필연성 개념에, 필연성 개념은 다시 분석 명제 개념에 의존한다고 본다.

⑤ ~~콰인은 어떤 명제에, 의미가 다를 뿐만 아니라 서로 대체할 경우~~ / 그 명제의 참 또는 거짓이 바뀌는 표현을 사용할 수 있으면, 그 명제는 동어 반복 명제라고 본다.

step 3. 지문요소와 평가요소를 묶어서 타당한 연결이 되는지를 평가요소로 판단한다.

타당한 연결을 판단할 때, '내용상 해석'이 맞는지 여부를 판단하면 된다. 삭제한 앞부분인 지문요소와 뒷부분의 평가요소를 묶을 때, 평가요소인 뒷부분이 정답을 결정하는 '깃발'이다.

① 포퍼가 제시한 과학적 방법에 따르면, / 예측이 틀리지 않았을 경우보다는 맞을 경우에 그 예측을 도출한 가설이 지식으로 인정된다.

　　　　　　　지문요소　/　평가요소　　　——연결성(타당한 연결)
　　　　　　　└──[정답 확인]──┘

② 논리실증주의자에 따르면, "총각은 미혼의 성인 남성이다."가 분석 명제인 것은 / 총각을 한 명 한 명 조사해 보니 모두 미혼의 성인 남성으로 밝혀졌기 때문이다.

　　　　　　　지문요소　/　평가요소　　　——연결성(타당한 연결)
　　　　　　　└──[정답 확인]──┘

③ 콰인은 관찰과 실험에 의존하는 지식어 / 관찰과 실험에 의존하지 않는 지식과 근본적으로 다르다고 한다.

　　　　　　　지문요소　/　평가요소　　　——연결성(타당한 연결)
　　　　　　　└──[정답 확인]──┘

④ 콰인은 분석 명제가 무엇인지는 동의적 표현이란 무엇인지에 의존하고, / 다시 이는 필연성 개념에, 필연성 개념은 다시 분석 명제 개념에 의존한다고 본다.

　　　　　　　지문요소　/　평가요소　　　——연결성(타당한 연결)
　　　　　　　└──[정답 확인]──┘

⑤ 콰인은 어떤 명제에, 의미가 다를 뿐만 아니라 서로 대체할 경우 / 그 명제의 참 또는 거짓이 바뀌는 표현을 사용할 수 있으면, 그 명제는 동어 반복 명제라고 본다.

　　　　　　　지문요소　/　평가요소　　　——연결성(타당한 연결)
　　　　　　　└──[정답 확인]──┘

[2016학년도 6월 A형 20번]

> 1897년에 톰슨이 기체 방전관 실험에서 음전기의 흐름을 확인하여 전자를 발견하였다. (…중략…) 톰슨은 '건포도 빵' 모형을 제안하였다. (…중략…) <u>'태양계 모형'을 제안하여 톰슨의 모형[= 건포도 모형]을 수정하였다.</u>

ㄱ. 지문요소 반영 선택지

④ 원자 모형은 19세기 말에 전자가 발견됨으로써 / '태양계 모형'**을 제안하여** '건포도 모형'으로 수정되었다.

→〉선택지 오답

④ ~~원자 모형은 19세기 말에 전자가 발견됨으로써~~ / '태양계 모형'**에서** '건포도 모형'으로 수정되었다.

∴ 정답 찾기 순서 : 선택지 – 나누기→〉지문 삭제 적용→〉'조사' 확인

A를 제안하여 B로 수정되었다 : B의 수정은 A의 제안(동기 유발)에 있다는 점이고,
A에서 B로 수정되었다 : 단순한 변화만을 진술한 문장일 뿐이다.

[실전 문항-1]

* 다음 글을 읽고 물음에 답하시오. [2016학년도 11월 A형]

귀납은 현대 논리학에서 연역이 아닌 모든 추론, 즉 전제가 결론을 개연적으로 뒷받침하는 모든 추론을 가리킨다. 귀납은 기존의 정보나 관찰 증거 등을 근거로 새로운 사실을 추가하는 지식 확장적 특성을 지닌다. 이 특성으로 인해 귀납은 근대 과학 발전의 방법적 토대가 되었지만, 한편으로 귀납 자체의 논리적 한계를 지적하는 문제들에 부딪히기도 한다.

먼저 흄은 과거의 경험을 근거로 미래를 예측하는 귀납이 정당한 추론이 되려면 미래의 세계가 과거에 우리가 경험해온 세계와 동일하다는 자연의 일양성, 곧 한결같음이 가정되어야 한다고 보았다. 그런데 자연의 일양성은 선험적으로 알 수 있는 것이 아니라 경험에 기대어야 알 수 있는 것이다. 즉 "귀납이 정당한 추론이다."라는 주장은 "자연은 일양적이다."라는 다른 지식을 전제로 하는데 그 지식은 다시 귀납에 의해 정당화되어야 하는 경험적 지식이므로 귀납의 정당화는 순환 논리에 빠져 버린다는 것이다. 이것이 귀납의 정당화 문제이다. 귀납의 정당화 문제로부터 과학의 방법인 귀납을 옹호하기 위해 라이헨바흐는 이 문제에 대해 현실적 구제책을 제시한다. 라이헨바흐는 자연이 일양적일 수도 있고 그렇지 않을 수도 있음을 전제한다. 먼저 자연이 일양적일 경우, 그는 지금까지의 우리의 경험에 따라 귀납이 점성술이나 예언 등의 다른 방법보다 성공적인 방법이라고 판단한다. 자연이 일양적이지 않다면, 어떤 방법도 체계적으로 미래 예측에 계속해서 성공할 수 없다는 논리적 판단을 통해 귀납은 최소한 다른 방법보다 나쁘지 않은 추론이라고 확언한다. 결국 자연이 일양적인지 그렇지 않은지 알 수 없는 상황에서는 귀납을 사용하는 것이 옳은 선택이라는 라이헨바흐의 논증은 귀납의 정당화 문제를 현실적 차원에서 해소하려는 시도로 볼 수 있다.

귀납의 또 다른 논리적 한계로 어떤 현대 철학자는 미결정성의 문제를 지적한다. 이 문제는 관찰 증거만으로는 여러 가설 중에 어느 하나를 더 나은 것으로 결정할 수 없다는 것이다. 가령 몇 개의 점들이 발견되었을 때 그 점들을 모두 지나는 곡선은 여러 개이기 때문에 어느 하나로 결정되지 않는다.

예측의 경우도 마찬가지이다. 다음에 발견될 점을 예측할 때, 기존에 발견된 점들만으로는 다음에 찍힐 점이 어디에 나타날지 확정할 수 없다. 아무리 많은 점들을 관찰 증거로 추가하더라도 하나의 예측이 다른 예측보다 더 낫다고 결정하는 것은 여전히 불가능하다는 것이다.

그러나 미결정성의 문제가 있다고 하더라도 대부분의 현대 철학자들은 귀납을 과학의 방법으로 인정하고 있다. 이들은 귀납의 문제를 직접 해결하려 하기보다 확률을 도입하여 개연성이라는 귀납의 특징을 강조하려 한다. 이에 따르면 관찰 증거가 가설을 지지하는 정도 즉 전제와 결론 사이의 개연성은 확률로 표현될 수 있다. 또한 하나의 가설이 다른 가설보다, 하나의 예측이 다른 예측보다 더 낫다고 확률적 근거에 의해 판단할 수 있다는 것이다. 이처럼 확률 논리로 설명되는 개연성은 일상적인 직관에도 잘 들어맞는다. 이러한 시도는 귀납의 문제를 근본적으로 해결하는 것은 아니지만, 귀납은 여전히 과학의 방법으로서 그 지위를 지킬 만하다는 사실을 보여 준다.

23. 윗글을 이해한 내용으로 적절하지 **않은** 것은?

① 많은 관찰 증거를 확보하면 귀납의 정당화에서 나타나는 순환 논리 문제는 해소된다.

② 직관에 들어맞는 확률 논리라 하더라도 귀납의 논리적 문제를 근본적으로 해결하지 못한다.

③ 관찰 증거가 가설을 지지하는 정도를 확률로 표현할 수 있다는 입장은 귀납을 옹호한다.

④ 흄에 따르면, 귀납의 정당화는 귀납에 의한 정당화를 필요로 하는 지식에 근거해야 가능하다.

⑤ 귀납의 지식 확장적 특성은 이미 알고 있는 사실을 근거로 아직 알지 못하는 사실을 추론하는 데에서 비롯된다.

[실전 문항-2]

* 다음 글을 읽고 물음에 답하시오. [2016학년도 9월 B형]

기술이 급속하게 발달함에 따라 인간의 삶은 더욱 여유롭고 의미 있는 것으로 될 것인가, 아니면 더욱 바쁘고 의미 없는 것으로 전락할 것인가? '사색적 삶'과 '활동적 삶'을 대비하여 사회 변화를 이해하는 방식은 이런 물음의 답을 구하는 데 도움이 된다.

최초로 인간의 삶을 사색적 삶과 활동적 삶으로 구분한 사람은 아리스토텔레스이다. 그는 진리, 즐거움, 고귀함을 추구하는 사색적 삶의 영역이 생계를 위한 활동적 삶의 영역보다 상위에 있다고 보았다. 이러한 인식은 근대 이전의 오랜 역사 속에서 사회 질서의 기본 원리로 자리 잡아 왔다.

근대에 접어들어 과학 혁명과 청교도 윤리의 등장으로 활동적 삶과 사색적 삶에 대한 인식은 달라지기 시작했다. 16, 17세기 과학 혁명으로 실험 정신과 경험적 지식이 중시되면서 사색적 삶의 영역에 속한 과학적 탐구와 활동적 삶의 영역에 속한 기술 사이의 거리가 좁혀졌다. 또한 직업을 신의 소명으로 이해하고, 근면과 검약에 의한 개인의 성공을 구원의 징표로 본 청교도 윤리는 생산 활동과 부의 축적에 대한 부정적 인식을 불식하는 계기가 되었다. 이로써 활동적 삶과 사색적 삶이 대등한 위상을 갖게 된 것이다.

18, 19세기 산업 혁명을 계기로 활동적 삶은 사색적 삶보다 중요성이 더 커지게 되었다. 생산 기술에 과학적 지식이 응용되고 기계의 사용이 본격화되면서 기계의 속도에 기초하여 노동 규율이 확립되었고, 인간의 삶은 시간적 규칙성을 따르도록 재조직되었다. 나아가 시간이 관리의 대상으로 부각되면서 시간 – 동작 연구를 통해 가장 효율적인 작업 동선(動線)을 모색했던 테일러의 과학적 관리론은 20세기 초부터 생산 활동을 합리적으로 조직하는 중요한 원리로 자리 잡았다. 이로써 두뇌에 의한 노동과 근육에 의한 노동이 분리되어 인간의 육체노동이 기계화되는 결과가 초래되었다. 또한 과학을 기술 개발에 활용하기 위한 시스템이 요구되어 공학, 경영학 등의 실용 학문과 산업체 연구소들이 출현하였다. 이는 전통적으로 사색적 삶의 영역에 속했던 진리 탐구마저 활동적 삶의 영역에 속하는 생산 활동의 논리에 포섭되었음을 단적으로 보여 준다.

이처럼 산업 혁명 이후 기계 문명이 발달하고 그에 힘입어 자본주의 시장 메커니즘이 사회를 전면적으로 지배하게 됨에 따라 근면과 속도가 강조되었다. 활동적 삶이 지나치게 강조된 데 대한 반작용으로, '의미 없는 부지런함'이 만연해진 세태에 대한 비판의 목소리가 나타나 성찰에 의한 사색적 삶의 중요성을 역설하기도 하였다.

이제 20세기 말 정보화와 세계화를 계기로 시간적·공간적 거리가 압축되어 세계가 동시적 경험이 가능한 공간으로 인식되면서 인간의 삶은 이전과 크게 달라졌다. 기술의 비약적 발달로 의식주 등 생활의 기본 욕구는 충족되었지만, 현대인들은 더욱 다양해진 욕구와 성취 욕망을 충족하기 위해 스스로를 소진하고 있다. 경쟁이 세계로 확대됨에 따라 사람들이 타인과의 경쟁에서 이기는 동시에 자신의 능력을 극한으로 끌어올리기 위해 스스로를 끝없이 몰아세울 수밖에 없는 내면화된 강박증에 시달리고 있는 것이다. 결국 기술의 발달이 인간의 삶을 여유롭고 의미 있는 것으로 만들어 줄 것이라는 기대와 달리, 사색적 삶은 설 자리를 잃고 활동적인 삶이 폭주하게 된 것이다.

21. 윗글을 이해한 내용으로 가장 적절한 것은?

① 아리스토텔레스는 생존을 위한 필요에서 비롯된 생산 활동이 사색적 삶보다 더 중요하다고 보았다.

② 과학 혁명의 시대에는 활동적 삶의 위상이 사색적 삶의 위상보다 높았다.

③ 청교도 윤리는 성공과 부를 추구하는 태도에 대한 부정적인 인식을 심화시켰다.

④ 시간 – 동작 연구는 인간의 노동이 두뇌노동과 근육노동으로 분리되는 데 영향을 주었다.

⑤ 공학, 경영학 등의 실용 학문은 기술을 과학에 활용하기 위해 출현했다.

[실전 문항-3]

* 다음 글을 읽고 물음에 답하시오. [2018학년도 11월]

정부는 국민 생활에 영향을 미치는 활동의 총체인 정책의 목표를 효과적으로 달성하기 위해 정책 수단의 특성을 고려하여 정책을 수행한다. 정책 수단은 강제성, 직접성, 자동성, 가시성의 ㉠ 네 가지 측면에서 다양한 특성을 갖는다. 강제성은 정부가 개인이나 집단의 행위를 제한하는 정도로서, 유해 식품 판매 규제는 강제성이 높다. 직접성은 정부가 공공 활동의 수행과 재원 조달에 직접 관여하는 정도를 의미한다. 정부가 정책을 직접 수행하지 않고 민간에 위탁하여 수행하게 하는 것은 직접성이 낮다. 자동성은 정책을 수행하기 위해 별도의 행정 기구를 설립하지 않고 기존의 조직을 활용하는 정도를 말한다. 전기 자동차 보조금 제도를 기존의 시청 환경과에서 시행하는 것은 자동성이 높다. 가시성은 예산 수립 과정에서 정책을 수행하기 위한 재원이 명시적으로 드러나는 정도이다. 일반적으로 사회 규제의 정도를 조절하는 것은 예산 지출을 수반하지 않으므로 가시성이 낮다.

정책 수단 선택의 사례로 환율과 관련된 경제 현상을 살펴보자. 외국 통화에 대한 자국 통화의 교환 비율을 의미하는 환율은 장기적으로 한 국가의 생산성과 물가 등 기초 경제 여건을 반영하는 수준으로 수렴된다. 그러나 단기적으로 환율은 이와 괴리되어 움직이는 경우가 있다. 만약 환율이 예상과는 다른 방향으로 움직이거나 또는 비록 예상과 같은 방향으로 움직이더라도 변동 폭이 예상보다 크게 나타날 경우 경제 주체들은 과도한 위험에 노출될 수 있다. 환율이나 주가 등 경제 변수가 단기에 지나치게 상승 또는 하락하는 현상을 오버슈팅(overshooting)이라고 한다. 이러한 오버슈팅은 물가 경직성 또는 금융 시장 변동에 따른 불안 심리 등에 의해 촉발되는 것으로 알려져 있다. 여기서 물가 경직성은 시장에서 가격이 조정되기 어려운 정도를 의미한다.

물가 경직성에 따른 환율의 오버슈팅을 이해하기 위해 통화를 금융 자산의 일종으로 보고 경제 충격에 대해 장기와 단기에 환율이 어떻게 조정되는지 알아보자. 경제에 충격이 발생할 때 물가나 환율은 충격을 흡수하는 조정 과정을 거치게 된다. 물가는 단기에는 장기 계약 및 공공요금 규제 등으로 인해 경직적이지만 장기에는 신축적으로 조정된다. 반면 환율은 단기에서도 신축적인 조정이 가능하다. 이러한 물가와 환율의 조정 속도 차이가 오버슈팅을 초래한다. 물가와 환율이 모두 신축적으로 조정되는 장기에서의 환율은 구매력 평가설에 의해 설명되는데, 이에 의하면 장기의 환율은 자국 물가 수준을 외국 물가 수준으로 나눈 비율로 나타나며, 이를 균형 환율로 본다. 가령 국내 통화량이 증가하여 유지될 경우 장기에서는 자국 물가도 높아져 장기의 환율은 상승한다. 이때 통화량을 물가로 나눈 실질 통화량은 변하지 않는다.

그런데 단기에는 물가의 경직성으로 인해 구매력 평가설에 기초한 환율과는 다른 움직임이 나타나면서 오버슈팅이 발생할 수 있다. 가령 국내 통화량이 증가하여 유지될 경우, 물가가 경직적이어서 실질 통화량은 증가하고 이에 따라 시장 금리는 하락한다. 국가 간 자본 이동이 자유로운 상황에서, 시장 금리 하락은 투자의 기대 수익률 하락으로 이어져, 단기성 외국인 투자 자금이 해외로 빠져나가거나 신규 해외 투자 자금 유입을 위축시키는 결과를 초래한다. 이 과정에서 자국 통화의 가치는 하락하고 환율은 상승한다. 통화량의 증가로 인한 효과는 물가가 신축적인 경우에 예상되는 환율 상승에, 금리 하락에 따른 자금의 해외 유출이 유발하는 추가적인 환율 상승이 더해진 것으로 나타난다. 이러한 추가적인 상승 현상이 환율의 오버슈팅인데, 오버슈팅의 정도 및 지속성은 물가 경직성이 클수록 더 크게 나타난다. 시간이 경과함에 따라 물가가 상승하여 실질 통화량이 원래 수준으로 돌아오고 해외로 유출되었던 자금이 시장 금리의 반등으로 국내로 복귀하면서, 단기에 과도하게 상승했던 환율은 장기에는 구매력 평가설에 기초한 환율로 수렴된다.

단기의 환율이 기초 경제 여건과 괴리되어 과도하게 급등락하거나 균형 환율 수준으로부터 장기간 이탈하는 등의 문제가 심화되는 경우를 예방하고 이에 대처하기 위해 정부는 다양한 정책 수단을 동원한다. 오버슈팅의 원인인 물가 경직성을 완화하기 위한 정책 수단 중 강제성이 낮은 사례로는 외환의 수급 불균형 해소를 위해 관련 정보를 신속하고 정확하게 공개하거나, 불필요한 가격 규제를 축소하는 것을 들 수 있다. 한편 오버슈팅에 따른 부정적 파급 효과를 완화하기 위해 정부는 환율 변동으로 가격이 급등한 수입 필수 품목에 대한 세금을 조절함으로써 내수가 급격히 위축되는 것을 방지하려고 하기도 한다. 또한 환율 급등락으로 인한 피해에 대비하여 수출입 기업에 환율 변동 보험을 제공하거나, 외화 차입 시 지급 보증을 제공하기도 한다. 이러한 정책 수단은 직접성이 높은 특성을 가진다. 이와 같이 정부는 기초 경제 여건을 반영한 환율의 추세는 용인하되, 사전적 또는 사후적 미세 조정 정책 수단 을 활용하여 환율의 단기 급등락에 따른 위험으로부터 실물 경제와 금융 시장의 안정을 도모하는 정책을 수행한다.

28. ㉮를 바탕으로 정책 수단의 특성을 이해한 것으로 가장 적절한 것은?

① 다자녀 가정에 출산 장려금을 지급하는 것은, 불법 주차 차량에 과태료를 부과하는 것보다 강제성이 높다.

② 전기 제품 안전 규제를 강화하는 것은, 학교 급식을 제공하기 위한 재원을 정부 예산에 편성하는 것보다 가시성이 높다.

③ 문화재를 발견하여 신고할 경우 포상금을 주는 것은, 자연 보존 지역에서 개발 행위를 금지하는 것보다 강제성이 높다.

④ 쓰레기 처리를 민간 업체에 맡겨서 수행하게 하는 것은, 정부 기관에서 주민등록 관련 행정 업무를 수행하는 것보다 직접성이 높다.

⑤ 담당 부서에서 문화 소외 계층에 제공하던 복지 카드의 혜택을 늘리는 것은, 전담 부처를 신설하여 상수원 보호 구역을 감독하는 것보다 자동성이 높다.

[실전 문항-4]

* 다음 글을 읽고 물음에 답하시오. [2019학년도 11월]

16세기 전반에 서양에서 태양 중심설을 지구 중심설의 대안으로 제시하며 시작된 천문학 분야의 개혁은 경험주의의 확산과 수리 과학의 발전을 통해 형이상학을 뒤바꾸는 변혁으로 이어졌다. 서양의 우주론이 전파되자 중국에서는 중국과 서양의 우주론을 회통하려는 시도가 전개되었고, 이 과정에서 자신의 지적유산에 대한 관심이 제고되었다.

복잡한 문제를 단순화하여 푸는 수학적 전통을 이어받은 코페르니쿠스는 천체의 운행을 단순하게 기술할 방법을 찾고자 하였고, 그것이 일으킬 형이상학적 문제에는 별 관심이 없었다.고대의 아리스토텔레스와 프톨레마이오스는 우주의 중심에 고정되어 움직이지 않는 지구의 주위를 달, 태양, 다른 행성들의 천구들과, 항성들이 붙어 있는 항성 천구가 회전한다는 지구 중심설을 내세웠다. 그와 달리 코페르니쿠스는 태양을 우주의 중심에 고정하고 그 주위를 지구를 비롯한 행성들이 공전하며 지구가 자전하는 우주 모형을 만들었다. 그러자 프톨레마이오스보다 훨씬 적은 수의 원으로 행성들의 가시적인 운동을 설명할 수 있었고 행성이 태양에서 멀수록 공전 주기가 길어진다는 점에서 단순성이 충족되었다. 그러나 아리스토텔레스의 형이상학을 고수하는 다수 지식인과 종교 지도자들은 그의 이론을 받아들이려하지 않았다. 왜냐하면 그것은 지상계와 천상계를 대립시키는아리스토텔레스의 이분법적 구도를 무너뜨리고, 신의 형상을 지닌 인간을 한갓 행성의 거주자로 전락시키는 것으로 여겨졌기 때문이다.

16세기 후반에 브라헤는 코페르니쿠스 천문학의 장점은 인정하면서도 아리스토텔레스 형이상학과의 상충을 피하고자 우주의 중심에 지구가 고정되어 있고, 달과 태양과 항성들은 지구 주위를 공전하며, 지구 외의 행성들은 태양 주위를 공전하는 모형을 제안하였다. 그러나 케플러는 우주의 수적 질서를 신봉하는 형이상학인 신플라톤주의에 매료되었기 때문에, 태양을 우주 중심에 배치하여 단순성을 추구한 코페르니쿠스의 천문학을 받아들였다. 하지만 그는 경험주의자였기에 브라헤의 천체 관측치를 활용하여 태양 주위를 공전하는 행성의 운동 법칙들을 수립할 수 있었다. 우주의 단순성을 새롭게 보여 주는 이 법칙들은 아리스토텔레스 형이상학을 더 이상 온존할 수 없게 만들었다.

17세기 후반에 뉴턴은 태양 중심설을 역학적으로 정당화하였다. 그는 만유인력 가설로부터 케플러의 행성 운동 법칙들을 성공적으로 연역했다. 이때 가정된 만유인력은 두 질점*이 서로 당기는 힘으로, 그 크기는 두 질점의 질량의 곱에 비례하고 거리의 제곱에 반비례한다. 지구를 포함하는 천체들이 밀도가 균질하거나 구 대칭*을 이루는 구라면 천체가 그 천체 밖 어떤 질점을 당기는 만유인력은, 그 천체를 잘게 나눈 부피 요소들 각각이 그 천체 밖 어떤 질점을 당기는 만유인력을 모두 더하여 구할 수 있다. 또한 여기에서 지구보다 질량이 큰 태양과 지구가 서로 당기는 만유인력이 서로 같음을 증명할 수 있다. 뉴턴은 이 원리를 적용하여 달의 공전 궤도와 사과의 낙하 운동 등에 관한 실측값을 연역함으로써 만유인력의 실재를 입증하였다.

16세기 말부터 중국에 본격 유입된 서양 과학은, 청 왕조가 1644년 중국의 역법 (曆法)을 기반으로 서양 천문학 모델과 계산법을 수용한 시헌력을 공식 채택함에 따라 그 위상이 구체화되었다. 브라헤와 케플러의 천문 이론을 차례대로 수용하여 정확도를 높인 시헌력이 생활 리듬으로 자리 잡았지만, 중국 지식인들은 서양 과학이 중국의 지적 유산에 적절히 연결되지 않으면 아무리 효율적이더라도 불온한 요소로 여겼다. 이에 따라 서양 과학에 매료된 학자들도 어떤 방식으로든 서양 과학과 중국 전통 사이의 적절한 관계 맺음을 통해 이 문제를 해결하고자 하였다.

17세기 웅명우와 방이지 등은 중국 고대 문헌에 수록된 우주론에 대해서는 부정적 태도를 견지하면서 성리학적 기론(氣論)에 입각하여 실증적인 서양 과학을 재해석한 독창적 이론을 제시하였다. 수성과 금성이 태양 주위를 회전한다는 그들의 태양계 학설은 브라헤의 영향이었지만, 태양의 크기에 대한 서양 천문학 이론에 의문을 제기하고 기(氣)와 빛을 결부하여 제시한 광학이론은 그들이 창안한 것이었다.

17세기 후반 왕석천과 매문정은 서양 과학의 영향을 받아 경험적 추론과 수학적 계산을 통해 우주의 원리를 파악하고자 하였다. 그러면서 서양 과학의 우수한 면은 모두 중국 고전에 이미 갖추어져 있던 것인데 웅명우 등이 이를 깨닫지 못한 채 성리학 같은 형이상학에 몰두했다고 비판했다. 매문정은 고대 문헌에 언급된, 하늘이 땅의 네 모퉁이를 가릴 수 없을 것이라는 증자의 말을 땅이 둥글다는 서양 이론과 연결하는 등 서양 과학의 중국 기원론을 뒷받침하였다.

중국 천문학을 중심으로 서양 천문학을 회통하려는 매문정의 입장은 18세기 초를 기점으로 중국의 공식 입장으로 채택되었으며, 이 입장은 중국의 역대 지식 성과물을 망라한 총서인 『사고전서』에 그대로 반영되었다. 이 총서의 편집자들은 고대부터 당시까지 쏟아진 천문 관련 문헌들을 정리하여 수록하였다. 이와 같이 고대 문헌에 담긴 우주론을 재해석하고 확인하려는 경향은 19세기 중엽까지 주를 이루었다.

* 질점 : 크기가 없고 질량이 모여 있다고 보는 이론상의 물체.
* 구 대칭 : 어떤 물체가 중심으로부터 모든 방향으로 같은 거리에서 같은 특성을 갖는 상태.

29. 윗글에 나타난 서양의 우주론 에 대한 설명으로 가장 적절한 것은?

① 항성 천구가 고정되어 있다고 보는 아리스토텔레스의 우주론은 천상계와 지상계를 대립시킨 형이상학을 토대로 한 것이었다.

② 많은 수의 원을 써서 행성의 가시적 운동을 설명한 프톨레마이오스의 우주론은 행성

이 태양에서 멀수록 공전 주기가 길어진다는 점에서 단순성을 갖는 것이었다.

③ 지구와 행성이 태양 주위를 공전한다는 코페르니쿠스의 우주론은 이전의 지구 중심설 보다 단순할 뿐 아니라 아리스토텔레스의 형이상학과 양립이 가능한 것이었다.

④ 지구가 우주 중심에 고정되어 있고 다른 행성을 거느린 태양이 지구 주위를 돈다는 브라헤의 우주론은 아리스토텔레스의 형이상학에서 자유롭지 못한 것이었다.

⑤ 태양 주위를 공전하는 행성의 운동 법칙들을 관측치로부터 수립한 케플러의 우주론은 신플라톤주의에서 경험주의적 근거를 찾은 것이었다.

[제2법칙 : 지문삭제 – 깃발 법칙 실전 문항 정답 해설]

[실전 문항-1]

[22〜26] 다음 글을 읽고 물음에 답하시오. [2016학년도 11월 A형]

23. 윗글을 이해한 내용으로 적절하지 **않은** 것은? ①

[정답 찾기 3step]

step 1. 선택지를 지문요소와 평가요소로 나눈다.

① 많은 관찰 증거를 확보하면 / 귀납의 정당화에서 나타나는 순환 논리 문제는 해소된다.
② 직관에 들어맞는 확률 논리라 하더라도 / 귀납의 논리적 문제를 근본적으로 해결하지 못한다.
③ 관찰 증거가 가설을 지지하는 정도를 확률로 표현할 수 있다는 입장은 / 귀납을 옹호한다.
④ 흄에 따르면, / 귀납의 정당화는 귀납에 의한 정당화를 필요로 하는 지식에 / 근거해야 가능하다.
⑤ 귀납의 지식 확장적 특성은 이미 알고 있는 사실을 근거로 / 아직 알지 못하는 사실을 추론하는 데에서 비롯된다.

step 2. 평가요소가 아닌 지문요소 부분은 삭제한다.

① ~~많은 관찰 증거를 확보하면~~ / 귀납의 정당화에서 나타나는 순환 논리 문제는 해소된다.
② ~~직관에 들어맞는 확률 논리라 하더라도~~ / 귀납의 논리적 문제를 근본적으로 해결하지 못한다.
③ ~~관찰 증거가 가설을 지지하는 정도를 확률로 표현할 수 있다는 입장은~~ / 귀납을 옹호한다.
④ ~~흄에 따르면,~~ / 귀납의 정당화는 귀납에 의한 정당화를 필요로 하는 지식에 / 근거해야 가능하다.

⑤ 귀납의 지식 확장적 특성은 이미 알고 있는 사실을 근거로 / 아직 알지 못하는 사실을
추론하는 데에서 비롯된다.

step 3. 지문요소와 평가요소를 묶어서 타당한 연결이 되는지를 평가요소로 판단한다.

① 많은 관찰 증거를 확보하면 / 귀납의 정당화에서 나타나는 순환 논리 문제는 해
　　　　　　지문요소　　/　　평가요소　　　　　　———연결성(타당한 연결)
　　　　　　　└──[정답 확인]──┘

　　소된다.

∴ 1문단에서 귀납 자체의 논리적 한계를 지적하는 문제점 때문에 귀납의 순환 논리 문
제는 해결할 수 없다. [x]

② 직관에 들어맞는 확률 논리라 하더라도 / 귀납의 논리적 문제를 근본적으로 해결
　　　　　　지문요소　　/　　평가요소　　　　　　———연결성(타당한 연결)
　　　　　　　└──[정답 확인]──┘

　　하지 못한다. [o]

③ 관찰 증거가 가설을 지지하는 정도를 확률로 표현할 수 있다는 입장은 / 귀납을
　　　　　　지문요소　　/　　평가요소　　　　　　———연결성(타당한 연결)
　　　　　　　└──[정답 확인]──┘

　　옹호한다. [o]

④ 흄에 따르면, / 귀납의 정당화는 귀납에 의한 정당화를 필요로 하는 지식에 / 근
　　　　　　지문요소　　/　　평가요소　　　　　　———연결성(타당한 연결)
　　　　　　　└──[정답 확인]──┘

　　거해야 가능하다. [o]

⑤ 귀납의 지식 확장적 특성은 이미 알고 있는 사실을 근거로 / 아직 알지 못하는
　　　　　　지문요소　　/　　평가요소　　　　　　———연결성(타당한 연결)
　　　　　　　└──[정답 확인]──┘

　　사실을 추론하는 데에서 비롯된다. [o]

[실전 문항-2]

[21 ~ 24] 다음 글을 읽고 물음에 답하시오. [2016학년도 9월 B형]

21. 윗글을 이해한 내용으로 가장 적절한 것은? ④

step 1. 선택지를 지문요소와 평가요소로 나눈다.

① 아리스토텔레스는 생존을 위한 필요에서 비롯된 생산 활동이 / 사색적 삶보다 더 중요하다고 보았다.
② 과학 혁명의 시대에는 활동적 삶의 위상이 / 사색적 삶의 위상보다 높았다.
③ 청교도 윤리는 성공과 부를 추구하는 태도에 대한 / 부정적인 인식을 심화시켰다.
④ 시간 – 동작 연구는 인간의 노동이 두뇌노동과 근육노동으로 분리되는 데 / 영향을 주었다.
⑤ 공학, 경영학 등의 실용 학문은 / 기술을 과학에 활용하기 위해 출현했다.

step 2. 평가요소가 아닌 지문요소 부분은 삭제한다.

① 아리스토텔레스는 생존을 위한 필요에서 비롯된 생산 활동어 / 사색적 삶보다 더 중요하다고 보았다.
② 과학 혁명의 시대에는 활동적 삶의 위상어 / 사색적 삶의 위상보다 높았다.
③ 청교도 윤리는 성공과 부를 추구하는 태도에 대한 / 부정적인 인식을 심화시켰다.
④ 시간 – 동작 연구는 인간의 노동이 두뇌노동과 근육노동으로 분리되는 데 / 영향을 주었다.
⑤ 공학, 경영학 등의 실용 학문은 / 기술을 과학에 활용하기 위해 출현했다.

step 3. 지문요소와 평가요소를 묶어서 타당한 연결이 되는지를 평가요소로 판단한다.

① 아리스토텔레스는 생존을 위한 필요에서 비롯된 생산 활동어 / 사색적 삶보다 더
　　　　　　　　　지문요소　　／　　평가요소
　　　　　　　　　└──[정답 확인]─┘
　　중요하다고 보았다. [x]

② 과학 혁명의 시대에는 ~~활동적 삶의 위상이~~ / 사색적 삶의 위상보다 높았다. [x]

　　　　　　지문요소　 / 　평가요소

　　　　　　└──[정답 확인]──┘

③ 청교도 윤리는 ~~성공과 부를 추구하는 태도에 대한~~ / 부정적인 인식을 심화시켰다. [x]

　　　　　　지문요소　 / 　평가요소

　　　　　　└──[정답 확인]──┘

④ ~~시간 - 동작 연구는 인간의 노동이 두뇌노동과 근육노동으로 분리되는 데~~ / 영향을

　　　　　　지문요소　 / 　평가요소

　　　　　　└──[정답 확인]──┘

　주었다. [o]

∴ 4문단에서, 시간 - 동작 연구를 통해 두뇌에 의한 노동과 근육에 의한 노동이 분리되
었다는 내용으로 정답이다. [o]

⑤ ~~공학, 경영학 등의 실용 학문은~~ / 기술을 과학에 활용하기 위해 출현했다. [x]

　　　　　　지문요소　 / 　평가요소

　　　　　　└──[정답 확인]──┘

[실전 문항-3]

* 다음 글을 읽고 물음에 답하시오. [2018학년도 11월]

28. ㉮를 바탕으로 정책 수단의 특성을 이해한 것으로 가장 적절한 것은? ⑤

step 1. 선택지를 지문요소와 평가요소로 나눈다.

① 다자녀 가정에 출산 장려금을 지급하는 것은, / 불법 주차 차량에 과태료를 부과하는 것보다 강제성이 높다.
② 전기 제품 안전 규제를 강화하는 것은, / 학교 급식을 제공하기 위한 재원을 정부 예산에 편성하는 것보다 가시성이 높다.
③ 문화재를 발견하여 신고할 경우 포상금을 주는 것은, / 자연 보존 지역에서 개발 행위를 금지하는 것보다 강제성이 높다.
④ 쓰레기 처리를 민간 업체에 맡겨서 수행하게 하는 것은, / 정부 기관에서 주민등록 관련 행정 업무를 수행하는 것보다 직접성이 높다.
⑤ 담당 부서에서 문화 소외 계층에 제공하던 복지 카드의 혜택을 늘리는 것은, / 전담 부처를 신설하여 상수원 보호 구역을 감독하는 것보다 자동성이 높다.

step 2. 평가요소가 아닌 지문요소 부분은 삭제한다.

① 다자녀 가정에 출산 장려금을 지급하는 것은, / 불법 주차 차량에 과태료를 부과하는 것보다 강제성이 높다.
② 전기 제품 안전 규제를 강화하는 것은, / 학교 급식을 제공하기 위한 재원을 정부 예산에 편성하는 것보다 가시성이 높다.
③ 문화재를 발견하여 신고할 경우 포상금을 주는 것은, / 자연 보존 지역에서 개발 행위를 금지하는 것보다 강제성이 높다.
④ 쓰레기 처리를 민간 업체에 맡겨서 수행하게 하는 것은, / 정부 기관에서 주민등록 관련 행정 업무를 수행하는 것보다 직접성이 높다.
⑤ 담당 부서에서 문화 소외 계층에 제공하던 복지 카드의 혜택을 늘리는 것은, / 전담 부처를 신설하여 상수원 보호 구역을 감독하는 것보다 자동성이 높다.

step 3. 지문요소와 평가요소를 묶어서 타당한 연결이 되는지를 평가요소로 판단한다.

① 타자녀 가정에 출산 장려금을 지급하는 것은, / 불법 주차 차량에 과태료를 부과하는 것보다 강제성이 높다. [x]

                지문요소   /   평가요소

             └──[정답 확인]──┘

② 전기 제품 안전 규제를 강화하는 것은, / 학교 급식을 제공하기 위한 재원을 정부 예산에 편성하는 것보다 가시성이 높다. [x]

                지문요소   /   평가요소

             └──[정답 확인]──┘

③ 문화재를 발견하여 신고할 경우 포상금을 주는 것은, / 자연 보존 지역에서 개발 행위를 금지하는 것보다 강제성이 높다. [x]

                지문요소   /   평가요소

             └──[정답 확인]──┘

④ 쓰레기 처리를 민간 업체에 맡겨서 수행하게 하는 것은, / 정부 기관에서 주민등록 관련 행정 업무를 수행하는 것보다 직접성이 높다. [x]

                지문요소   /   평가요소

             └──[정답 확인]──┘

⑤ 담당 부서에서 문화 소외 계층에 제공하던 복지 카드의 혜택을 늘리는 것은, / 전담 부처를 신설하여 상수원 보호 구역을 감독하는 것보다 자동성이 높다. [o]

                지문요소   /   평가요소

             └──[정답 확인]──┘

∴ 1문단에서, 자동성은 정책을 수행하기 위해 별도의 행정 기구를 설립하지 않고 기존의 조직을 활용하는 정도를 말한다. 따라서 담당부서에서 문화소외 계층에 제공하는 복지카드와 관련한 일을 계속한다는 의미는 별도의 행정 기구를 설립하지 않는다는 의미이고, 나아가 상수원 보호에 필요한 전담부서 신설을 하는 것보다 자동성이 높다는 의미이다. [o]

[실전 문항-4]

* 다음 글을 읽고 물음에 답하시오. [2019학년도 11월]

29. 윗글에 나타난 서양의 우주론에 대한 설명으로 가장 적절한 것은? ④

step 1. 선택지를 지문요소와 평가요소로 나눈다.

① 항성 천구가 고정되어 있다고 보는 아리스토텔레스의 우주론은 / 천상계와 지상계를 대립시킨 형이상학을 토대로 한 것이었다.

② 많은 수의 원을 써서 행성의 가시적 운동을 설명한 프톨레마이오스의 우주론은 / 행성이 태양에서 멀수록 공전 주기가 길어진다는 점에서 단순성을 갖는 것이었다.

③ 지구와 행성이 태양 주위를 공전한다는 코페르니쿠스의 우주론은 / 이전의 지구 중심설보다 단순할 뿐 아니라 아리스토텔레스의 형이상학과 양립이 가능한 것이었다.

④ 지구가 우주 중심에 고정되어 있고 다른 행성을 거느린 태양이 지구 주위를 돈다는 브라헤의 우주론은 / 아리스토텔레스의 형이상학에서 자유롭지 못한 것이었다.

⑤ 태양 주위를 공전하는 행성의 운동 법칙들을 관측치로부터 수립한 케플러의 우주론은 / 신플라톤주의에서 경험주의적 근거를 찾은 것이었다.

step 2. 평가요소가 아닌 지문요소 부분은 삭제한다.

① 항성 천구가 고정되어 있다고 보는 아리스토텔레스의 우주론은 / 천상계와 지상계를 대립시킨 형이상학을 토대로 한 것이었다.

② 많은 수의 원을 써서 행성의 가시적 운동을 설명한 프톨레마이오스의 우주론은 / 행성이 태양에서 멀수록 공전 주기가 길어진다는 점에서 단순성을 갖는 것이었다.

③ 지구와 행성이 태양 주위를 공전한다는 코페르니쿠스의 우주론은 / 이전의 지구 중심설보다 단순할 뿐 아니라 아리스토텔레스의 형이상학과 양립이 가능한 것이었다.

④ 지구가 우주 중심에 고정되어 있고 다른 행성을 거느린 태양이 지구 주위를 돈다는 브라헤의 우주론은 / 아리스토텔레스의 형이상학에서 자유롭지 못한 것이었다.

⑤ 태양 주위를 공전하는 행성의 운동 법칙들을 관측치로부터 수립한 케플러의 우주론은 / 신플라톤주의에서 경험주의적 근거를 찾은 것이었다.

step 3. 지문요소와 평가요소를 묶어서 타당한 연결이 되는지를 평가요소로 판단한다.

① 항성 천구가 고정되어 있다고 보는 아리스토텔레스의 우주론은 / 천상계와 지상계를 대립시킨 형이상학을 토대로 한 것이었다. [x]

　　　　　지문요소　　/　　평가요소
　　　　　└─[정답 확인]─┘

② 많은 수의 원을 써서 행성의 가시적 운동을 설명한 프톨레마이오스의 우주론은 / 행성이 태양에서 멀수록 공전 주기가 길어진다는 점에서 단순성을 갖는 것이었다. [x]

　　　　　지문요소　　/　　평가요소
　　　　　└─[정답 확인]─┘

③ 지구와 행성이 태양 주위를 공전한다는 코페르니쿠스의 우주론은 / 이전의 지구 중심설보다 단순할 뿐 아니라 아리스토텔레스의 형이상학과 양립이 가능한 것이었다. [x]

　　　　　지문요소　　/　　평가요소
　　　　　└─[정답 확인]─┘

④ 지구가 우주 중심에 고정되어 있고 다른 행성을 거느린 태양이 지구 주위를 돈다는 브라헤의 우주론은 / 아리스토텔레스의 형이상학에서 자유롭지 못한 것이었다. [o]

　　　　　지문요소　　/　　평가요소
　　　　　└─[정답 확인]─┘

∴ 3문단에서, 16세기 후반에 브라헤는 코페르니쿠스 천문학의 장점을 인정하면서도 아리스토텔레스 형이상학과의 충돌을 피하고자했다는 점에서 정답을 유추할 수 있다. [o]

⑤ 태양 주위를 공전하는 행성의 운동 법칙들을 관측치로부터 수립한 케플러의 우주론은 / 신플라톤주의에서 경험주의적 근거를 찾은 것이었다. [x]

　　　　　지문요소　　/　　평가요소
　　　　　└─[정답 확인]─┘

제 3법칙

선택지 - 추론 형식 법칙

　　　　　수능 독서 영역은 지문의 **독해력**과 문항 해결을 위한 **추론 능력**이라고 할 만큼 추론 능력이 중요하다. 추론적 사고는 문항의 발문에는 드러나지 않으나, 선택지에서 추론 과정을 의도하는 문제가 많이 출제된다. 즉 선택지는 전제와 결론[주로 인문사회영역] 혹은 조건과 결과[주로 과학기술 영역]로 진술된 문장으로 출제된다. 이러한 문항의 경우, 지문을 근거로 하여 전제의 타당성을 따져 선택지에 진술된 결과와의 연결성을 확인한 다음 정답을 확정한다. 즉 지문을 근거로 선택지에 대입하는 추론 과정을 거쳐 정답을 확정하면 된다.

[예시]

16. 윗글의 <u>내용과 일치</u>하지 **않는** 것은?　　　　　---발문 : 추론 형식 [x]

　　↓　　　　↓　　　　↓

지문요소　평가요소　판단요소

[출제 의도]

① <u>물체에 힘이 가해지지 않으면</u> / <u>돌림힘은 작용하지 않는다.</u> ---**선택지 : 추론 형식 [o]**
　　　조건　　　　　/　　　　결과

위의 발문에서의 평가요소는 '내용과 일치' 여부이다. 그런데 선택지를 보면 추론 형식이다. 그래서 추론 형식으로 정답 찾기를 해야 한다.

선택지 판단의 지문요소 : <u>물체에 회전 운동을 일으키거나 물체의 회전 속도를 변화시키려면</u> / <u>물체에 힘을 가해야 한다.</u>

         조건   /   결과

∴ <u>선택지 조건 : 선택지 결과</u>

<u>지문요소 조건 : 지문요소 결과</u> ——추론 형식[정답 확인–타당한 연결]

선택지의 조건[전제]은 지문을 근거로 추론한다. 선택지 ①번의 조건과 결과에 관련된 지문요소를 찾아 지문요소의 조건과 선택지 조건, 지문요소의 결과는 선택지의 결과를 1:1로 대응시켜 추론 과정을 통해 정답을 판단하면 된다.

위의 경우는, 지문요소의 조건과 결과을 선택지의 조건과 결과를 반대로 진술[반대 진술]한 선택지이다. 따라서 '물체에 힘을 가하지 않으면 / 돌림힘은 작동하지 않는다.'는 답을 얻을 수 있다. 조건의 선택지는 지문요소와 반대로 진술한 경우와 지문을 근거로 응용하는 경우이다.

독서 영역에는 추론과 관련한 문항은 네 가지 유형으로 정리된다. 즉 1. 선택지 – 추론 형식 2. 발문 – 추론 형식 3. 기호(㉠~ⓐ) – 추론 형식 4. 지문 + <보기>자료= 추론 등이다. 1. 선택지 – 추론 형식은 선택지가 추론 형식이며, 2. 발문 – 추론 형식은 발문에 '추론'이라는 평가요소를 드러내는 경우이다. 또한 특정 기호에 '추론'이라는 평가요소가 드러나는 경우가 있다. 그리고 지문 + <보기>자료= 추론은 지문을 바탕으로 하여 <보기>를 추론하는 형식이다.

수능 문항에서 '추론'의 개념을 정확하게 이해하려면, **수능적 개념의 '추론'**을 이해할 필요가 있다. 다음은 2106학년도 11월 A형에 출제된 지문의 일부이다.

귀납은 현대 논리학에서 **연역이 아닌 모든 추론**, 즉 전제가 결론을 개연적으로 뒷받침하는 모든 추론을 가리킨다. 귀납은 **기존의 정보**나 **관찰 증거** 등을 근거로 **새로운 사실을 추가하는 지식 확장적 특성**을 지닌다.

윗글에서는 현대 논리학에서 귀납은 연역이 아닌 모든 '추론'으로 정의했고, 추론 영역에서는 귀납과 연역으로 나누고 있다. 기본적으로 연역법과 귀납법을 정리하면 다음과 같다.

    A. 연역법 : 일반적인 결과[결론]-->구체적인 사실로 논증하는 방법 즉 일반적인 사실이나 원리를 전제로 하여 개별적이고 보편적인 명제나 법칙을 유도해 내는 일.

    B. 귀납법 : 구체적인 사실-->일반적인 결과[결론]로 논증하는 방법.

즉 개별적인 특수한 사실이나 원리[**기존의 정보나 관찰 증거**]로부터 일반적이고 보편적인 명제나 원리나 법칙을 유도해 내는 일[**새로운 사실을 추가하는 지식 확장적 특성**].

'예측'이라는 평가요소도 추론 형식이기 때문에 수능적 개념을 알아 둘 필요가 있다. 단, 인문사회 영역의 지문에서는 **전제 + 결론**으로 선택지를 나누어 문항을 해결하고, 과학기술 영역은 **조건**과 **결과**라는 형식으로 문항을 나누어 접근해야 한다. 특히 과학에서는 가설을 전제로 하여 조건에 따른 실험의 결과를 도출하는 추론 형식이 많기 때문이다. 또한 독립변인[통제변인, 조작변인]과 종속변인의 개념이 중요하다. 실험에서 일정하게 유지시키는 잠재적인 독립변인이 있는데, 이는 실험 결과에 영향을 줄 수 있는 변인으로서 통제변인과 조작변인이 있다. 조작변인은 실험에서 의도적으로 변화시키는 변인이고, 그리고 실험에서 측정하고자 하는 가설을 검증하기 위해서 의도적으로 변화시키는 변인이다. 또한 종속변인은 실험에서 측정해야 할 값을 말한다. 수능 과학기술 영역에서 <보기>를 통한 적용 혹은 조건 변화를 주어 해결할 문항으로 자주 출제되었다.

다음은 2106학년도 11월 A형에 출제된 지문의 일부이다.

예측의 경우도 마찬가지이다. 다음에 발견될 점을 예측할 때, 기존에 발견된 점들만으로는 다음에 찍힐 점이 어디에 나타날지 확정할 수 없다. 아무리 많은 점들을 관찰 증거로 추가하더라도 하나의 예측이 다른 예측보다 더 낫다고 결정하는 것은 여전히 불가능하다는 것이다.

그러나 미결정성의 문제가 있다고 하더라도 대부분의 현대 철학자들은 **귀납**을 과학의 방법으로 인정하고 있다. 이들은 귀납의 문제를 직접 해결하려 하기보다 **확률**을 도입하여 **개연성**이라는 귀납의 특징을 강조하려 한다. 이에 따르면 관찰 증거가 가설을 지지하는 정도 즉 **전제와 결론 사이의 개연성은 확률로 표현**될 수 있다. 또한 하나의 가설이 다른 가설보다, **하나의 예측이 다른 예측보다 더 낫다고 확률적 근거에 의해 판단할 수 있다는 것이다.** 이처럼 확률 논리로 설명되는 개연성은 일상적인 직관에도 잘 들어맞는다. 이러한 시도는 귀납의 문제를 근본적으로 해결하는 것은 아니지만, 귀납은 여전히 과학의 방법으로서 그 지위를 지킬 만하다는 사실을 보여 준다.

윗글에서는 귀납의 논리적 한계로 미결정성을 설명하면서 '예측의 경우도 마찬가지다.'라고 언급한다. 이는 곧 예측도 추론의 영역으로 볼 수 있다는 것이다. 이를 근거로 예측을 수능적 추론으로 접근해야 한다.

추론의 한 형식인 연역적 추론도 이해할 필요가 있다.
다음은 연역적 추론 형식의 기본 구조이다.

전제 : 사람은 죽는다.(T)
결론 : 소크라테스는 사람이다.(T)

소크라테스는 죽는다.(T)

위의 예처럼 전제와 같이 결론이 매우 뚜렷한 연역의 형식이지만 실제 수능 독서 문항에서는 위의 예와 달리 선택지에서 추론 의미의 경계가 모호할 수 있다. 그러나 추론적 접근으로 문항을 해결하기 위한 기본 개념 혹은 적용 과정을 활용하는데 의미가 있다.

다음은 추론에 대한 의미를 좀더 명확하게 이해하기 위한 자료이다. 2016학년도 9월 B형 출제 지문의 일부이다.

설명을 하는 부분인 설명항은 **전제**에 해당하며 설명되어야 하는 부분인 피설명항은 **결론**에 해당한다. 헴펠에 따르면 설명은 세 가지 조건을 모두 충족해야 한다. 첫째, 설명항에는 '모든 사람은 죽는다.'처럼 보편 법칙 또는 보편 법칙의 역할을 하는 명제가 하나 이상 있어야 한다. 둘째, 보편 법칙이 구체적으로 적용되는 맥락을 나타내는 '소크라테스는 사람이다.'와 같은 선행 조건이 설명항에 하나 이상 있어야 한다. 셋째, 피설명항은 설명항으로부터 '건전한 논증'을 통해 도출되어야 한다. 이때 건전한 논증은 '논증의 전제가 모두 참'이라는 조건과 '논증의 전제가 모두 참이라면 결론도 반드시 참'이라는 조건을 모두 만족하는 논증이다.

위글에서 '전제'와 '결론'에 대한 명확한 개념은 선택지에서 활용할 수 있는 수능적 개념이다.

[예시 문항]

* 다음 글을 읽고 물음에 답하시오. [2016학년도 11월 A형]

지레는 받침과 지렛대를 이용하여 물체를 쉽게 움직일 수 있는 도구이다. 지레에서 힘을 주는 곳을 힘점, 지렛대를 받치는 곳을 받침점, 물체에 힘이 작용하는 곳을 작용점이라 한다. 받침점에서 힘점까지의 거리가 받침점에서 작용점까지의 거리에 비해 멀수록 힘점에 작은 힘을 주어 작용점에서 물체에 큰 힘을 가할 수 있다. 이러한 지레의 원리에는 돌림힘의 개념이 숨어있다.

물체의 회전 상태에 변화를 일으키는 힘의 효과를 돌림힘이라고 한다. 물체에 회전 운동을 일으키거나 물체의 회전 속도를 변화시키려면 물체에 힘을 가해야 한다. 같은 힘이라도 회전축으로부터 얼마나 멀리 떨어진 곳에 가해 주느냐에 따라 회전 상태의 변화 양상이 달라진다. 물체에 속한 점 X와 회전축을 최단 거리로 잇는 직선과 직각을 이루는 동시에 회전축과 직각을 이루도록 힘을 X에 가한다고 하자. 이때 물체에 작용하는 돌림힘의 크기는 회전축에서 X까지의 거리와 가해 준 힘의 크기의 곱으로 표현되고 그 단위는 N·m(뉴턴미터)이다.

동일한 물체에 작용하는 두 돌림힘의 합을 알짜 돌림힘이라 한다. 두 돌림힘의 방향이 같으면 알짜 돌림힘의 크기는 두 돌림힘의 크기의 합이 되고 그 방향은 두 돌림힘의 방향과 같다. 두 돌림힘의 방향이 서로 반대이면 알짜 돌림힘의 크기는 두 돌림힘의 크기의 차가 되고 그 방향은 더 큰 돌림힘의 방향과 같다. 지레의 힘점에 힘을 주지만 물체가 지레의 회전을 방해하는 힘을 작용점에 주어 지레가 움직이지 않는 상황처럼, 두 돌림힘의 크기가 같고 방향이 반대이면 알짜 돌림힘은 0이 되고 이때를 돌림힘의 평형이라고 한다.

회전 속도의 변화는 물체에 알짜 돌림힘이 일을 해 주었을 때에만 일어난다. 돌고 있는 팽이에 마찰력이 일으키는 돌림힘을 포함하여 어떤 돌림힘도 작용하지 않으면 팽이는 영원히 돈다. 일정한 형태의 물체에 일정한 크기와 방향의 알짜 돌림힘을 가하여 물체를 회전시키면, 알짜 돌림힘이 한 일은 알짜 돌림힘의 크기와 회전 각도의 곱이고 그 단위는 J(줄)이다.

가령, 마찰이 없는 여닫이문이 정지해 있다고 하자. 갑은 지면에 대하여 수직으로 서 있는 문의 회전축에서 1 m 떨어진 지점을 문의 표면과 직각으로 300 N의 힘으로 밀고, 을은 문을 사이에 두고 갑의 반대쪽에서 회전축에서 2 m 만큼 떨어진 지점을 문의 표면과 직각으로 200 N의 힘으로 미는 상태에서 문이 90° 즉, 0.5π 라디안을 돌면, 알짜 돌림힘이 문에 해 준 일은 50π J이다.

알짜 돌림힘이 물체를 돌리려는 방향과 물체의 회전 방향이 일치하면 알짜 돌림힘이 양(+)의 일을 하고 그 방향이 서로 반대이면 음(−)의 일을 한다. 어떤 물체에 알짜 돌림힘이 양의 일을 하면 그만큼 물체의 회전 운동 에너지는 증가하고 음의 일을 하면 그만큼 회전 운동 에너지는 감소한다. 형태가 일정한 물체의 회전 운동 에너지는 회전 속도의 제곱에 정비례한다. 그러므로 형태가 일정한 물체에 알짜 돌림힘이 양의 일을 하면 회전 속도가 증가하고, 음의 일을 하면 회전 속도가 감소한다.

16. 윗글의 내용과 일치하지 <u>않는</u> 것은? ⑤

① 물체에 힘이 가해지지 않으면 돌림힘은 작용하지 않는다.

② 물체에 가해진 알짜 돌림힘이 0이 아니면 물체의 회전 상태가 변화한다.

③ 회전 속도가 감소하고 있는, 형태가 일정한 물체에는 돌림힘이 작용한다.

④ 힘점에 힘을 받는 지렛대가 움직이지 않으면 돌림힘의 평형이 이루어져 있다.

⑤ 형태가 일정한 물체의 회전 속도가 2배가 되면 회전 운동에너지는 2배가 된다.

[정답 찾기 3step]

step 1. 선택지의 평가요소를 조건과 결과로 나눈다.

① 물체에 힘이 가해지지 않으면 / 돌림힘은 작용하지 않는다.
② 물체에 가해진 알짜 돌림힘이 0이 아니면 / 물체의 회전 상태가 변화한다.
③ 회전 속도가 감소하고 있는, 형태가 일정한 물체에는 / 돌림힘이 작용한다.
④ 힘점에 힘을 받는 지렛대가 움직이지 않으면 / 돌림힘의 평형이 이루어져 있다.
⑤ 형태가 일정한 물체의 회전 속도가 2배가 되면 / 회전 운동에너지는 2배가 된다.

> **tip** 선택지 ③번을 제외한 너머지 네 개의 선택지는 모두 '– 면, – 다.'라는 조건 + 결과 형식이다. 선택지 ③번은 두 개의 구(句)로 이루어진 조건이다. 즉 첫 번째는 '회전 속도가 감소하고 있는' 것이고, 두 번째 조건은 '형태가 일정한 물체'이다. 이때는 '③ 회전 속도가 감소하고 **있는**'→'③ 회전 속도가 감소하고 **있는[고 : 조작 변인]**' + '형태가 일정한 물체**에는**'→'형태가 일정한 물체**에는[이면 : 조작 변인]**'으로 생각하고 정답 찾기를 하면 된다. 그리고 이 두 조건에 부합하는 결과는 '돌림힘이 작용한다.'는 것이다.

step 2. 선택지의 조건과 결과에 관련된 지문의 조건과 결과를 찾아, 1:1 대응시킨다. 선택지 판단을 위한 지문 근거 법칙에 따라 지문요소를 파악한다.

① 물체에 힘이 가해지지 않으면 / 돌림힘은 작용하지 않는다.
                조건   /   결과
지문요소 : 물체에 회전 운동을 일으키거나 물체의 회전 속도를 변화시키려면 / 물체에 힘을 가해야 한다.

② 물체에 가해진 알짜 돌림힘이 0이 아니면 / 물체의 회전 상태가 변화한다.
                조건   /   결과
지문요소 : 어떤 물체에 알짜 돌림힘이 양의 일을 하면 / 그만큼 물체의 회전 운동 에너지는 증가하고 음의 일을 하면 그만큼 회전 운동 에너지는 감소한다.

③ 회전 속도가 감소하고 **있는[고]**, 형태가 일정한 물체**에는[이면]** / 돌림힘이 작용한다.
　　　　　　　　　　　　조건　　　　　/　　　결과

지문요소 : 형태가 일정한 물체에 알짜 돌림힘이 양의 일을 하면 / 회전 속도가 증가하
　　　　　고, 음의 일을 하면 // 회전 속도가 감소한다.

④ 힘점에 힘을 받는 지렛대가 움직이지 않으면 / 돌림힘의 평형이 이루어져 있다.
　　　　　　　　　　　조건　　　　　/　　　결과

지문요소 : 지레가 움직이지 않는 상황처럼, 두 돌림힘의 크기가 같고 방향이 반대이면
　　　　　// 알짜 돌림힘은 0이 되고 이때를 돌림힘의 평형이라고 한다.

⑤ 형태가 일정한 물체의 회전 속도가 2배가 되면 / 회전 운동에너지는 2배가 된다.
　　　　　　　　　　　　조건　　　　　/　　　결과

지문요소 : 형태가 일정한 물체의 회전 운동 에너지는 / 회전 속도의 제곱에 정비례한다.

**step 3. 선택지의 조건과 결과를 지문의 조건과 결과를 1:1 대응한 다음, 추론 과정
을 거쳐 정답을 판단한다.**

① 물체에 힘이 가해지지 않으면 / 돌림힘은 작용하지 않는다.
　　　　　　　　　　조건　　　　/　　　결과

지문요소 : 물체에 회전 운동을 일으키거나 물체의 회전 속도를 변화시키려면 / 물체
　　　　　　　　조건　　　　　/　　　결과
　　　　　에 힘을 가해야 한다.
　　　　　　　선택지　　　　　　지문요소
　　　　　　└─[정답 확인]─┘　───연결성(타당한 연결) : 반대 진술

추론과정 : 전제 = 지문요소의 역과 동일함. 즉 물체에 힘을 가하지 않으면 돌림힘이 작
　　　　　동하지 않는다. [o]

② 물체에 가해진 알짜 돌림힘이 0이 아니면 / 물체의 회전 상태가 변화한다.
　　　　　　　　　　조건　　　　　/　　　결과

지문요소 : 어떤 물체에 알짜 돌림힘이 양의 일을 하면 / 그만큼 물체의 회전 운동 에너
　　　　　지는 증가하고 음의 일을 하면 / 그만큼 회전 운동 에너지는 감소한다.
　　　　　　　　조건　　　　　/　　　결과

                    선택지   지문요소
                    └─[정답 확인]─┘   ──연결성(타당한 연결) : 반대 진술

추론과정 : 돌림힘이 작용한다는 결과에 회전속도가 증가한다는 조건이 있어야 하지만
          선택지는 회전의 속도가 감속한다는 지문 근거로 볼 때 일치한다.

③ 회전 속도가 감소하고 있는, 형태가 일정한 물체에는 / 돌림힘이 작용한다.
            조건   /   결과
지문요소 : 형태가 일정한 물체에 알짜 돌림힘이 양의 일을 하면 / 회전 속도가 증가하
          고, 음의 일을 하면 / 회전 속도가 감소한다.
            조긴   /   결과
         선택지   지문요소
                    └─[정답 확인]─┘   ──연결성(타당한 연결) : 반대 진술

추론과정 : 회전 속도가 증가하든 감소하든 간에 일정한 물체에는 돌림힘이 작용한다.

④ 힘점에 힘을 받는 지렛대가 움직이지 않으면 / 돌림힘의 평형이 이루어져 있다.
            조건   /   결과
지문요소 : 지레가 움직이지 않는 상황처럼, 두 돌림힘의 크기가 같고 방향이 반대이면
          / 알짜 돌림힘은 0이 되고 이때를 돌림힘의 평형이라고 한다.
            조건   /   결과
         선택지   지문요소
                    └─[정답 확인]─┘   ──연결성(타당한 연결) : 응용 진술

추론과정 : 힘이 같다는 것인데, 움직이지 않는다는 의미는 일치하지 않는다.

⑤ 형태가 일정한 물체의 회전 속도가 2배가 되면 / 회전 운동에너지는 2배가 된다.
            조건   /   결과
지문요소 : 형태가 일정한 물체의 회전 운동 에너지는 / 회전 속도의 제곱에 정비례한다.
            조건   /   결과
         선택지   지문요소
                    └─[정답 확인]─┘   ──연결성(타당한 연결) : 응용 진술

추론과정 : 회전속도가 2배이면, 제곱은 2 × 2= 4배이기 때문에 일치하지 않는다.

수능적 개념의 '선택지 조건 - 결과' 형식

① 두 힘을 계속 가해 주는 상태[조건]에서 / 원판의 회전 속도는 증가[하는 결과가 나타난다]한다.

② A, B에 가해 주는 힘을 모두 제거[조건]하면 / 원판은 일정한 회전속도를 유지[하는 결과가 나타난다]한다.

③ A에 가해 주는 힘만을 제거[조건]하면 / 원판의 회전 속도는 증가[하는 결과가 나타난다]한다.

④ A에 가해 주는 힘만을 제거한 상태[조건]에서 / 원판이 두 바퀴 회전하는 동안 알짜 돌림힘이 한 일은 한 바퀴 회전하는 동안 알짜 돌림힘이 한 일의 4배[하는 결과가 나타난다]이다.

⑤ B에 가해 주는 힘만을 제거[조건]하면 / 원판의 회전 운동 에너지는 점차 감소하여 0이 되었다가 다시 증가[하는 결과가 나타난다]한다.

발문 조건 - 선택지 결과 형식인 경우

17. [가]에서 문이 90° 회전하는 동안의 상황에 대한 이해로 적절한 것은? ②

① 알짜 돌림힘의 크기는 점점 증가한다.
② 문의 회전 운동 에너지는 점점 증가한다.
③ 문에는 돌림힘의 평형이 유지되고 있다.
④ 알짜 돌림힘과 갑의 돌림힘은 방향이 같다.
⑤ 갑의 돌림힘의 크기는 을의 돌림힘의 크기보다 크다.

[정답 찾기 3step]

발문을 분석해 보면

17. [가]에서 문이 90° 회전하는 동안의 상황에 대한 이해로 적절한 것은?
　　　　　　조건　　　　　　　　　결과[=선택지]　　　판단요소

step 1. 선택지를 평가요소를 조건과 결과로 나눈다. 조건은 발문에서 찾는다.

① (문이 90° 회전하는 동안의 상황에서) / 알짜 돌림힘의 크기는 점점 증가한다.
② (문이 90° 회전하는 동안의 상황에서) / 문의 회전 운동 에너지는 점점 증가한다.
③ (문이 90° 회전하는 동안의 상황에서) / 문에는 돌림힘의 평형이 유지되고 있다.
④ (문이 90° 회전하는 동안의 상황에서) / 알짜 돌림힘과 갑의 돌림힘은 방향이 같다.
⑤ (문이 90° 회전하는 동안의 상황에서) / 갑의 돌림힘의 크기는 을의 돌림힘의 크기보다 크다.

step 2. 선택지의 조건과 결과를 묶어, 타당한 연결을 중심으로 판단한다..

① (문이 90° 회전하는 동안의 상황에서) / 알짜 돌림힘의 크기는 점점 증가한다.
　　　　　　　　　　　 조건　　　 /　　 결과　　 ──연결성(타당한 연결)
　　　　　　　　　　　　 └─[정답 확인]─┘

② (문이 90° 회전하는 동안의 상황에서)/ 문의 회전 운동 에너지는 점점 증가한다.
　　　　　　　　　　　 조건　　　 /　　 결과　　 ──연결성(타당한 연결)
　　　　　　　　　　　　 └─[정답 확인]─┘

③ (문이 90° 회전하는 동안의 상황에서) / 문에는 돌림힘의 평형이 유지되고 있다.
　　　　　　　　　　　 조건　　　 /　　 결과　　 ──연결성(타당한 연결)
　　　　　　　　　　　　 └─[정답 확인]─┘

④ (문이 90° 회전하는 동안의 상황에서) / 알짜 돌림힘과 갑의 돌림힘은 방향이 같다.
　　　　　　　　　　　 조건　　　 /　　 결과　　 ──연결성(타당한 연결)
　　　　　　　　　　　　 └─[정답 확인]─┘

⑤ (문이 90° 회전하는 동안의 상황에서) / 갑의 돌림힘의 크기는 을의 돌림힘의 크기보다 크다.
　　　　　　　　　　　 조건　　　 /　　 결과　　 ──연결성(타당한 연결)
　　　　　　　　　　　　 └─[정답 확인]─┘

step 3. 조건과 결과의 연결성을 지문에서 찾아 정답을 판단한다.

　지문요소는 2문단에서 제시한 돌림힘의 크기를 구하는 공식이다. '돌림힘의 크기는 회전축에서 X까지의 거리와 가해 준 힘의 크기의 곱으로 표현되고 그 단위는 N·m(뉴턴미터)이다.' 그러므로 갑의 돌림힘은 300N × 1m = 300N.m이고 을의 돌림힘은 200N × 2m = 400N.m이다. 을의 힘이 더 크므로 을에서 갑의 방향으로 100N.m 이다.

① (문이 90° 회전하는 동안의 상황에서) / 알짜 돌림힘의 크기는 점점 증가한다.
　　　　　　　　　조건　　　/　　　결과　　　──연결성(타당한 연결)
　　　　　　　└─[정답 확인]─┘
지문요소 : 돌림힘은 100N.m으로 일정하다.

② (문이 90° 회전하는 동안의 상황에서)/ 문의 회전 운동 에너지는 점점 증가한다.
　　　　　　　　　조건　　　/　　　결과　　　──연결성(타당한 연결)
　　　　　　　└─[정답 확인]─┘
지문요소 : 어떤 물체에 알짜 돌림힘이 양의 일을 하면 그만큼 물체의 회전 운동 에너지는 증가하고

③ (문이 90° 회전하는 동안의 상황에서) / 문에는 돌림힘의 평형이 유지되고 있다.
　　　　　　　　　조건　　　/　　　결과　　　──연결성(타당한 연결)
　　　　　　　└─[정답 확인]─┘
지문요소 : 지레가 움직이지 않는 상황처럼, 두 돌림힘의 크기가 같고 방향이 반대이면 알짜 돌림힘은 0이 되고 이때를 돌림힘의 평형이라고 한다.

④ (문이 90° 회전하는 동안의 상황에서) / 알짜 돌림힘과 갑의 돌림힘은 방향이 같다.
　　　　　　　　　조건　　　/　　　결과　　　──연결성(타당한 연결)
　　　　　　　└─[정답 확인]─┘
지문요소 : 을의 돌림힘이 더 커서 갑의 방향으로 움직이고 있어 방향이 반대이다.

⑤ (문이 90° 회전하는 동안의 상황에서) / 갑의 돌림힘의 크기는 을의 돌림힘의 크기보다 크다.

조건　　　　/　　　결과　　　──연결성(타당한 연결)

└─[정답 확인]─┘

지문요소 : 을의 돌림힘의 크기가 더 크다.

[적용 문항]

* 다음 글을 읽고 물음에 답하시오. [2017학년도 11월]

보험은 같은 위험을 보유한 다수인이 위험 공동체를 형성하여 보험료를 납부하고 보험 사고가 발생하면 보험금을 지급받는 제도이다. 보험 상품을 구입한 사람은 장래의 우연한 사고로 인한 경제적 손실에 대비할 수 있다. 보험금 지급은 사고 발생이라는 우연적 조건에 따라 결정되는데, 이처럼 보험은 조건의 실현 여부에 따라 받을 수 있는 재화나 서비스가 달라지는 조건부 상품이다.

위험 공동체의 구성원이 납부하는 보험료와 지급받는 보험금은 그 위험 공동체의 사고 발생 확률을 근거로 산정된다. 특정 사고가 발생할 확률은 정확히 알 수 없지만 그동안 발생된 사고를 바탕으로 그 확률을 예측한다면 관찰 대상이 많아짐에 따라 실제 사고 발생 확률에 근접하게 된다. 본래 보험 가입의 목적은 금전적 이득을 취하는 데 있는 것이 아니라 장래의 경제적 손실을 보상받는 데 있으므로 위험 공동체의 구성원은 자신이 속한 위험 공동체의 위험에 상응하는 보험료를 납부하는 것이 공정할 것이다. 따라서 공정한 보험에서는 구성원 각자가 납부하는 보험료와 그가 지급받을 보험금에 대한 기댓값이 일치해야 하며 구성원 전체의 보험료 총액과 보험금 총액이 일치해야 한다. 이때 보험금에 대한 기댓값은 사고가 발생할 확률에 사고 발생 시 수령할 보험금을 곱한 값이다. 보험금에 대한 보험료의 비율(보험료 / 보험금)을 보험료율이라 하는데, 보험료율이 사고 발생 확률보다 높으면 구성원 전체의 보험료 총액이 보험금 총액보다 더 많고, 그 반대의 경우 에는 구성원 전체의 보험료 총액이 보험금 총액보다 더 적게 된다. 따라서 공정한 보험에서는 보험료율과 사고 발생 확률이 같아야 한다.

물론 현실에서 보험사는 영업 활동에 소요되는 비용 등을 보험료에 반영하기 때문에 공정한 보험이 적용되기 어렵지만 기본적으로 위와 같은 원리를 바탕으로 보험료와 보험금을 산정한다. 그런데 보험 가입자들이 자신이 가진 위험의 정도에 대해 진실한 정보를 알려 주지 않는 한, 보험사는 보험 가입자 개개인이 가진 위험의 정도를 정확히 파악하여 거기에 상응하는 보험료를 책정하기 어렵다. 이러한 이유로 사고 발생 확률이 비슷하다고 예상되는 사람들로 구성된 어떤 위험 공동체에 사고 발생 확률이 더 높은 사람들이 동일한 보험료를 납부하고 진입하게 되면, 그 위험 공동체의 사고 발생 빈도가 높아져 보험사가 지급하는 보험금의 총액이 증가한다. 보험사는 이를 보전하기 위해 구성원이 납부해야 할 보험료를 인상할 수밖에 없다. 결국 자신의 위험 정도에 상응하는 보험료보다 더 높은 보험료를 납부하는 사람이 생기게 되는 것이다. 이러한 문제는 정보의 비대칭성에서 비롯되는데 보험 가입자의 위험 정도에 대한 정보는 보험 가입자가 보험사보다 더 많이 갖고 있기 때문이다. 이를 해결하기 위해 보험사는 보험 가입자의 감춰진 특성을 파악할 수 있는 수단이 필요하다.

우리 상법에 규정되어 있는 고지 의무는 이러한 수단이 법적으로 구현된 제도이다. 보험 계약은 보험 가입자의 청약과 보험사의 승낙으로 성립된다. 보험 가입자는 반드시 계약을 체결하기 전에 '중요한 사항'을 알려야 하고, 이를 사실과 다르게 진술해서는 안 된다. 여기서 '중요한 사항'은 보험사가 보험 가입자의 청약에 대한 승낙을 결정하거나 차등적인 보험료를 책정하는 근거가 된다. 따라서 고지 의무는 결과적으로 다수의 사람들이 자신의 위험 정도에 상응하는 보험료보다 더 높은 보험료를 납부해야 하거나, 이를 이유로 아예 보험에 가입할 동기를 상실하게 되는 것을 방지한다.

보험 계약 체결 전 보험 가입자가 고의나 중대한 과실로 '중요한 사항'을 보험사에 알리지 않거나 사실과 다르게 알리면 고지 의무를 위반하게 된다. 이러한 경우에 우리 상법은 보험사에 계약 해지권을 부여한다. 보험사는 보험 사고가 발생하기 이전이나 이후에 상관없이 고지 의무 위반을 이유로 계약을 해지할 수 있고, 해지권 행사는 보험사의 일방적인 의사 표시로 가능하다. 해지를 하면 보험사는 보험금을 지급할 책임이 없게 되며, 이미 보험금을 지급했다면 그에 대한 반환을 청구할 수 있다. 일반적으로 법에서 의무를 위반하게 되면 위반한 자에게 그 의무를 이행하도록 강제하거나 손해 배상을 청구할 수 있는 것과 달리, 보험 가입자가 고지 의무를 위반했을 때에는 보험사가 해지권만 행사할 수 있다. 그런데 보험사의 계약 해지권이 제한되는 경우도 있다. 계약 당시에 보험사가 고지 의무 위반에 대한 사실을 알았거나 중대한 과실로 인해 알지 못한 경우에는 보험 가입자가 고지 의무를 위반했어도 보험사의 해지권은 배제된다. 이는 보험 가입자의 잘못보다 보험사의 잘못에 더 책임을 둔 것이라 할 수 있다. 또 보험사가 해지권을 행사할 수 있는 기간에도 일정한 제한을 두고 있는데, 이는 양자의 법률관계를 신속히 확정함으로써 보험 가입자가 불안정한 법적 상태에 장기간 놓여 있는 것을 방지하려는 것이다. 그러나 고지해야 할 '중요한 사항' 중 고지 의무 위반에 해당되는 사항이 보험 사고와 인과 관계가 없을 때에는 보험사는 보험금을 지급할 책임이 있다. 그렇지만 이때에도 해지권은 행사할 수 있다.

보험에서 고지 의무는 보험에 가입하려는 사람의 특성을 검증함으로써 다른 가입자에게 보험료가 부당하게 전가되는 것을 막는 기능을 한다. 이로써 사고의 위험에 따른 경제적 손실에 대비하고자 하는 보험 본연의 목적이 달성될 수 있다.

38. 윗글을 이해한 내용으로 가장 적절한 것은? ④

① 보험사가 청약을 하고 보험 가입자가 승낙해야 보험 계약이 해지된다.

② 구성원 전체의 보험료 총액보다 보험금 총액이 더 많아야 공정한 보험이 된다.

③ 보험 사고 발생 여부와 관계없이 같은 보험료를 납부한 사람들은 동일한 보험금을 지급받는다.

④ 보험에 가입하고자 하는 사람이 알린 중요한 사항을 근거로 보험사는 보험 가입을 거

절할 수 있다.

⑤ 우리 상법은 보험 가입자보다 보험사의 잘못을 더 중시하기 때문에 보험사에 계약 해지권을 부여하고 있다.

[정답 찾기 3step]

step 1. 선택지의 평가요소(=지문요소)를 전제와 결론으로 나눈다.

① 보험사가 청약을 하고 보험 가입자가 승낙해야 / 보험 계약이 해지된다.
② 구성원 전체의 보험료 총액보다 보험금 총액이 더 많아야 / 공정한 보험이 된다.
③ 보험 사고 발생 여부와 관계없이 / 같은 보험료를 납부한 사람들은 동일한 보험금을 지급받는다.
④ 보험에 가입하고자 하는 사람이 알린 중요한 사항을 근거로 / 보험사는 보험 가입을 거절할 수 있다.
⑤ 우리 상법은 보험 가입자보다 보험사의 잘못을 더 중시하기 때문에 / 보험사에 계약 해지권을 부여하고 있다.

tip 선택지에서 수능적 개념의 '추론'을 파악하는 방법은 '숨은 전제'를 찾아야 한다.

① 보험사가 청약을 하고[전제1] / 보험 가입자가 승낙해야[전제2] / 보험 계약이 해지된다. [결론]
② 구성원 전체의 보험료 총액보다 보험금 총액이 더 많아야[전제] / 공정한 보험이 된다. [결론]
③ 보험 사고 발생 여부와 관계없이[전제1] / 같은 보험료를 납부한 사람들은[전제2] 동일한 보험금을 지급받는다. [결론]
④ 보험에 가입하고자 하는 사람이 알린 중요한 사항을 근거로[전제] / 보험사는 보험 가입을 거절할 수 있다. [결론]
⑤ 우리 상법은 보험 가입자보다 보험사의 잘못을 더 중시하기 때문에[전제] / 보험사에 계약 해지권을 부여하고 있다. [결론]

step 2. 선택지의 조건과 결과에 관련된 지문의 조건과 결과를 찾아, 1:1 대응시킨다. 선택지 판단을 위한 지문 근거 법칙에 따라 지문요소를 파악한다.

① 보험사가 청약을 하고 보험 가입자가 승낙해야 / 보험 계약이 해지된다.
　　　　　　　　　　　전제　　　/　　　결론　　　——연결성(타당한 연결)
　　　　　　　　　　　└─[정답 확인]─┘
지문요소 : 5문단의 '해지권 행사는 보험사의 일방적인 의사 표시로 가능하다.'

② 구성원 전체의 보험료 총액보다 보험금 총액이 더 많아야 / 공정한 보험이 된다.
　　　　　　　　　　　전제　　　/　　　결론　　　——연결성(타당한 연결)
　　　　　　　　　　　└─[성답 확인]─┘
지문요소 : 2문단의 '구성원 전체의 보험료 총액과 보험금 총액이 일치해야 한다.'

③ 보험 사고 발생 여부와 관계없이 / 같은 보험료를 납부한 사람들은 동일한 보험금을 지급받는다.
　　　　　　　　　　　전제　　　/　　　결론　　　——연결성(타당한 연결)
　　　　　　　　　　　└─[정답 확인]─┘
지문요소 : 1문단 '보험은 조건의 실현 여부에 따라 받을 수 있는 재화나 서비스가 달라지는 조건부 상품이다.'

④ 보험에 가입하고자 하는 사람이 알린 중요한 사항을 근거로 / 보험사는 보험 가입을 거절할 수 있다.
　　　　　　　　　　　전제　　　/　　　결론　　　——연결성(타당한 연결)
　　　　　　　　　　　└─[정답 확인]─┘
지문요소 : 4문단 '중요한 사항은 보험사가 보험 가입자의 청약에 대한 승낙을 결정하거나'

⑤ 우리 상법은 보험 가입자보다 보험사의 잘못을 더 중시하기 때문에 / 보험사에 계약 해지권을 부여하고 있다.
　　　　　　　　　　　전제　　　/　　　결론　　　——연결성(타당한 연결)
　　　　　　　　　　　└─[정답 확인]─┘
지문요소 : 5문단 '보험 가입자의 잘못보다 보험사의 잘못에 더 책임을 둔 것'

step 3. 선택지의 조건과 결과를 지문의 조건과 결과를 1:1 대응한 다음, 추론 과정을 거쳐 정답을 판단한다.

① 보험사가 청약을 하고 / 보험 가입자가 승낙해야 / 보험 계약이 해지된다.

전제   /   결론   ———연결성(타당한 연결)

└─[정답 확인]─┘

지문요소 : 5문단의 '해지권 행사는 보험사의 일방적인 의사 표시로 가능하다.'

추론과정 : 보험사 청약과 보험 가입자의 승낙과 상관없다는 지문 근거를 보면, 오답이다.

② 구성원 전체의 보험료 총액보다 보험금 총액이 더 많아야 / 공정한 보험이 된다.

전제   /   결론   ———연결성(타당한 연결)

└─[정답 확인]─┘

지문요소 : 2문단의 '구성원 전체의 보험료 총액과 보험금 총액이 일치해야 한다.'

추론과정 : 보험료 총액과 보험금 총액이 일치해야 한다는 지문 근거로 볼 때 오답이다.

③ 보험 사고 발생 여부와 관계없이 / 같은 보험료를 납부한 사람들은 / 동일한 보험금을 지급받는다.

전제   /   결론   ———연결성(타당한 연결)

└─[정답 확인]─┘

지문요소 : 1문단 '보험은 조건의 실현 여부에 따라 받을 수 있는 재화나 서비스가 달라지는 조건부 상품이다.'

추론과정 : 조건 실현 여부에 따라 재화나 서비스가 달라진다는 지문 근거로 볼 때 오답이다.

④ 보험에 가입하고자 하는 사람이 알린 중요한 사항을 근거로 / 보험사는 보험 가입을 거절할 수 있다.

전제   /   결론   ———연결성(타당한 연결)

└─[정답 확인]─┘

지문요소 : 4문단 '중요한 사항은 보험사가 보험 가입자의 청약에 대한 승낙을 결정하거나'

추론과정 : 보험사가 보험 가입자의 청약에 대해 거절할 수 있다는 지문 근거로 볼 때 정답이다.

⑤ 우리 상법은 보험 가입자보다 보험사의 잘못을 더 중시하기 때문에 / 보험사에 계약 해지권을 부여하고 있다.

전제 / 결론 ———연결성(타당한 연결)

└─[정답 확인]─┘

지문요소 : 5문단 '보험 가입자의 잘못보다 보험사의 잘못에 더 책임을 둔 것'

추론과정 : 전제는 일치하지만 결론 부분에 해당하는 계약해지권은 보험가입자가 고지의 무를 위반했을 때이기에 내용이 일치하지 않기 때문에 오답이다.

[실전 문항-1]

* 다음 글을 읽고 물음에 답하시오. [2016학년도 A형]

변론술을 가르치는 프로타고라스(P)에게 에우아틀로스(E)가 제안하였다. "제가 처음으로 승소하면 그때 수강료를 내겠습니다." P는 이를 받아들였다. 그런데 E는 모든 과정을 수강하고 나서도 소송을 할 기미를 보이지 않았고 그러자 P가 E를 상대로 소송하였다. P는 주장하였다. "내가 승소하면 판결에 따라 수강료를 받게 되고, 내가 지면 자네는 계약에 따라 수강료를 내야 하네." E도 맞섰다. "제가 승소하면 수강료를 내지 않게 되고 제가 지더라도 계약에 따라 수강료를 내지 않아도 됩니다."

지금까지도 이 사례는 풀기 어려운 논리 난제로 거론된다. 다만 법률가들은 이를 해결할 수 있는 사안이라고 본다. 우선, 이 사례의 계약이 수강료 지급이라는 효과를, 실현되지 않은 사건에 의존하도록 하는 계약이라는 점을 살펴야 한다. 이처럼 일정한 효과의 발생이나 소멸에 제한을 덧붙이는 것을 '부관'이라 하는데, 여기에는 '기한'과 '조건'이 있다. 효과의 발생이나 소멸이 장래에 확실히 발생할 사실에 의존하도록 하는 것을 기한이라 한다. 반면 장래에 일어날 수도 있는 사실에 의존하도록 하는 것은 조건이다. 그리고 조건이 실현되었을 때 효과를 발생시키면 '정지 조건', 소멸시키면 '해제 조건'이라 부른다.

민사 소송에서 판결에 대하여 상소, 곧 항소나 상고가 그 기간 안에 제기되지 않아서 사안이 종결되든가, 그 사안에 대해 대법원에서 최종 판결이 선고되든가 하면, 이제 더 이상 그 일을 다툴 길이 없어진다. 이때 판결은 확정되었다고 한다. 확정판결에 대하여는 '기판력(既判力)'이라는 것을 인정한다. 기판력이 있는 판결에 대해서는 더 이상 같은 사안으로 소송에서 다툴 수 없다. 예를 들어, 계약서를 제시하지 못해 매매 사실을 입증하지 못하고 패소한 판결이 확정되면, 이후에 계약서를 발견하더라도 그 사안에 대하여는 다시 소송하지 못한다. 같은 사안에 대해 서로 모순되는 확정 판결이 존재하도록 할 수는 없는 것이다.

확정 판결 이후에 법률상의 새로운 사정이 생겼을 때는, 그것을 근거로 하여 다시 소송하는 것이 허용된다. 이 경우에는 전과 다른 사안의 소송이라 하여 이전 판결의 기판력이 미치지 않는다고 보는 것이다. 위에서 예로 들었던 계약서는 판결 이전에 작성된 것이어서 그 발견이 새로운 사정이라고 인정되지 않는다. 그러나 임대인이 임차인에게 집을 비워 달라고 하는 소송에서 임대차 기간이 남아 있다는 이유로 임대인이 패소한 판결이 확정된 후 시일이 흘러 계약 기간이 만료되면, 임대인은 집을 비워 달라는 소송을 다시 할 수 있다. 계약상의 기한이 지남으로써 임차인의 권리에 변화가 생겼기 때문이다.

이렇게 살펴본 바를 바탕으로 ㉠ P와 E 사이의 분쟁을 해결하는 소송이 어떻게 전개될지 따져 보자. 이 사건에 대한 소송에서는 조건이 성취되지 않았다는 이유로 법원이 E에게 승소판결을 내리면 된다. 그런데 이 판결 확정 이후에 P는 다시 소송을 할 수 있다. 조건이 실현되었기 때문이다. 따라서 이 두 번째 소송에서는 결국 P가 승소한다. 그리고 이때부터는 E가 다시 수강료에 관한 소송을 할 만한 사유가 없다. 이 분쟁은 두 차례의 판결을 거쳐 해결될 수 있는 것이다.

27. 윗글을 이해한 내용으로 적절하지 **않은** 것은?

① 승소하면 그때 수강료를 내겠다고 할 때 승소는 수강료 지급 의무에 대한 기한이다.

② 기한과 조건은 모두 계약상의 효과를 장래의 사실에 의존하도록 한다는 점이 공통된다.

③ 계약에 해제 조건을 덧붙이면 그 조건이 실현되었을 때 계약상 유지되고 있는 효과를 소멸시킬 수 있다.

④ 판결이 선고되고 나서 상소 기간이 다 지나가도록 상소가 이루어지지 않으면 그 판결에는 기판력이 생긴다.

⑤ 기판력에는 OO법원이 판결로 확정한 사안에 대하여 이후에 법원 스스로 그와 모순된 판결을 내릴 수 없다는 전제가 깔려 있다.

[실전 문항-2]

* 다음 글을 읽고 물음에 답하시오. [2016학년도 9월 B형]

'왜?'라는 질문에 대한 답으로 제시되는 '설명'이 무엇인지를 분명히 하고자 과학철학에서는 여러 가지 설명 이론을 제시해 왔다.

처음으로 체계적인 설명 이론을 제시한 헴펠에 따르면 설명은 몇 가지 요건을 충족하는 논증이어야 한다. 기본적으로 논증은 전제로부터 결론이 논리적으로 도출되는 형식을 띤다. 따라서 설명을 하는 부분인 설명항은 전제에 해당하며 설명되어야 하는 부분인 피설명항은 결론에 해당한다. 헴펠에 따르면 설명은 세 가지 조건을 모두 충족해야 한다. 첫째, 설명항에는 '모든 사람은 죽는다.'처럼 보편 법칙 또는 보편 법칙의 역할을 하는 명제가 하나 이상 있어야 한다. 둘째, 보편 법칙이 구체적으로 적용되는 맥락을 나타내는 '소크라테스는 사람이다.'와 같은 선행 조건이 설명항에 하나 이상 있어야 한다. 셋째, 피설명항은 설명항으로부터 '건전한 논증'을 통해 도출되어야 한다. 이때 건전한 논증은 '논증의 전제가 모두 참'이라는 조건과 '논증의 전제가 모두 참이라면 결론도 반드시 참'이라는 조건을 모두 만족하는 논증이다. 이처럼 헴펠의 설명 이론은 피설명항이 보편 법칙의 개별 사례로서 마땅히 일어날 만한 일이었음을 보여 주기 위한 설명의 요건을 제시했다는 점에서 의의가 있다.

하지만 헴펠의 설명 이론은 설명에 대한 우리의 일상적 직관, 즉 경험적으로 파악할 수 없는 추상적 문제에 대해 대부분의 사람들이 공유하는 상식적 판단과 충돌하기도 하는 문제가 있다. 먼저 일상적 직관에 따르면 설명으로 인정되지만, 헴펠에 따르면 설명이 아니라고 판단해야 하는 경우가 있다. 또 일상적 직관에 따르면 설명이 되지 못하지만, 헴펠에 따르면 설명으로 분류해야 하는 경우가 있다. 이는 헴펠의 이론이 설명을 몇 가지 요건을 충족하는 논증으로 국한했기 때문에 이들 요건을 충족하는 논증이기만 하면 모두 설명으로 인정해야 하는 동시에, 그렇지 않으면 모두 설명에서 배제해야 하는 데서 비롯된 것이다.

헴펠과 달리 샐먼은 설명이 논증은 아니라고 판단하여 인과 개념에 주목했다. 피설명항을 결과로 보고 이를 일으키는 원인을 밝히는 것이 설명이라는 샐먼의 인과적 설명 이론은 헴펠의 이론보다 우리의 일상적 직관에 더 부합한다는 장점이 있다. 하지만 어떤 설명 이론이라도 인과 개념을 도입하는 순간 ㉠ 원인과 결과 사이의 관계가 분명하지 않다는 철학적 문제를 해결해야 한다. 왜냐하면 결과를 일으키는 원인은 무수히 많고 연쇄적으로 서로 얽혀 있기 때문이다. 예를 들어 소크라테스가 죽게 된 원인은 독을 마신 것이지만, 독을 마시게 된 원인은 사형 선고를 받은 것이고, 사형 선고를 받게 된 원인도 여러 가지를 떠올릴 수 있다. 이에 결과를 일으킨 원인을 골라내는 문제는 결국 원인과 결과가 시공간적으로 어떻게 연결되는가에 대한 철학적 분석을 필요로 한다. 그것이 없다면, 설명을 인과로 이해하려는 시도는 설명이라는 불명료한 개념을 인과라는 또 하나의 불명료한 개념으로 대체하는 것에 불과할 수 있기 때문이다. 이에 현대 철학자들은 현대 과학의 성과를 반영하는 철학적 탐구를 통해 새로운 설명 이론을 제시하기 위한 고민을 계속하고 있다.

18. 윗글에 따를 때, **헴펠의 설명 이론**에 관한 이해로 적절하지 **않은** 것은?

① 어떤 것이 건전한 논증이면 그것은 반드시 설명이다.

② 일상적 직관에서 설명으로 인정된다고 해서 모두 설명은 아니다.

③ 어떤 것이 설명이라면 설명항에 포함되는 명제들은 반드시 참이다.

④ 피설명항은 특정한 맥락에서 보편 법칙에 따라 발생한 개별 사례이다.

⑤ 어떤 것이 설명이라면 피설명항은 반드시 설명항에서 논리적으로 도출된다.

[실전 문항-3]

* 다음 글을 읽고 물음에 답하시오. [2016학년도 6월 A형]

과거에는 물질이 더 이상 쪼개지지 않는 작은 원자들로 구성되어 있다고 생각되었지만, 오늘날에는 원자가 전자, 양성자, 중성자로 구성된 복잡한 구조라는 것이 밝혀졌다.

음전기를 띠고 있는 전자는 세 입자 중 가장 작고 가볍다. 1897년에 톰슨이 기체 방전관 실험에서 음전기의 흐름을 확인하여 전자를 발견하였다. 같은 음전기를 띠고 있는 전자들은 서로 반발하므로 원자 안에 모여 있기 어렵다. 이에 전자끼리 흩어지지 않고 원자의 형태를 유지하는 이유를 설명하기 위해 톰슨은 '건포도빵 모형'을 제안하였다. 양전기가 빵 반죽처럼 원자에 고르게 퍼져 있고, 전자는 건포도처럼 점점이 박혀 있어서 원자가 평소에 전기적으로 중성이라고 생각한 것이다.

양전기를 띠고 있는 양성자는 전자보다 대략 2,000배 정도 무거워서 작은 에너지로 전자처럼 분리해 내거나 가속시키기 쉽지 않다. 그러나 1898년 마리 퀴리가 천연 광물에서 라듐을 발견한 이후 새로운 실험이 가능해졌다. 라듐은 강한 방사성 물질이어서 양전기를 띤 알파 입자를 큰 에너지로 방출한다.

1911년에 러더퍼드는 라듐에서 방출되는 알파 입자를 얇은 금박에 충돌시키는 실험을 하였다. 그 결과 알파 입자는 금박의 대부분을 통과했지만 일부 지점들은 통과하지 못하고 튕겨 나갔다. 이 실험을 통해 러더퍼드는 양전기가 빵 반죽처럼 원자 전체에 퍼져 있는 것이 아니라 아주 좁은 구역에만 모여 있다는 것을 알게 되었고, 이 구역을 '원자핵'이라고 하였다. 그는 실험 결과를 바탕으로 태양이 행성들을 당겨 공전시키는 것처럼 양전기를 띤 원자핵도 전자를 잡아당겨 공전시킨다는 '태양계 모형'을 제안하여 톰슨의 모형을 수정하였다.

그런데 러더퍼드의 모형은 각각의 원자에서 나타나는 고유한 스펙트럼을 설명하지 못했다. 1913년에 닐스 보어는 전자가 핵주위의 특정한 궤도만 돌 수 있다는 '에너지 양자화 가설'이라는 것을 제안하였다. 이를 통해 양성자 1개와 전자 1개로 이루어져 구조가 단순한 수소 원자의 스펙트럼을 설명할 수 있었다. 1919년에 러더퍼드는 질소 원자에 대한 충돌 실험을 통하여 핵에서 떨어져 나오는 양성자를 확인하였다. 그는 또한 핵 속에 전기를 띠지 않는 입자인 중성자가 있다는 것을 예측하였다. 1932년에 채드윅은 전기적으로 중성이며 질량이 양성자와 비슷한 입자인 중성자를 발견하였다. 1935년에 일본의 유카와 히데키는 중성자가 중간자라는 입자를 통해 핵력이 작용하게 하여 양성자를 잡아당긴다는 가설을 제안하였다. 여러 개의 양성자를 가진 원자에서는 같은 양전기를 띠고 있는 양성자들이 서로 밀어내려 하는데, 이러한 반발력보다 더 큰 힘이 있어야만 여러 개의 양성자가 핵에 속박될 수 있다. 그의 제안을 이용하면 양성자들이 흩어지지 않고 핵 안에 모여 있음을 설명할 수 있었다.

20. 윗글에 대한 이해로 적절한 것은? [3점]

① 라듐이 발견됨으로써 러더퍼드는 원자핵을 발견하게 된 실험을 할 수 있었다.

② 질소 충돌 실험에서 양성자가 발견됨으로써 유카와 히데키의 가설이 입증되었다.

③ 채드윅은 양성자가 핵 안에서 흩어지지 않는 이유를 설명하는 가설을 제안했다.

④ 원자모형은 19세기 말에 전자가 발견됨으로써 '태양계 모형'에서 '건포도빵 모형'으로 수정되었다.

⑤ 알파 입자가 금박의 일부분에서 튕겨 나간다는 사실을 통해 양전기가 원자 전체에 퍼져 있음이 입증되었다.

[실전 문항-4]

* 다음 글을 읽고 물음에 답하시오. [2018학년도 11월]

디지털 통신 시스템은 송신기, 채널, 수신기로 구성되며, 전송할 데이터를 빠르고 정확하게 전달하기 위해 부호화 과정을 거쳐 전송한다. 영상, 문자 등인 데이터는 기호 집합에 있는 기호들의 조합이다. 예를 들어 기호 집합 a, b, c, d, e, f에서 기호들을 조합한 add, cab, beef 등이 데이터이다. 정보량은 어떤 기호가 발생했다는 것을 알았을 때 얻는 정보의 크기이다. 어떤 기호 집합에서 특정 기호의 발생 확률이 높으면 그 기호의 정보량은 적고, 발생 확률이 낮으면 그 기호의 정보량은 많다. 기호 집합의 평균 정보량*을 기호 집합의 엔트로피라고 하는데 모든 기호들이 동일한 발생 확률을 가질 때 그 기호 집합의 엔트로피는 최댓값을 갖는다.

송신기에서는 소스 부호화, 채널 부호화, 선 부호화를 거쳐 기호를 부호로 변환한다. 소스 부호화는 데이터를 압축하기 위해 기호를 0과 1로 이루어진 부호로 변환하는 과정이다. 어떤 기호가 110과 같은 부호로 변환되었을 때 0 또는 1을 비트라고 하며 이 부호의 비트 수는 3이다. 이때 기호 집합의 엔트로피는 기호 집합에 있는 기호를 부호로 표현하는 데 필요한 평균 비트 수의 최솟값이다. 전송된 부호를 수신기에서 원래의 기호로 복원하려면 부호들의 평균 비트 수가 기호 집합의 엔트로피보다 크거나 같아야 한다. 기호 집합을 엔트로피에 최대한 가까운 평균 비트 수를 갖는 부호들로 변환하는 것을 엔트로피 부호화라 한다. 그중 하나인 '허프만 부호화'에서는 발생 확률이 높은 기호에는 비트 수가 적은 부호를, 발생 확률이 낮은 기호에는 비트 수가 많은 부호를 할당한다.

채널 부호화는 오류를 검출하고 정정하기 위하여 부호에 잉여 정보를 추가하는 과정이다. 송신기에서 부호를 전송하면 채널의 잡음으로 인해 오류가 발생하는데 이 문제를 해결하기 위해 잉여 정보를 덧붙여 전송한다. 채널 부호화 중 하나인 '삼중 반복 부호화'는 0과 1을 각각 000과 111로 부호화한다. 이때 수신기에서는 수신한 부호에 0이 과반수인 경우에는 0으로 판단하고, 1이 과반수인 경우에는 1로 판단한다. 즉 수신기에서 수신된 부호가 000, 001, 010, 100 중 하나라면 0으로 판단하고, 그 이외에는 1로 판단한다. 이렇게 하면 000을 전송했을 때 하나의 비트에서 오류가 생겨 001을 수신해도 0으로 판단하므로 오류는 정정된다. 채널 부호화를 하기 전 부호의 비트 수를, 채널 부호화를 한 후 부호의 비트 수로 나눈 것을 부호율이라 한다. 삼중 반복 부호화의 부호율은 약 0.33이다.

채널 부호화를 거친 부호들을 채널을 통해 전송하려면 부호들을 전기 신호로 변환해야 한다. 0 또는 1에 해당하는 전기 신호의 전압을 결정하는 과정이 선 부호화이다. 전압의 결정 방법은 선 부호화 방식에 따라 다르다. 선 부호화 중 하나인 '차동 부호화'는 부호의 비트가 0이면 전압을 유지하고 1이면 전압을 변화시킨다. 차동 부호화를 시작할 때는 기준 신호가 필요하다. 예를 들어 차동 부호화 직전의 기준 신호가 양(+)의 전압이라면 부호 0110은 '양, 음, 양, 양'의 전압을 갖는 전기 신호로 변환된다. 수신기에서는 송신기와 동일한 기준 신호를 사용하여, 전압의 변화가 있으면 1로 판단하고 변화가 없으면 0으로 판단한다.

* 평균 정보량 : 각 기호의 발생 확률과 정보량을 서로 곱하여 모두 더한 것.

39. 윗글을 바탕으로, 2가지 기호로 이루어진 기호 집합에 대해 이해한 내용으로 적절하지 **않은** 것은?

① 기호들의 발생 확률이 모두 1/2인 경우, 각 기호의 정보량은 동일하다.

② 기호들의 발생 확률이 각각 1/4, 3/4인 경우의 평균 정보량이 최댓값이다.

③ 기호들의 발생 확률이 각각 1/4, 3/4인 경우, 기호의 정보량이 더 많은 것은 발생 확률이 1/4인 기호이다.

④ 기호들의 발생 확률이 모두 1/2인 경우, 기호를 부호화하는데 필요한 평균 비트 수의 최솟값이 최대가 된다.

⑤ 기호들의 발생 확률이 각각 1/4, 3/4인 기호 집합의 엔트로피는 발생 확률이 각각 3/4, 1/4인 기호 집합의 엔트로피와 같다.

[제3법칙 : 선택지 – 추론 형식 법칙 실전 문항 정답 해설]

[실전 문항-1]

* 다음 글을 읽고 물음에 답하시오. [2016학년도 11월 A형]

27. 윗글을 이해한 내용으로 적절하지 <u>않은</u> 것은? ①

step 1. 선택지의 평가요소(=지문요소)를 전제와 결론으로 나눈다.

① 승소하면 그때 수강료를 내겠다고 할 때 / 승소는 수강료 지급 의무에 대한 기한이다.

② 기한과 조건은 모두 계약상의 효과를 장래의 사실에 의존하도록 한다는 점이 / 공통된다.

③ 계약에 해제 조건을 덧붙이면 / 그 조건이 실현되었을 때 계약상 유지되고 있는 효과를 소멸시킬 수 있다.

④ 판결이 선고되고 나서 상소 기간이 다 지나가도록 상소가 이루어지지 않으면 / 그 판결에는 기판력이 생긴다.

⑤ 기판력에는 ○○법원이 판결로 확정한 사안에 대하여 / 이후에 법원 스스로 그와 모순된 판결을 내릴 수 없다는 전제가 깔려 있다.

step 2. 선택지의 조건과 결과에 관련된 지문의 조건과 결과를 찾아, 1:1 대응시킨다. 선택지 판단을 위한 지문 근거 법칙에 따라 지문요소를 파악한다.

① 승소하면 그때 수강료를 내겠다고 할 때 / 승소는 수강료 지급 의무에 대한 기한이다.

           전제   /   결론   ———연결성(타당한 연결)

               └─[정답 확인]─┘

지문요소 : 1문단에서 "제가 처음으로 승소하면 그때 수강료를 내겠습니다."→)승소하면 수강료를 내겠다고 할 때[전제 부분] 수강료 지급이라는 효과를, 실현되지 않은 가건에 의존하도록 하는 계약이라는 점을 살펴야 한다. 이처럼 일정한 효력의 발생이나 소멸에 제한을 덧붙이는 것을 '부관'이라고 하는데, 여기에는 '가한'과 '조건'이 있다.

② 기한과 조건은 모두 계약상의 효과를 장래의 사실에 의존하도록 한다는 점이 / 공통
된다.

전제   /   결론   ———연결성(타당한 연결)
└─[정답 확인]─┘

지문요소 : 부관에는 '기한'과 '조건'이 있다. 효과의 발생이나 소멸이 장래에 확실히 발
생한 사실에 의존하도록 하는 것은 '기한' 반면 장래에 일어날 수도 있는 사
실에 의거하도록 하는 것은 조건.

③ 계약에 해제 조건을 덧붙이면 / 그 조건이 실현되었을 때 계약상 유지되고 있는 효과
를 소멸시킬 수 있다.

전제   /   결론   ———연결성(타당한 연결)
└─[정답 확인]─┘

지문요소 : 조건이 실현되었을 때 효과를 발생시키면 '정지 조건', 소멸시키면 '해제 조
건'이라 부른다.

④ 판결이 선고되고 나서 상소 기간이 다 지나가도록 상소가 이루어지지 않으면 / 그 판
결에는 기판력이 생긴다.

전제   /   결론   ———연결성(타당한 연결)
└─[정답 확인]─┘

지문요소 : 판결에 대한 상고, 곧 항소나 상고가 그 기간에 제기되며 알아서 종결되던가,
그 사안에 대해 최종 판결이 선고되든가 하며, 이제 더 이상 그 일을 다툴 길
이 없어진다. 이때 판결이 확정되었다고 한다. 확정판결에 대해서 '기판력'이
라는 것은 인정한다.

⑤ 기판력에는 OO법원이 판결로 확정한 사안에 대하여 / 이후에 법원 스스로 그와 모순
된 판결을 내릴 수 없다는 전제가 깔려 있다.

전제   /   결론   ———연결성(타당한 연결)
└─[정답 확인]─┘

지문요소 : 3문단에서 보면, 판결은 확정되었다고 한다. 확정판결에 대하여는 '기판력(旣
判力)'이라는 것을 인정한다. 기판력이 있는 판결에 대해서는 더 이상 같은
사안으로 소송에서 다툴 수 없다.

step 3. 선택지의 조건과 결과를 지문의 조건과 결과를 1:1 대응한 다음, 추론 과정을 거쳐 정답을 판단한다.

① 승소하면 그때 수강료를 내겠다고 할 때 / 승소는 수강료 지급 의무에 대한 기한이다.

전제   /   결론   ———연결성(타당한 연결)
└─[정답 확인]─┘

지문요소 : 1문단에서 "제가 처음으로 승소하면 그때 수강료를 내겠습니다."→승소하면 수강료를 내겠다고 할 때[전제 부분] 수강료 지급이라는 효과를, 실현되지 않은 가건에 의존하도록 하는 계약이라는 점을 살펴야 한다. 이처럼 일정한 효력의 발생이나 소멸에 제한을 덧붙이는 것을 '부관'이라고 하는데, 여기에는 '가한'과 '조건'이 있다.

추론과정 : 수강료 지급 의무에 대한 효과는 '기한'과 '조건'이 있다고 했는데 이는 적절하지 않기 때문에 이 문항에 대해 정답이다.

② 기한과 조건은 모두 계약상의 효과를 장래의 사실에 의존하도록 한다는 점이 / 공통된다.

전제   /   결론   ———연결성(타당한 연결)
└─[정답 확인]─┘

지문요소 : 부관에는 '기한'과 '조건'이 있다. 효과의 발생이나 소멸이 장래에 확실히 발생한 사실에 의존하도록 하는 것은 '기한' 반면 장래에 일어날 수도 있는 사실에 의거하도록 하는 것은 조건.

추론과정 : 사실에 의존한다는 점에서 결론이 공통된다는 점에 부합한다.

③ 계약에 해제 조건을 덧붙이면 / 그 조건이 실현되었을 때 계약상 유지되고 있는 효과를 소멸시킬 수 있다.

전제   /   결론   ———연결성(타당한 연결)
└─[정답 확인]─┘

지문요소 : 조건이 실현되었을 때 효과를 발생시키면 '정지 조건' 소멸시키면 '해제 조건'이라 부른다.

추론과정 : 지문요소의 내용에서 '해제 조건'에 부합하는 내용은 선택지로 적절하다.

④ 판결이 선고되고 나서 상소 기간이 다 지나가도록 상소가 이루어지지 않으면 / 그 판
결에는 기판력이 생긴다.

　　　　　　　　　　전제　　　/　　　결론　　　──연결성(타당한 연결)

　　　　　　　　└─[정답 확인]─┘

지문요소 : 판결에 대한 상고, 곧 항소나 상고가 그 기간에 제기되며 알아서 종결되던가,
　　　　　 그 사안에 대해 최종 판결이 선고되든가 하며, 이제 더 이상 그 일을 다툴 길
　　　　　 이 없어진다. 이때 판결이 확정되었다고 한다. 확정판결에 대해서 '기판력' 이
　　　　　 라는 것은 인정한다.

추론과정 : 지문요소에서 '기판력'에 대한 내용 정리를 보면 적절한 내용임을 이해할 수
　　　　　 있다.

⑤ 기판력에는 ○○법원이 판결로 확정한 사안에 대하여 / 이후에 법원 스스로 그와 모순
된 판결을 내릴 수 없다는 전제가 깔려 있다.

　　　　　　　　　　전제　　　/　　　결론　　　──연결성(타당한 연결)

　　　　　　　　└─[정답 확인]─┘

지문요소 : 3문단에서 보면, 판결은 확정되었다고 한다. 확정판결에 대하여는 '기판력(旣
　　　　　 判力)'이라는 것을 인정한다. 기판력이 있는 판결에 대해서는 더 이상 같은
　　　　　 사안으로 소송에서 다툴 수 없다.

추론과정 : 지문 근거를 통해 내용을 정리한 선택지임을 알 수 있다.

[실전 문항-2]

* 다음 글을 읽고 물음에 답하시오. [2016학년도 9월 B형]

18. 윗글에 따를 때, **헴펠의 설명 이론**에 관한 이해로 적절하지 **않은** 것은? ①

step 1. 선택지의 평가요소를 전제와 결론으로 나눈다.

헴펠의 설명 이론 : 설명은 몇 가지 요건을 충족하는 논증이어야
함. 보편 법칙, 선행 조건, 건전한 논증을 통해 피설명항 도출

① 어떤 것이 건전한 논증이면 / 그것은 반드시 설명이다.
② 일상적 직관에서 설명으로 인정된다고 해서 / 모두 설명은 아니다.
③ 어떤 것이 설명이라면 / 설명항에 포함되는 명제들은 반드시 참이다.
④ 피설명항은 특정한 맥락에서 / 보편 법칙에 따라 발생한 개별 사례이다.
⑤ 어떤 것이 설명이라면 / 피설명항은 반드시 설명항에서 논리적으로 도출된다.

> **tip** 특정 지문 추론 형식에서 지문의 'ㄱ = 헴펠의 의 설명 이론'은 동일한 형식의 문
> 항이다.

step 2. 선택지의 조건과 결과에 관련된 지문의 조건과 결과를 찾아, 1:1 대응시킨
다. 선택지 판단을 위한 지문 근거의 법칙에 따라 지문요소를 파악한다.

① 어떤 것이 건전한 논증이면 / 그것은 반드시 설명이다.
　　　　　　　전제　　/　결론
지문요소 : 설명은 몇 가지 조건(보편 법칙, 선행조건, 건전한 논증)을 갖추어야 한다.

② 일상적 직관에서 설명으로 인정된다고 해서 / 모두 설명은 아니다.
　　　　　　　전제　　/　결론
지문요소 : 3문단에서 일상적 직관에 따르면 설명으로 인정되지만, 헴펠에 따르면 설명
　　　　　이 아니라고 판단해야 하는 경우가 있다.

③ 어떤 것이 설명이라면 / 설명항에 포함되는 명제들은 반드시 참이다.

　　　　　　　　　　전제　　/　　결론

지문요소 : 논증의 전제가 모두 참이라는 조건

④ 피설명항은 특정한 맥락에서 / 보편 법칙에 따라 발생한 개별 사례이다.

　　　　　　　　　　전제　　/　　결론

지문요소 : 2문단에서 설명되어야 하는 부분임. 피설명항은 결론에 해당함. 2문단에서 피
　　　　　 설명항이 보편 법칙의 개별 사례로서 마땅히 일어날 만한 일이었음을 보여
　　　　　 주기 위한 설명의 요건을 제시했다는 점.

⑤ 어떤 것이 설명이라면 / 피설명항은 반드시 설명항에서 논리적으로 도출된다.

　　　　　　　　　　전제　　/　　결론

지문요소 : 2문단에서 논증은 전제로부터 논리적으로 도출되는 형세를 띤다. 따라서 설
　　　　　 명을 하는 부분만 기본적으로 논증은 전제로부터 결론이 논리적으로 도출되
　　　　　 는 형식을 띤다. 따라서 설명을 하는 부분인 설명항은 전제에 해당하며 설명
　　　　　 되어야 하는 부분인 피설명항은 결론에 해당한다.

step 3. 선택지의 조건과 결과를 지문의 조건과 결과를 1:1 대응한 다음, 추론 과정
　　　　 을 거쳐 정답을 판단한다.

① 어떤 것이 건전한 논증이면 / 그것은 반드시 설명이다.

　　　　　지문요소　　/　　　평가요소　　　　　──연결성(타당한 연결)

　　　　　└┐[1차 정답 확인]┌┘

　　　　　　　전제　　/　　　　결론　　　──연결성(타당한 연결)

　　　　　　└┐[2차 정답 확인]┌┘

step 1에서 헴펠의 설명 이론은 설명은 논증이어야 한다고 했다. 그런데 이 선택지를 보면 서술이 뒤집혀 있다. 건전한 논증이면 설명이라는 것이다. 그런데 헴펠의 설명에는 보편 법칙과 선행 조건이 있어야 한다.

① 어떤 것이 건전한 논증이면 / 그것은 반드시 설명이다.
　　　　　　　　　　　　　　전제 / 결론

지문요소 : 설명은 몇 가지 조건(보편 법칙, 선행조건, 건전한 논증)을 갖추어야 한다.

추론과정 : 건전한 논증이면 설명될 수 없기 때문에 발문에서 요구하는 정답이다. [x]

② 일상적 직관에서 설명으로 인정된다고 해서 / 모두 설명은 아니다.
　　　　　　　　　　　　　　전제 / 결론

지문요소 : 3문단에서 '일상적 직관에 따르면 설명으로 인정되지만, 햄펠에 따르면 설명이 아니라고 판단해야 하는 경우가 있다.

추론과정 : 결론에서 모두가 설명은 아니다라고 판단해야 하는 경우가 있다는 헴펠 이론에 따르고 있다. [o]

③ 어떤 것이 설명이라면 / 설명항에 포함되는 명제들은 반드시 참이다.
　　　　　　　　　　　　　　전제 / 결론

지문요소 : 논증의 전제가 모무 참이라는 조건

추론과정 : 설명을 하는 부분인 설명항은 전제에 해당하며, 전제는 모두 참이라는 조건으로 보면, 선택지는 타당한 설명으로 전제 + 결론으로 된 연결이다. [o]

④ 피설명항은 특정한 맥락에서 / 보편 법칙에 따라 발생한 개별 사례이다.
　　　　　　　　　　　　　　전제 / 결론

지문요소 : 2문단에서 설명되어야 하는 부분임. 피설명항은 결론에 해당함. 2문단에서 피설명항이 보편 법칙의 개별 사례로서 마땅히 일어날 만한 일이었음을 보여주기 위한 설명의 요건을 제시했다는 점.

추론과정 : 마땅히 일어날 만한 일이었음을 보여주기 위한 설명이라는 문장에서 '특정한 맥락에서'와 같은 맥락으로 이해할 수 있다. [o]

⑤ 어떤 것이 설명이라면 / 피설명항은 반드시 설명항에서 논리적으로 도출된다.

　　　　　　　전제 / 결론

지문요소 : 1문단에서 논증은 전제로부터 논리적으로 도출되는 형세를 띤다. 기본적으로
　　　　　논증은 전제로부터 결론이 논리적으로 도출되는 형식을 띤다. 따라서 설명을
　　　　　하는 부분인 설명항은 전제에 해당하며 설명되어야 하는 부분인 피설명항은
　　　　　결론에 해당한다.

추론과정 : 전제 = 설명항이고, 설명되어야 하는 부분은 피설명항 = 결론이다. 그래서
　　　　　피설명항은 설명항에서 논리적으로 도출된다. [o]

tip 전제[혹은 조건]가 정답을 결정하기보다는 결론[혹은 결과]이 정답의 깃발이다. 윗
　　　글에서 보면, 논증은 전제로부터 도출된 형식이라고 했으나, 이는 결론에 닿기 위
　　　한 것이다. 따라서 정답은 결론에 있다.

[실전 문항-3]

* 다음 글을 읽고 물음에 답하시오. [2016학년도 6월 A형]

20. 윗글에 대한 이해로 적절한 것은? [3점] ①

step 1. 선택지의 평가요소를 전제와 결론으로 나눈다.

① 라듐이 발견됨으로써 / 러더퍼드는 원자핵을 발견하게 된 실험을 할 수 있었다.
② 질소 충돌 실험에서 양성자가 발견됨으로써 / 유카와 히데키의 가설이 입증되었다.
③ 채드윅은 양성자가 핵 안에서 흩어지지 않는 이유를 / 설명하는 가설을 제안했다.
④ 원자모형은 19세기 말에 전자가 발견됨으로써 / '태양계 모형'에서 '건포도빵 모형'으로 수정되었다.
⑤ 알파 입자가 금박의 일부분에서 튕겨 나간다는 사실을 통해 / 양전기가 원자 전체에 퍼져 있음이 입증되었다.

step 2. 선택지의 조건과 결과에 관련된 지문의 조건과 결과를 찾아, 1:1 대응시킨다. 선택지 판단을 위한 지문 근거의 법칙에 따라 지문요소를 파악한다.

① 라듐이 발견됨으로써 / 러더퍼드는 원자핵을 발견하게 된 실험을 할 수 있었다.
지문요소 : 그러나 1898년 마리 퀴리가 천연 광물에서 라듐을 발견한 이후 새로운 실험이 가능해졌다.

② 질소 충돌 실험에서 양성자가 발견됨으로써 / 유카와 히데키의 가설이 입증되었다.
지문요소 : 중성자가 중간자라는 입자를 통해 핵력이 작용하게 하여 양성자를 잡아당긴다는 가설을 제안

③ 채드윅은 양성자가 핵 안에서 흩어지지 않는 이유를 / 설명하는 가설을 제안했다.
지문요소 : 1935년에 일본의 유카와 히데키는 중성자가 중간자라는 입자를 통해 핵력이 작용하게 하여 양성자를 잡아당긴다는 가설을 제안

④ 원자모형은 19세기 말에 전자가 발견됨으로써 / '태양계 모형'에서 '건포도빵 모형'으로 수정되었다.

지문요소 : '태양계 모형'을 제안하여 톰슨의 모형(건포도빵 모형)을 수정하였다.

⑤ 알파 입자가 금박의 일부분에서 튕겨 나간다는 사실을 통해 / 양전기가 원자 전체에 퍼져 있음이 입증되었다.

지문요소 : 양전기가 빵 반죽처럼 원자 전체에 퍼져 있는 것이 아니라 아주 좁은 구역에만 모여 있다는 것을 알게 되었고

step 3. 선택지의 조건과 결과를 지문의 조건과 결과를 1:1 대응한 다음, 추론 과정을 거쳐 정답을 판단한다.

① 라듐이 발견됨으로써 / 러더퍼드는 원자핵을 발견하게 된 실험을 할 수 있었다.

지문요소 : 그러나 1898년 마리 퀴리가 천연 광물에서 라듐을 발견한 이후 새로운 실험이 가능해졌다.

추론과정 : 1911년에 러더퍼드는 라듐에서 방출되는 알파 입자를 얇은 그박에 충돌시키는 실험을 하였다. 그 결과 알파 입자는 금박의 대부분을 통과했지만 일부 지점들은 통과하지 못하고 튕겨 나갔다. 이 실험을 통해 러더퍼드는 양전기가 빵 반죽처럼 원자 전체에 퍼져 있는 것이 아니라 아주 좁은 구역에만 모여 있다는 것을 알게 되었고, 이 구역을 '원자핵'이라고 하였다. [o]

② 질소 충돌 실험에서 양성자가 발견됨으로써 / 유카와 히데키의 가설이 입증되었다.

지문요소 : 중성자가 중간자라는 입자를 통해 핵력이 작용하게 하여 양성자를 잡아당긴다는 가설을 제안

추론과정 : 라듐이 발견되고 난 뒤, 러더퍼드는 원자핵을 발견했기 때문에 [x]

③ 채드윅은 양성자가 핵 안에서 흩어지지 않는 이유를 / 설명하는 가설을 제안했다.

지문요소 : 1935년에 일본의 유카와 히데키는 중성자가 중간자라는 입자를 통해 핵력이 작용하게 하여 양성자를 잡아당긴다는 가설을 제안 + 1932년에 채드윅은 전기적으로 중성이며 질량이 양성자와 비슷한 입자인 중성자를 발견하였다.

추론과정 : 양성자가 핵 안에서 흩어지는 않는 이유는 제안한 것은 채드윅이 아니다. [x]

④ 원자모형은 19세기 말에 전자가 발견됨으로써 / '태양계 모형'에서 '건포도빵 모형'으로 수정되었다.

지문요소 : '태양계 모형'을 제안하여 톰슨의 모형(건포도빵 모형)을 수정하였다.

추론과정 : 1897년(19세) 톰슨이 전자를 발견하여 '건포도빵 모형'을 제안하여 1911년에야 태양계 모형을 수정하여 톰슨의 '건포도빵 모형'을 수정하였다. [x]

⑤ 알파 입자가 금박의 일부분에서 튕겨 나간다는 사실을 통해 / 양전기가 원자 전체에 퍼져 있음이 입증되었다.

지문요소 : 양전기가 빵 반죽처럼 원자 전체에 퍼져 있는 것이 아니라 아주 좁은 구역에만 모여 있다는 것을 알게 되었고

추론과정 : 양전기가 원자 전체에 퍼져 있다는 것이 아니라고 아주 좁은 구역에만 모여 있다. [x]

[실전 문항-4]

* 다음 글을 읽고 물음에 답하시오. [2018학년도 11월]

39. 윗글을 바탕으로, 2가지 기호로 이루어진 기호 집합에 대해 이해한 내용으로 적절하지 **않은** 것은? ②

① 기호들의 발생 확률이 모두 1/2인 경우, 각 기호의 정보량은 동일하다.
② 기호들의 발생 확률이 각각 1/4, 3/4인 경우의 평균 정보량이 최댓값이다.
③ 기호들의 발생 확률이 각각 1/4, 3/4인 경우, 기호의 정보량이 더 많은 것은 발생 확률이 1/4인 기호이다.
④ 기호들의 발생 확률이 모두 1/2인 경우, 기호를 부호화하는데 필요한 평균 비트 수의 최솟값이 최대가 된다.
⑤ 기호들의 발생 확률이 각각 1/4, 3/4인 기호 집합의 엔트로피는 발생 확률이 각각 3/4, 1/4인 기호 집합의 엔트로피와 같다.

step 1. 선택지의 평가요소를 조건과 결과로 나눈다.

① 기호들의 발생 확률이 모두 1/2인 경우, / 각 기호의 정보량은 동일하다.
② 기호들의 발생 확률이 각각 1/4, 3/4인 경우의 / 평균 정보량이 최댓값이다.
③ 기호들의 발생 확률이 각각 1/4, 3/4인 경우, / 기호의 정보량이 더 많은 것은 발생 확률이 1/4인 기호이다.
④ 기호들의 발생 확률이 모두 1/2인 경우, / 기호를 부호화하는데 필요한 평균 비트 수의 최솟값이 최대가 된다.
⑤ 기호들의 발생 확률이 각각 1/4, 3/4인 기호 집합의 엔트로피는 / 발생 확률이 각각 3/4, 1/4인 기호 집합의 엔트로피와 같다.

step 2. 선택지의 조건과 결과에 관련된 지문의 조건과 결과를 찾아, 1:1 대응시킨다. 선택지 판단을 위한 지문 근거의 법칙에 따라 지문요소를 파악한다.

① 기호들의 발생 확률이 모두 1/2인 경우, / 각 기호의 정보량은 동일하다.
지문요소 : 어떤 기호 집합에서 특정 기호의 발생 확률이 높으면 그 기호의 정보량은 적고, 발생 확률이 낮으면 그 기호의 정보량은 많다. 기호 집합의 평균 정보량을 기호 집합의 엔트로피라고 하는데

② 기호들의 발생 확률이 각각 1/4, 3/4인 경우의 / 평균 정보량이 최댓값이다.

지문요소 : 어떤 기호 집합에서 특정 기호의 발생 확률이 높으면 그 기호의 정보량은 적고, 발생 확률이 낮으면 그 기호의 정보량은 많다. 기호 집합의 평균 정보량*을 기호 집합의 엔트로피라고 하는데 모든 기호들이 동일한 발생 확률을 가질 때 그 기호 집합의 엔트로피는 최댓값을 갖는다.

③ 기호들의 발생 확률이 각각 1/4, 3/4인 경우, / 기호의 정보량이 더 많은 것은 발생 확률이 1/4인 기호이다.

지문요소 : 어떤 기호 집합에서 특정 기호의 발생 확률이 높으면 그 기호의 정보량은 적고, 발생 확률이 낮으면 그 기호의 정보량은 많다. 기호 집합의 평균 정보량*을 기호 집합의 엔트로피라고 하는데 모든 기호들이 동일한 발생 확률을 가질 때 그 기호 집합의 엔트로피는 최댓값을 갖는다.

④ 기호들의 발생 확률이 모두 1/2인 경우, / 기호를 부호화하는데 필요한 평균 비트 수의 최솟값이 최대가 된다.

지문요소 : 이때 기호 집합의 엔트로피는 기호 집합에 있는 기호를 부호로 표현하는 데 필요한 평균 비트 수의 최솟값이다.

⑤ 기호들의 발생 확률이 각각 1/4, 3/4인 기호 집합의 엔트로피는 / 발생 확률이 각각 3/4, 1/4인 기호 집합의 엔트로피와 같다.

지문요소 : 어떤 기호 집합에서 특정 기호의 발생 확률이 높으면 그 기호의 정보량은 적고, 발생 확률이 낮으면 그 기호의 정보량은 많다. 기호 집합의 평균 정보량*을 기호 집합의 엔트로피라고 하는데

step 3. 선택지의 조건과 결과를 지문의 조건과 결과를 1:1 대응한 다음, 추론 과정을 거쳐 정답을 판단한다.

① 기호들의 발생 확률이 모두 1/2인 경우, / 각 기호의 정보량은 동일하다.

지문요소 : 어떤 기호 집합에서 특정 기호의 발생 확률이 높으면 그 기호의 정보량은 적고, 발생 확률이 낮으면 그 기호의 정보량은 많다. 기호 집합의 평균 정보량을 기호 집합의 엔트로피라고 하는데

추론과정 : 모두 1/2인 경우는 모든 기호들이 동일한 발생 확률이라는 의미이다. 따라서 선택지에 정보량이 동일하다는 것은 지문에서 발생 확률이 높으면 기호의 정보량이 높고, 발생 확률이 낮으면 기호의 정보량이 많다고 했으니, 발생 확률

이 동일한 조건이라면 당연히 기호의 정보량이 동일하다고 추론할 수 있다. [o]

② 기호들의 발생 확률이 각각 1/4, 3/4인 경우의 / 평균 정보량이 최댓값이다.

지문요소 : 어떤 기호 집합에서 특정 기호의 발생 확률이 높으면 그 기호의 정보량은 적고, 발생 확률이 낮으면 그 기호의 정보량은 많다. 기호 집합의 평균 정보량을 기호 집합의 엔트로피라고 하는데 모든 기호들이 동일한 발생 확률을 가질 때 그 기호 집합의 엔트로피는 최댓값을 갖는다.

추론과정 : 기호 집합의 평균 정보량이 최댓값일 때는 발생 확률이 동일해야 한다는 조건이 있다. 그런데 각각 1/4, 3/4인 경우는 새로운 정보량이 동일하지 않기 때문에 최댓값이라고 볼 수 없다. [x]

③ 기호들의 발생 확률이 각각 1/4, 3/4인 경우, / 기호의 정보량이 더 많은 것은 발생 확률이 1/4인 기호이다.

지문요소 : 특정 기호의 발생 확률이 높으면 그 기호의 정보량은 적고, 발생 확률이 낮으면 그 기호의 정보량은 많다. + 모든 기호들이 동일한 발생 확률을 가질 때 그 기호 집합의 엔트로피는 최댓값을 갖는다.

추론과정 : 기호 발생률은 1/4 〈 3/4이면, 1/4이 기호 정보량이 많다. 따라서 발생 확률 1/4인이 기호의 정보량이 더 많다.

④ 기호들의 발생 확률이 모두 1/2인 경우, / 기호를 부호화하는데 필요한 평균 비트 수의 최솟값이 최대가 된다.

지문요소 : 모든 기호들이 동일한 발생 확률을 가질 때 그 기호 집합의 엔트로피는 최댓값을 갖는다. 이때 기호 집합의 엔트로피는 기호 집합에 있는 기호를 부호로 표현하는 데 필요한 평균 비트 수의 최솟값이다. + 기호 집합의 평균 정보량을 기호 집합의 엔트로피라고 하는데 모든 기호들이 동일한 발생 확률을 가질 때 그 기호 집합의 엔트로피는 최댓값을 갖는다.

추론과정 : 기호 집합의 엔트로피는 기호화하는데 필요한 평균 비트 수의 최솟값이미드 기호들이 발행 확률이 모두 1/2인 경우 기호들이 동일한 발생 확률을 가지므로 그 기호 집합의 엔트로피는 최댓값을 갖는다. [o]

⑤ 기호들의 발생 확률이 각각 1/4, 3/4인 기호 집합의 엔트로피는 / 발생 확률이 각각 3/4, 1/4인 기호 집합의 엔트로피와 같다.

지문요소 : 기호 집합의 평균 정보량*을 기호 집합의 엔트로피라고 하는데, 평균정보량의

정의가 각 기호의 발생 확률과 정보량은 서로 곱하여 모두 더한 것

추론과정 : 기호 집합의 평균 정보량을 기호 집합의 엔트로피라고 하는데, 평균정보량의 정의가 각 기호의 발생 확률과 정보량은 서로 곱하여 모두 더한 것이므로 기호들의 발생 확률이 각각 1/4, 3/4인 기호 집합의 엔트로피를 식으로 나타내면,

1/4 × (발생 확률이 1/4인 기호 정보량) + 3/4(발생 확률이 3/4인 기호의 정보량)이므로

3/4 × ((발생 확률이 3/4인 기호 정보량) + 1/4(발생 확률이 /4인 기호의 정보량)과 같음을 알 수 있다.

기호 집합 엔트로피(=지호 집합의 평균 정보량)이고, 발생 확률이 낮으면(1/4인 경우) 기호 정보량이 많다(발샐 확률이 3/4이고), 발생 확률이 높으면(3/4인 경우), 기호 정보량이 적다(1/4이고) [o]

발문 - 추론 형식 법칙

독서 영역에서의 추론 문항은 지문에서 **전제**를 이끌어 내어 **결론**에 도달하는 **사유의 과정**을 평가한다. 추론 문항은 논리학의 논증과 관련한 내용이다. 논증은 전제와 결론이라는 개념을 바탕으로 진술된다. 즉 전제에서 출발하여 결론에 도달하는 사유 과정을 추론이라고 한다. 대체로 전제1 + 전제2 = 결론까지의 과정을 추론이라 하고, 그 전개 과정을 귀납추론과 연역추론이라고 한다. 이처럼 논증의 일정한 과정보다는 정답을 찾아야 하는 수능에서는 전제 - 결론, 결론 - 전제의 타당한 연결을 찾는 과정이 더 중요하다. [선택지 - 추론 형식 법칙 참고]

발문 - 추론 형식은 '- 에 대해 적절하게 **추론**한 것은?' 혹은 '- 를 **추론**한 내용으로 적절한 것은?' 등과 같이 수능의 발문에서 추론을 요구하는 형식이다. 이때 전제 = 지문이다. 지문이 전제이기 때문에, 지문에서 추론하여 선택지의 평가요소 = 결론으로 대입해 정답을 찾으면 된다.

추론 형식 문항은 세 가지 유형이 있다. 앞에서 설명한 1. 선택지 - 추론 형식과 여기서 설명하려는 2. 발문 - 추론 형식(지문전체) 3. 발문 - 추론 형식(특정지문) 등이 있다.

발문 - 추론 형식은 '발문'에서 추론 형식의 평가요소가 드러나 있는 경우이다. 물론 선택지에서는 전제와 결론 혹은 조건과 결과라는 평가요소가 나타나지만, 지문을 근거로 선택지를 추론하여 판단해야 한다는 점에서 '선택지 - 추론 형식 법칙'을 활용해야 한다.

[예시]

18. 윗글을 읽고 <u>추론한 내용</u>으로 <u>적절하지 **않은** 것</u>은? --발문 : 추론의 평가요소 [o]
  ↓   ↓   ↓
 지문요소   평가요소   판단요소

① 불 꺼진 재와 같은 마음의 소유자라면 / 만물과 자유롭게 소통하겠군.
        전제   /   결론   --선택지 : 추론 형식 [o]

지문 = 전제 혹은 결론이라면 선택지 역시 전제 혹은 결론으로 대응해 정답을 찾아야 한다. 이때 결론에 도달하기 위한 '숨은 전제'를 지문에서 찾아야 한다. 전제는 수능에서 기본적으로 정답지에서 요구하는 타당성, 객관성, 수용성과 같은 속성을 반드시 함의하고 있어야 한다.

즉, 추론은

이미 알고 있는 정보-->(사유과정 : 타당성, 객관성, 수용성으로 판단)-->결론
[지문 근거]   [선택지에 드러남, 혹은 생략]   선택지

추론 형식에 대한 연역과 귀납의 개념 정리[최훈, "논리는 나의 힘" 참고]

1. 어떤 논증에서 전제들이 모두 참인데 그 결론이 반드시 참이라면 그 논증은 연역 논증[deduction]이라 한다.

[예]

비가 올 때는 언제나 길이 미끄럽다   [전제 - 참]
그런데 지금은 비가 오고 있다.   [전제 - 참]
그러므로 지금은 길이 미끄러울 것이다. [결론 - 참]

전제가 참이라면 결론이 거짓일 가능성이 없으므로 이 논증은 연역 논증이다. 이를 논증의 '**타당성[valild]**'이라고 함. 여기서 참인 결론의 정보나 내용이 모두 전제에 있다는 점에 주목해야 한다.

=> **수능적 접근** : 발문과 선택지에서

18. 윗글을 읽고 추론한 내용으로 적절하지 **않은** 것은? --발문 : 추론의 평가요소 [0]
          ↓   ↓   ↓
      지문요소   평가요소   판단요소

지문요소 : 결론을 뒷받침하는 정보나 내용.
평가요소 : 귀납 혹은 연역 추론.
판단요소 : 적절성 여부.

① 불 꺼진 재와 같은 마음의 소유자라면 / 만물과 자유롭게 소통하겠군.
　　　　　　　　　　　　전제　　 / 　결론　　——선택지 : 추론 형식 [o]

2. 전제들이 모두 참인데도 그 결론이 참이라는 것이 그럴 듯할 뿐 반드시 참인 것은 아니라면 귀납 논증[induction]이라 한다.

[예]

내가 오늘 본 까마귀는 검다.　　[전제 – 참]
내가 그저께 본 까마귀는 검다.　[전제 – 참]
내가 그끄저께 본 까마귀는 검다. [전제 – 참]
따라서 모든 까마귀는 검다.　　 [결론 – 참]

귀납 논증은 결론이 그럴듯한 것으로 만들 뿐이다. 이를 '**개연성 (plausibility)**'이라고 함. 전제가 참이 많을수록 결론이 참일 개연성이 높다는 의미이다.

=> **수능적 접근** : 독서 영역에서 '추론 형식'이 엄밀하게 철학의 논증과 일치하지 않는다. 다만 논증의 과정과 방법으로 사고할 때, 사고 과정을 통해 지문과 선택지에서 전제와 결론의 관계를 파악하여 선택지 가운데 상대적으로 타당성과 개연성이 높은 선택지를 정답으로 판단하면 된다.

3. 전제가 결론을 아주 **약하게 지지**하거나 아예 **관련이 없으면** 그 논증을 오류 논증[fallacy]이라 한다.

=> 수능적 접근 : 당연히 발문의 평가요소에 어긋난 선택지를 **오류 논증**과 동일시 할 수밖에 없다.

[예시 문항]

* 다음 글을 읽고 물음에 답하시오. [2016학년도 6월 B형]

나비가 되어 자신조차 잊을 만큼 즐겁게 날아다니는 꿈을 꾸다 깨어난 장자(莊子)는 자신이 나비가 되는 꿈을 꾼 것인지 나비가 자신이 된 꿈을 꾸고 있는 것인지 의아해 한다. 이 호접몽 이야기는 나를 잊은 상태를 묘사함으로써 '물아일체(物我一體)' 사상을 그 결론으로 제시하고 있다. 이 이야기 외에도 『장자』에는 '나를 잊는다'는 구절이 나오는 일화 두 편이 있다.

하나는 장자가 타인의 정원에 넘어 들어갔다는 것도 모른 채, 기이한 새의 뒤를 홀린 듯 쫓는 이야기이다. 여기서 장자는 바깥 사물에 마음을 통째로 빼앗겨 자신조차 잊어버리는 고도의 몰입을 대상에 사로잡혀 끌려 다니는 꼴에 불과한 것으로 보았다. 이때 마음은 자신이 원하는 하나의 대상에만 과도하게 집착하여 그 어떤 것도 돌아보지 못한다. 이런 마음은 맹목적 욕망일 뿐이어서 감각적 체험을 있는 그대로 받아들이지 못하고 자신에게 이롭다거나 좋다고 생각하는 것만을 과장하거나 왜곡해서 받아들이고 그렇지 않은 것들은 배격하게 된다.

다른 하나는 "스승님의 마음은 불 꺼진 재와 같습니다."라는 말을 제자에게 들은 남곽자기(南郭子綦)라는 사람이 "나는 나 자신을 잊었다."라고 대답한 이야기이다. 여기서 '나 자신'은 마음을 가리키며, 마음을 잊었다는 것은 불꽃처럼 마음속에 치솟던 분별 작용이 사라졌음을 뜻한다. 달리 말해, 이는 텅 빈 마음이 되었다는 말이며 흔히 명경지수(明鏡止水…)의 비유로 표현되는 정적(靜寂)의 상태를 뜻한다. 이런 고요한 마음을 유지해야 천지만물을 있는 그대로 받아들일 수 있다.

그렇다면 첫째 이야기에서는 온전하게 회복해야 할 '참된 자아'를 잊은 것이고 둘째 이야기에서는 세상을 기웃거리면서 시비를 따지려 드는 '편협한 자아'를 잊은 것이라고 볼 수 있다. 참된 자아를 잊은 채 대상에 탐닉하는 식으로 자아와 세계가 관계를 맺게 되면 그 대상에 꼼짝없이 종속되어 괴로움이 증폭된다고 장자는 생각한다. 한편 편협한 자아를 잊었다는 것은 편견과 아집의 상태에서 벗어나 세계와 자유롭게 소통하는 합일의 경지에 도달할 수 있음을 의미한다.

장자는 이 경지를 만물의 상호 의존성으로 설명한다. 자아와 타자는 서로의 존재를 온전히 전제할 때 자신들의 존재가 드러날 수 있다고 그는 말한다. 예컨대, 내가 편견 없는 눈의 감각으로 꽃을 응시하면 그 꽃으로 인해 나의 존재가 성립되고 나로 인해 그 꽃 또한 존재의 의미를 획득하게 된다는 것이다. 이런 관계가 성립되기 위해서는 끊임없이 타자를 위해 마음의 공간을 비워 두는 수행이 필요하다. 장자는 이런 수행을 통해서 개체로서의 자아를 뛰어넘어 세계의 모든 존재와 일체를 이루는 자아에 도달할 수 있다고 주장한다. 장자가 나비가 되어 자신조차 잊은 채 자유롭게 날 수 있었던 것은 나비를 있는 그대로 온전하게 받아들일 수 있었기 때문에 가능했다. 만물과 조화롭게 합일한다는 '물아일체'로 호접몽 이야기를 끝맺는 까닭이 여기에 있다.

18. 윗글을 읽고 추론한 내용으로 적절하지 **않은** 것은? ②

① 불 꺼진 재와 같은 마음의 소유자라면 만물과 자유롭게 소통하겠군.
② 참된 자아가 세계와 관계를 맺으려면 감각적 체험을 배제해야 하겠군.
③ 마음을 바깥 사물에 빼앗긴다는 것은 참된 자아를 잊는다는 것과 같겠군.
④ 편협한 자아를 잊는 것은 타자와의 상호 의존적 관계 형성을 위한 바탕이 되겠군.
⑤ 장자가 꿈속에서 나비가 되어 자신조차 잊었다는 것은 마음이 명경지수와 같은 상태였다는 말이군.

[정답 찾기 3step]

step 1. 선택지의 평가요소(=지문요소)를 전제와 결론으로 나눈다.

① 불 꺼진 재와 같은 마음의 소유자라면 / 만물과 자유롭게 소통하겠군.
② 참된 자아가 세계와 관계를 맺으려면 / 감각적 체험을 배제해야 하겠군.
③ 마음을 바깥 사물에 빼앗긴다는 것은 / 참된 자아를 잊는다는 것과 같겠군.
④ 편협한 자아를 잊는 것은 / 타자와의 상호 의존적 관계 형성을 위한 바탕이 되겠군.
⑤ 장자가 꿈속에서 나비가 되어 자신조차 잊었다는 것은 / 마음이 명경지수와 같은 상태였다는 말이군.

tip 선택지 ③번, ④번과 ⑤번은 추론 형식으로 보이지 않으나, 추론 형식으로 수정해서 문항을 해결하면 된다.

③ 마음을 바깥 사물에 **빼앗긴다는 것은**[=빼앗긴다면]
  / 참된 자아를 잊는다는 것과 같겠군.

④ 편협한 자아를 **잊는 것은**[=잊는다면]
  / 타자와의 상호 의존적 관계 형성을 위한 바탕이 되겠군.

⑤ 장자가 꿈속에서 나비가 되어 자신조차 **잊었다는 것은**[=잊었다면]
  / 마음이 명경지수와 같은 상태였다는 말이군.

step 2. 선택지의 전제와 결론을 판단할 수 있는 지문 근거를 찾는다.

① 불 꺼진 재와 같은 마음의 소유자라면 / 만물과 자유롭게 소통하겠군.
지문요소 : 4문단, 둘째 이야기에서~ '편협한 자아'를 잊은 것이라 볼 수 있다. ~편협
         한 자아를 잊었다는 것은~세계와 자유롭게 소통하는 합일의 경지에 도달할
         수 있음을 의미한다.

② 참된 자아가 세계와 관계를 맺으려면 / 감각적 체험을 배제해야 하겠군.
지문요소 : 5문단, 내가 편견 없는 눈의 감각으로 꽃을 응시하면, 나의 존재가 성립되고
         나로 인해 그 꽃 또한 존재의 의미를 획득하게 된다는 것이다.

③ 마음을 바깥 사물에 빼앗긴다는 것은 / 참된 자아를 잊는다는 것과 같겠군.
지문요소 : 4문단, 첫째 이야기에서는 온전하게 회복해야 할 '참된 자아'를 잊은 것이고

④ 편협한 자아를 잊는 것은 / 타자와의 상호 의존적 관계 형성을 위한 바탕이 되겠군.
지문요소 : 5문단, 장자는 이 경지를 만물의 상호 의존성으로 설명한다.

⑤ 장자가 꿈속에서 나비가 되어 자신조차 잊었다는 것은 / 마음이 명경지수와 같은 상
  태였다는 말이군.
지문요소 : 3문단, 흔히 명경지수의 비유로 표현되는 정적의 상태, 5문단, 장자가 나비가
         되어 자신조차 잊은 채 자유롭게~

step 3. 전제와 결론의 연결성을 지문에서 찾아 추론 과정을 통해 정답을 판단한다.

① 불 꺼진 재와 같은 마음의 소유자라면 / 만물과 자유롭게 소통하겠군.

                               전제   /   결론

                      ㄴ 정답 확인──연결성(타당한 연결) ㅓ

지문요소 : 4문단, 둘째 이야기에서~ '편협한 자아'를 잊은 것이라 볼 수 있다. ~편협한 자아를 잊었다는 것은~세계와 자유롭게 소통하는 합일의 경지에 도달할 수 있음을 의미한다.

추론과정 : 마음을 잊고 세계와 자유롭게 소통한다는 지문 근거로 추론하여 선택지와 동일한 의미라는 점에서 적절하다.

② 참된 자아가 세계와 관계를 맺으려면 / 감각적 체험을 배제해야 하겠군.

                               전제   /   결론

                      ㄴ 정답 확인──연결성(타당한 연결) ㅓ

지문요소 : 5문단, 자아와 타자는 서로의 존재를 온전히 전제할 때 자신들의 존재가 드러날 수 있다. 내가 편견 없는 눈의 감각으로 꽃을 응시하면~꽃으로 인해 나의 존재가 성립되고 나로 인해 그 꽃 또한 존재의 의미를 획득하게 된다.

추론과정 : 내가 편견없는 눈의 감각으로 꽃을 응시한다는 지문을 근거로 추론하면, '감각적 체험'을 배제해야 하는 (전택지–결론) 점에서 맞지 않기 때문에 정답이다.

③ 마음을 바깥 사물에 빼앗긴다는 것은 / 참된 자아를 잊는다는 것과 같겠군.

                               전제   /   결론

                      ㄴ 정답 확인──연결성(타당한 연결) ㅓ

지문요소 : 2문단 바깥 사물에 마음을 통째로 빼앗겨 자신조차 잊어버리는 고도의 몰입을 대상에 사로잡혀 끌려다니는 꼴. 4문단, 첫째 이야기에서는 온전하게 회복해야 할 '참된 자아'를 잊은 것이고

추론과정 : 참된 자아를 잊는다는 것은 곧 바깥 사물에 마음을 배앗긴다는 지문을 근거로 추론하면 적절한 선택지이다.

④ 편협한 자아를 잊는 것은 / 타자와의 상호 의존적 관계 형성을 위한 바탕이 되겠군.

                               전제   /   결론

                      ㄴ 정답 확인──연결성(타당한 연결) ㅓ

지문요소 : 5문단. 장자는 이 경지를 만물의 상호 의존성으로 설명한다.

추론과정 : 편협한 자아를 잊는다는 것은 타자와 상호의존적 관계 형성으로 본다는 의미
이다.

⑤ 장자가 꿈속에서 나비가 되어 자신조차 잊었다는 것은 / 마음이 명경지수와 같은 상
태였다는 말이군.

          전제   /   결론

        ㄴ 정답 확인──연결성(타당한 연결) ㅣㅓ

지문요소 : 3문단. 흔히 명경지수의 비유로 표현되는 정적의 상태. 5문단. 장자가 나비가
되어 자신조차 잊은 채 자유롭게~

추론과정 : 선택지의 전제 부분은 지문과 동일한 내용을 요약한 것임. 다만 지문을 근거
로 했기 때문에 추론 형식을 띤다.

[적용 문항]

* 다음 글을 읽고 물음에 답하시오. [2017학년도 6월]

(가) 유비 논증은 두 대상이 몇 가지 점에서 유사하다는 사실이 확인된 상태에서 어떤 대상이 추가적 특성을 갖고 있음이 알려졌을 때 다른 대상도 그 추가적 특성을 가지고 있다고 추론하는 논증이다. 유비 논증은 이미 알고 있는 전제에서 새로운 정보를 결론으로 도출하게 된다는 점에서 유익하기 때문에 일상생활과 과학에서 흔하게 쓰인다. 특히 의학적인 목적에서 포유류를 대상으로 행해지는 동물 실험이 유효하다는 주장과 그에 대한 비판은 유비 논증을 잘 이해할 수 있게 해 준다.

(나) 유비 논증을 활용해 동물 실험의 유효성을 주장하는 쪽은 인간과 실험동물이 유사성을 보유하고 있기 때문에 신약이나 독성 물질에 대한 실험동물의 반응 결과를 인간에게 안전하게 적용할 수 있다고 추론한다. 이를 바탕으로 이들은 동물 실험이 인간에게 명백하고 중요한 이익을 준다고 주장한다.

(다) 도출한 새로운 정보가 참일 가능성을 유비 논증의 개연성이라 한다. 개연성이 높기 위해서는 비교 대상 간의 유사성이 커야 하는데 이 유사성은 단순히 비슷하다는 점에서의 유사성이 아니고 새로운 정보와 관련 있는 유사성이어야 한다. 예를 들어 동물 실험의 유효성을 주장하는 쪽은 실험동물로 많이 쓰이는 포유류가 인간과 공유하는 유사성, 가령 비슷한 방식으로 피가 순환하며 허파로 호흡을 한다는 유사성은 실험 결과와 관련 있는 유사성으로 보기 때문에 자신들의 유비 논증은 개연성이 높다고 주장한다. 반면에 인간과 꼬리가 있는 실험동물은 꼬리의 유무에서 유사성을 갖지 않지만 그것은 실험과 관련이 없는 특성이므로 무시해도 된다고 본다.

(라) 그러나 동물 실험을 반대하는 쪽은 유효성을 주장하는 쪽을 유비 논증과 관련하여 두 가지 측면에서 비판한다. 첫째, 인간과 실험동물 사이에는 위와 같은 유사성이 있다고 말하지만 그것은 기능적 차원에서의 유사성일 뿐이라는 것이다. 인간과 실험동물의 기능이 유사하다고 해도 그 기능을 구현하는 인과적 메커니즘은 동물마다 차이가 있다는 과학적 근거가 있는데도 말이다. 둘째, 기능적 유사성에만 주목하면서도 막상 인간과 동물이 고통을 느낀다는 기능적 유사성에는 주목하지 않는다는 것이다. 인간은 자신의 고통과 달리 동물의 고통은 직접 느낄 수 없지만 무엇인가에 맞았을 때 신음소리를 내거나 몸을 움츠리는 동물의 행동이 인간과 기능적으로 유사하다는 것을 보고 유비 논증으로 동물이 고통을 느낀다는 것을 알 수 있는데도 말이다.

(마) 요컨대 첫째 비판은 동물 실험의 유효성을 주장하는 유비논증의 개연성이 낮다고 지적하는 반면 둘째 비판은 동물도 고통을 느낀다는 점에서 동물 실험의 윤리적 문제를 제기하는 것이다. 인간과 동물 모두 고통을 느끼는데 인간에게 고통을 끼치는 실험은 해서는 안 되고 동물에게 고통을 끼치는 실험은 해도 된다고 생각하는 것은 공평

하지 않다고 생각하기 때문이다. 결국 윤리성의 문제도 일관되지 않게 쓰인 유비 논증
에서 비롯된 것이다.

21. 윗글을 바탕으로 추론한 내용으로 가장 적절한 것은? ⑤

① 유비 논증의 개연성은 이미 알고 있는 정보와 관련이 없는 새로운 대상이 추가될 때
　 높아진다.

② 인간은 자신이 고통을 느낀다는 것이나 동물이 고통을 느낀다는 것이나 모두 유비 논
　 증에 의해 안다.

③ 인간이 꼬리가 있는 실험동물과 차이가 있다는 사실은 동물실험의 유효성을 주장하는
　 논증의 개연성을 낮춘다.

④ 동물 실험이 인간에게 중대한 이익을 가져다준다는 것은 동물 실험의 유효성과 상관
　 없이 알 수 있는 정보이다.

⑤ 동물 실험에 윤리적 문제가 있다는 주장에는 인간과 동물의 고통을 공평한 기준으로
　 대해야 한다는 생각이 전제되어있다.

[정답 찾기 3step]

step 1. 선택지의 평가요소(=지문요소)를 전제와 결론으로 나눈다.

① 유비 논증의 개연성은 이미 알고 있는 정보와 관련이 없는 새로운 대상이 추가될 때 / 높아진다.

② 인간은 자신이 고통을 느낀다는 것이나 동물이 고통을 느낀다는 것이나 / 모두 유비 논증에 의해 안다.

③ 인간이 꼬리가 있는 실험동물과 차이가 있다는 사실은 / 동물실험의 유효성을 주장하는 논증의 개연성을 낮춘다.

④ 동물 실험이 인간에게 중대한 이익을 가져다준다는 것은 / 동물 실험의 유효성과 상관없이 알 수 있는 정보이다.

⑤ 동물 실험에 윤리적 문제가 있다는 주장에는 / 인간과 동물의 고통을 공평한 기준으로 대해야 한다는 생각이 전제되어 있다.

step 2. 선택지의 전제와 결론을 판단할 수 있는 지문 근거를 찾는다.

① 유비 논증의 개연성은 이미 알고 있는 정보와 관련이 없는 새로운 대상이 추가될 때 / 높아진다.

지문요소 : (다)에서, 도출한 새로운 정보가 참일 가능성을 유비 논증의 개연성이라 한다. 개연성이 높기 위해서는 비교 대상 간의 유사성이 커야 하는데 이 유사성은 단순히 비슷하다는 점에서의 유사성이 아니고 새로운 정보와 관련 있는 유사성이어야 한다.

② 인간은 자신이 고통을 느낀다는 것이나 동물이 고통을 느낀다**는 것이내[고 할 때]** / 모두 유비 논증에 의해 안다.

지문요소 : (라)에서, 인간은 자신의 고통과 달리 동물의 고통은 직접 느낄 수 없지만 무엇인가에 맞았을 때 신음 소리를 내거나 몸을 움츠리는 동물의 행동이 인간과 기능적으로 유사하다는 것을 보고 유비 논증으로 동물이 고통을 느낀다는 것을 알 수 있는데도 말이다.

③ 인간이 꼬리가 있는 실험동물과 차이가 있다는 사실은 / 동물실험의 유효성을 주장하는 논증의 개연성을 낮춘다.

지문요소 : (다)에서, 인간과 꼬리가 있는 실험동물은 꼬리의 유무에서 유사성을 갖지 않

지만 그것은 실험과 관련이 없는 특성이므로 무시해도 된다고 본다. (마)에서,
첫째 비판을 동물 실험의 유효성을 주장하는 유비 논증의 개연성이 낮다고

④ 동물 실험이 인간에게 중대한 이익을 가져다준다는 것은 / 동물 실험의 유효성과 상
   관없이 알 수 있는 정보이다.
지문요소 : (나)에서, 동물 실험이 인간에게 명백하게 중요한 이익을 준다고 주장한다.

⑤ 동물 실험에 윤리적 문제가 있다는 주장에는 / 인간과 동물의 고통을 공평한 기준으
   로 대해야 한다는 생각이 전제되어 있다.
지문요소 : (마)에서, 동물도 고통을 느낀다는 점에서 동류 실험의 윤리적 문제를 제기하
         는 것이다.

step 3. 전제와 결론의 연결성을 지문에서 찾아 추론과정을 통해 정답을 판단한다.

① 유비 논증의 개연성은 이미 알고 있는 정보와 관련이 없는 새로운 대상이 추가될
   때 / 높아진다.
지문요소 : (다)에서, 도출한 새로운 정보가 참일 가능성을 유비 논증의 개연성이라 한다.
         개연성이 높기 위해서는 비교 대상 간의 유사성이 커야 하는데 이 유사성은
         단순히 비슷하다는 점에서의 유사성이 아니고 새로운 정보와 관련 있는 유사
         성이어야 한다.

추론과정 : 새로운 정보가 참일 가능성을 개연성이라고 하는데, 개연성은 새로운 정보와
         관련 있는 유사성에 근거한다. 따라서 ①번 선택지는 오답이다. [x]

② 인간은 자신이 고통을 느낀다는 것이나 동물이 고통을 느낀**는 것이나[고 할 때]** /
   모두 유비 논증에 의해 안다.
지문요소 : (라)에서, 인간은 자신의 고통과 달리 동물의 고통은 직접 느낄 수 없지만 무
         엇인가에 맞았을 때 신음 소리를 내거나 몸을 움츠리는 동물의 행동이 인간
         과 기능적으로 유사하다는 것을 보고 유비 논증으로 동물이 고통을 느낀다는
         것을 알 수 있는데도 말이다. 이와 같은 관점으로 접근하면 옳은 답이다. 그
         러나 인간과 실험동물 사이에는 위와 같은 유사성이 있다고 말하지만 그것은
         기능적 유사성일 뿐이라는 것이다.

추론과정 : 인간과 동물의 기능적 유사성에만 집중하면 정답일 수 있으나 이 유사성은
         단순한 기능적 차원일 뿐, 동물마다 인과적 메커니즘은 차이가 있다는 과학
         적 근거에서 보면 틀린 선택지이다. [x]

③ 인간이 꼬리가 있는 실험동물과 차이가 있다는 사실은 / 동물실험의 유효성을 주장하는 논증의 개연성을 낮춘다.

지문요소 : (다)에서, 인간과 꼬리가 있는 실험동물은 꼬리의 유무에서 유사성을 갖지 않지만 그것은 실험과 관련이 없는 특성이므로 무시해도 된다고 본다. (마)에서, 첫째 비판을 동물 실험의 유효성을 주장하는 유비 논증의 개연성이 낮다고

추론과정 : 인간과 실험동물과의 꼬리 유무 차이가 유사성이 없기 때문에 무시해도 된다고 보면 유비 논증의 개연성과는 어떤 관련성도 없기 때문에 틀린 답이다. [x]

④ 동물 실험이 인간에게 중대한 이익을 가져다준다는 것은 / 동물 실험의 유효성과 상관없이 알 수 있는 정보이다.

지문요소 : (나)에서, 동물 실험이 인간에게 명백하게 중요한 이익을 준다고 주장한다.

추론과정 : 동물 실험이 중대한 이익을 준다고 볼 때, 동물 실험의 유효성과 밀접한 관계가 있기 때문에 선택지는 틀린 답이다. [x]

⑤ 동물 실험에 윤리적 문제가 있다는 주장에는 / 인간과 동물의 고통을 공평한 기준으로 대해야 한다는 생각이 전제되어 있다.

지문요소 : (마)에서, 동물도 고통을 느낀다는 점에서 동룸 실험의 윤리적 문제를 제기하는 것이다.

추론과정 : 윤리적 문제가 인간과 동물에게 일관되게 적용되지 않았다는 '숨은 전제'를 이끌어 낸다면 정답이다. [o]

tip 지문삭제 - 깃발 법칙 적용

① 유비 논증의 개연성은 이미 알고 있는 정보와 관련이 없는 새로운 대상이 추가될 때 / 높아진다.
② 인간은 자신이 고통을 느낀다는 것이나 동물이 고통을 느낀다는 것이나[고 할 때] / 모두 유비 논증에 의해 안다.
③ 인간이 꼬리가 있는 실험동물과 차이가 있다는 사실은 / 동물실험의 유효성을 주장하는 논증의 개연성을 낮춘다.
④ 동물 실험이 인간에게 중대한 이익을 가져다준다는 것은 / 동물 실험의 유효성과 상관없이 알 수 있는 정보이다.
⑤ 동물 실험에 윤리적 문제가 있다는 주장에는 / 인간과 동물의 고통을 공평한 기준으로 대해야 한다는 생각이 전제되어 있다.

[실전 문항-1]

* 다음 글을 읽고 물음에 답하시오. [2016학년도 11월]

어떤 물체가 물이나 공기와 같은 유체 속에서 자유 낙하할 때 물체에는 중력, 부력, 항력이 작용한다. 중력은 물체의 질량에 중력 가속도를 곱한 값으로 물체가 낙하하는 동안 일정하다. 부력은 어떤 물체에 의해서 배제된 부피만큼의 유체의 무게에 해당하는 힘으로, 항상 중력의 반대 방향으로 작용한다. 빗방울에 작용하는 부력의 크기는 빗방울의 부피에 해당하는 공기의 무게이다. 공기의 밀도는 물의 밀도의 1,000분의 1 수준이므로, 빗방울이 공기 중에서 떨어질 때 부력이 빗방울의 낙하 운동에 영향을 주는 정도는 미미하다. 그러나 스티로폼 입자와 같이 밀도가 매우 작은 물체가 낙하할 경우에는 부력이 물체의 낙하속도에 큰 영향을 미친다.

물체가 유체 내에 정지해 있을 때와는 달리, 유체 속에서 운동하는 경우에는 물체의 운동에 저항하는 힘인 항력이 발생하는데, 이 힘은 물체의 운동 방향과 반대로 작용한다. 항력은 유체 속에서 운동하는 물체의 속도가 커질수록 이에 상응하여 커진다. 항력은 마찰 항력과 압력 항력의 합이다. 마찰 항력은 유체의 점성 때문에 물체의 표면에 가해지는 항력으로, 유체의 점성이 크거나 물체의 표면적이 클수록 커진다. 압력 항력은 물체가 이동할 때 물체의 전후방에 생기는 압력 차에 의해 생기는 항력으로, 물체의 운동 방향에서 바라본 물체의 단면적이 클수록 커진다.

안개비의 빗방울이나 미세 먼지와 같이 작은 물체가 낙하하는 경우에는 물체의 전후방에 생기는 압력 차가 매우 작아 마찰 항력이 전체 항력의 대부분을 차지한다. 빗방울의 크기가 커지면 전체 항력 중 압력 항력이 차지하는 비율이 점점 커진다. 반면 스카이다이버와 같이 큰 물체가 빠른 속도로 떨어질 때에는 물체의 전후방에 생기는 압력 차에 의한 압력 항력이 매우 크므로 마찰 항력이 전체 항력에 기여하는 비중은 무시할 만하다.

빗방울이 낙하할 때 처음에는 중력 때문에 빗방울의 낙하속도가 점점 증가하지만, 이에 따라 항력도 커지게 되어 마침내 항력과 부력의 합이 중력의 크기와 같아지게 된다. 이때 물체의 가속도가 0이 되므로 빗방울의 속도는 일정해지는데, 이렇게 일정해진 속도를 종단 속도라 한다. 유체 속에서 상승하거나 지면과 수평으로 이동하는 물체의 경우에도 종단 속도가 나타나는 것은 이동 방향으로 작용하는 힘과 반대 방향으로 작용하는 힘의 평형에 의한 것이다.

29. 윗글을 통해 알 수 있는 내용으로 가장 적절한 것은?

① 스카이다이버가 낙하 운동할 때에는 마찰 항력이 전체 항력의 대부분을 차지하게 된다.

② 물체가 유체 속에서 운동할 때 물체 전후방에 생기는 압력 차는 그 물체의 속도를 증가시킨다.

③ 낙하하는 물체의 속도가 종단 속도에 이르게 되면 그 물체의 가속도는 중력 가속도와 같아진다.

④ 균일한 밀도의 액체 속에서 낙하하는 동전에 작용하는 부력은 항력의 크기에 상관없이 일정한 크기를 유지한다.

⑤ 균일한 밀도의 액체 속에 완전히 잠겨 있는 쇠 막대에 작용하는 부력은 서 있을 때보다 누워 있을 때가 더 크다.

tip 위와 같은 문항은 발문 혹은 선택지에서 구체적으로 추론 형식이 나타나지 않으나, 발문에서 '윗글을 통해 알 수 없는 내용'을 추론 형식으로 이해한 뒤 정답 찾기를 하면 된다. 그리고 선택지도 추론 형식으로 정답 찾기를 하면 된다.

[제4법칙 : 발문 – 추론 형식 법칙 정답 해설]

[실전 문항-1]

* 다음 글을 읽고 물음에 답하시오. [2016학년도 11월]

29. 윗글을 통해 알 수 있는 내용으로 가장 적절한 것은? ④

① 스카이다이버가 낙하 운동할 때에는 마찰 항력이 선제 항력의 대부분을 차지하게 된다.

② 물체가 유체 속에서 운동할 때 물체 전후방에 생기는 압력 차는 그 물체의 속도를 증가시킨다.

③ 낙하하는 물체의 속도가 종단 속도에 이르게 되면 그 물체의 가속도는 중력 가속도와 같아진다.

④ 균일한 밀도의 액체 속에서 낙하하는 동전에 작용하는 부력은 항력의 크기에 상관없이 일정한 크기를 유지한다.

⑤ 균일한 밀도의 액체 속에 완전히 잠겨 있는 쇠 막대에 작용하는 부력은 서 있을 때보다 누워 있을 때가 더 크다.

[정답 찾기 3step]

step 1. 선택지의 평가요소(=지문요소)를 조건과 결과로 나눈다.

① 스카이다이버가 낙하 운동할 때에는 / 마찰 항력이 전체 항력의 대부분을 차지하게 된다.

② 물체가 유체 속에서 운동할 때 물체 전후방에 생기는 압력 차는 / 그 물체의 속도를 증가시킨다.

③ 낙하하는 물체의 속도가 종단 속도에 이르게 되면 / 그 물체의 가속도는 중력 가속도와 같아진다.

④ 균일한 밀도의 액체 속에서 낙하하는 동전에 작용하는 부력은 / 항력의 크기에 상관없이 일정한 크기를 유지한다.

⑤ 균일한 밀도의 액체 속에 완전히 잠겨 있는 쇠 막대에 작용하는 부력은 / 서 있을 때

보다 누워 있을 때가 더 크다.

step 2. 선택지의 전제와 결론을 판단할 수 있는 지문 근거를 찾는다.

① 스카이다이버가 낙하 운동할 때에는 / 마찰 항력이 전체 항력의 대부분을 차지하게 된다.

지문요소 : 3문단에서, 스카이다이버와 같이 큰 물체가 빠른 속도로 떨어질 때에는 물체의 전후방에 생기는 압력 차에 의한 압력 항력이 매우 크므로 마찰 항력이 전체 항력에 기여하는 비중은 무시할 만하다.

② 물체가 유체 속에서 운동할 때 물체 전후방에 생기는 압력 차는 / 그 물체의 속도를 증가시킨다.

지문요소 : 2문단에서, 항력은 유체 속에서 운동하는 물체의 속도가 커질수록 이에 상응하여 커진다. 항력은 마찰 항력과 압력 항력의 합이다. 마찰 항력은 유체의 점성 때문에 물체의 표면에 가해지는 항력으로, 유체의 점성이 크거나 물체의 표면적이 클수록 커진다. 압력 항력은 물체가 이동할 때 물체의 전후방에 생기는 압력 차에 의해 생기는 항력으로, 물체의 운동 방향에서 바라본 물체의 단면적이 클수록 커진다.

③ 낙하하는 물체의 속도가 종단 속도에 이르게 되면 / 그 물체의 가속도는 중력 가속도와 같아진다.

지문요소 : 4문단에서, 빗방울이 낙하할 때 처음에는 중력 때문에 빗방울의 낙하속도가 점점 증가하지만, 이에 따라 항력도 커지게 되어 마침내 항력과 부력의 합이 중력의 크기와 같아지게 된다. 이때 물체의 가속도가 0이 되므로 빗방울의 속도는 일정해지는데, 이렇게 일정해진 속도를 종단 속도라 한다.

④ 균일한 밀도의 액체 속에서 낙하하는 동전에 작용하는 부력은 / 항력의 크기에 상관없이 일정한 크기를 유지한다.

지문요소 : 2문단에서, 압력 항력은 물체가 이동할 때 물체의 전후방에 생기는 압력 차에 의해 생기는 항력으로, 물체의 운동 방향에서 바라본 물체의 단면적이 클수록 커진다.

⑤ 균일한 밀도의 액체 속에 완전히 잠겨 있는 쇠 막대에 작용하는 부력은 / 서 있을 때
보다 누워 있을 때가 더 크다.

지문요소 : 1문단에서, 빗방울에 작용하는 부력의 크기는 빗방울의 부피에 해당하는 공
기의 무게이다.

step 3. 전제와 결론의 연결성을 지문에서 찾아 추론 과정을 통해 정답을 판단한다.

① 스카이다이버가 낙하 운동할 때에는 / 마찰 항력이 전체 항력의 대부분을 차지하게
된다.

지문요소 : 스카이다이버와 같이 큰 물체가 빠른 속도로 떨어질 때에는 물체의 전후방에
생기는 압력 차에 의한 압력 항력이 매우 크므로 마찰 항력이 전체 항력에
기여하는 비중은 무시할 만하다.

추론과정 : 비중은 무시할 만하다하고 했기 때문에 오답이다. [x]

② 물체가 유체 속에서 운동할 때 물체 전후방에 생기는 압력 차는 / 그 물체의 속도를
증가시킨다.

지문요소 : 항력은 유체 속에서 운동하는 물체의 속도가 커질수록 이에 상응하여 커진다.
항력은 마찰 항력과 압력 항력의 합이다. 마찰 항력은 유체의 점성 때문에 물
체의 표면에 가해지는 항력으로, 유체의 점성이 크거나 물체의 표면적이 클수
록 커진다. 압력 항력은 물체가 이동할 때 물체의 전후방에 생기는 압력 차에
의해 생기는 항력으로, 물체의 운동 방향에서 바라본 물체의 단면적이 클수록
커진다.

추론과정 : 항력은 물체의 운동을 통해 물체의 속도를 감소시키기 때문에 오답이다. [x]

③ 낙하하는 물체의 속도가 종단 속도에 이르게 되면 / 그 물체의 가속도는 중력 가속도
와 같아진다.

지문요소 : 빗방울이 낙하할 때 처음에는 중력 때문에 빗방울의 낙하속도가 점점 증가하
지만, 이에 따라 항력도 커지게 되어 마침내 항력과 부력의 합이 중력의 크기
와 같아지게 된다. 이때 물체의 가속도가 0이 되므로 빗방울의 속도는 일정
해지는데, 이렇게 일정해진 속도를 종단 속도라 한다.

추론과정 : 종단 속도의 물체는 가속도가 0이다. 0이라는 의미는 중력 가속도와는 다르
다는 의미이기 때문에 오답이다. [x]

④ 균일한 밀도의 액체 속에서 낙하하는 동전에 작용하는 부력은 / 항력의 크기에 상관
   없이 일정한 크기를 유지한다.

지문요소 : 2문단에서, 압력 항력은 물체가 이동할 때 물체의 전후방에 생기는 압력 차에
         의해 생기는 항력으로, 물체의 운동 방향에서 바라본 물체의 단면적이 클수록
         커진다.

추론과정 : 동전이 유체인 액체 속에서 낙하할 때 크기는 변화하지 않기 때문에 부력의
         크기는 일정하고, 또한 물체가 낙하할 때 받는 힘인 항력은 부력과는 관련이
         없기 때문에 선택지의 진술은 타당하다. [○]

⑤ 균일한 밀도의 액체 속에 완전히 잠겨 있는 쇠 막대에 작용하는 부력은 / 서 있을 때
   보다 누워 있을 때가 더 크다.

지문요소 : 1문단에서, 빗방울에 작용하는 부력의 크기는 빗방울의 부피에 해당하는 공
         기의 무게이다.

추론과정 : 부력은 물체의 부피에 해당하고 공기의 무게이기에 압력 항력에 대한 선택지
         의 설명과는 다른 진술이기 때문에 오답이다. [×]

기호(㉠ 혹은 ⓐ) - 추론 형식 법칙

'발문'에서 추론 형식의 평가요소가 드러나 있는 경우이다. 다만 지문 가운데 특정지문 즉 기호(㉠ 혹은 ⓐ)에 국한한 추론 형식이다. 특정 기호(㉠ 혹은 ⓐ)의 의미는 지문을 바탕으로 하여 그 **숨은 전제**를 찾아야 한다.

tip 숨은 전제와 결론

일상의 논증에서는 전제 또는 결론을 생략하는 경우가 종종 있다.

예-1) 이 영화는 미성년자 관람불가야. 너는 볼 수 없어.
예-1)에서는 '너는 미성년자이다.'라는 **전제**가 숨어 있다.

예-2) 소림사 출신은 모두 한 무예 한다는데, 청공 스님도 소림사 출신이래.
예-2)에서는 '청공 스님은 한 무예 한다.'라는 **결론**이 숨어 있다.

예-3) 드래곤스 팀이 우승하면 내가 네 아들이다.
예-3)에서는 **전제와 결론**까지 숨어 있다.

드래곤스 팀이 우승하면 내가 네 아들이다.　　[전제 1]
나는 네 아들이 아니다.　　[전제 2]
드래곤스 팀은 우승하지 못한다.　　[결론]

– 최 훈, 『논리는 나의 힘』(141~142쪽 참고)

[예시]

27. 문맥을 고려할 때 ㉠의 의미를 **추론**한 내용으로 가장 적절한 것은?
　　↓　　　　　　　　　↓　　　　　　↓　　　---추론의 평가요소 [o]
　지문요소[특정지문]　　　평가요소　　　　판단요소

① 많은 사람들이 항상 달을 관찰하고 있으므로 / 달이 존재한다.　　---추론 형식 [o]
　　　　　　　조건　　　　　　　/　　　　　결과

위와 같은 문항은 다음과 같은 과정을 통해 정답을 확정하면 된다.

① ㉠의 의미 / 많은 사람들이 항상 달을 관찰하고 있으므로 / 달이 존재한다.
　　지문요소　/　　평가요소　　　　　　　　　　　---연결성(타당한 연결)
　　└──[1차 정답 확인]──┘
　　　　　　전제　　　　/　　　　결론　　　---연결성(타당한 연결)
　　　　　└──[2차 정답 확인]──┘

[예시 문항]

* 다음을 읽고 물음에 답하시오. [2018학년도 9월]

> 고전 역학에 따르면, 물체의 크기에 관계없이 초기 운동 상태를 정확히 알 수 있다면 일정한 시간 후의 물체의 상태는 정확히 측정될 수 있으며, 배타적인 두 개의 상태가 공존할 수 없다. 하지만 20세기에 등장한 양자 역학에 의해 미시 세계에서는 상호 배타적인 상태들이 공존할 수 있음이 알려졌다.
>
> 미시 세계에서의 상호 배타적인 상태의 공존을 이해하기 위해, 거시 세계에서 회전하고 있는 반지름 5 ㎝의 팽이를 생각해 보자. 그 팽이는 시계 방향 또는 반시계 방향 중 한쪽으로 회전하고 있을 것이다. 팽이의 회전 방향은 관찰하기 이전에 이미 정해져 있으며, 다만 관찰을 통해 알게 되는 것뿐이다. 이와 달리 미시 세계에서 전자만큼 작

은 팽이 하나가 회전하고 있다고 상상해 보자. 이 팽이의 회전 방향은 시계 방향과 반시계 방향의 두 상태가 공존하고 있다. 하나의 팽이에 공존하고 있는 두 상태는 관찰을 통해서 한 가지 회전 방향으로 결정된다. 두 개의 방향 중 어떤 쪽이 결정될지는 관찰하기 이전에는 알 수 없다. 거시 세계와 달리 양자 역학이 지배하는 미시 세계에서는, 우리가 관찰하기 이전에는 상호 배타적인 상태가 공존하는 것이다. 배타적인 상태의 공존과 관찰 자체가 물체의 상태를 결정한다는 개념을 받아들이기 힘들었기 때문에, 아인슈타인은 ㉠ "당신이 달을 보기 전에는 달이 존재하지 않는 것인가?"라는 말로 양자 역학의 해석에 회의적인 태도를 취하였다.

최근에는 상호 배타적인 상태의 공존을 적용함으로써 초고속 연산을 수행하는 양자 컴퓨터에 대한 연구가 진행되고 있다. 이는 양자 역학에서 말하는 상호 배타적인 상태의 공존이 현실에서 실세로 구현될 수 있음을 잘 보여 주는 예라 할 수 있다. 미시 세계에 대한 이러한 연구 성과는 거시 세계에 대해 우리가 자연스럽게 지니게 된 상식적인 생각들에 근본적인 의문을 던진다. 이와 비슷한 의문은 논리학에서도 볼 수 있다.

고전 논리는 '참'과 '거짓'이라는 두 개의 진리치만 있는 이치 논리이다. 그리고 고전 논리에서는 어떠한 진술이든 '참' 또는 '거짓'이다. 이는 우리의 상식적인 생각과 잘 들어맞는다. 그러나 프리스트에 따르면, '참'인 진술과 '거짓'인 진술 이외에 '참인 동시에 거짓'인 진술이 있다. 이를 설명하기 위해 그는 '거짓말쟁이 문장'을 제시한다. 거짓말쟁이 문장을 이해하기 위해 자기 지시적 문장과 자기 지시적이지 않은 문장을 구분해 보자. 자기 지시적 문장은 말 그대로 자기 자신을 가리키는 문장을 말한다. 예를 들어 "이 문장은 모두 열여덟 음절로 이루어져 있다."라는 '참'인 문장은 자기 자신을 가리키며 그것이 몇 음절로 이루어져 있는지 말하고 있다. 반면 "페루의 수도는 리마이다."라는 '참'인 문장은 페루의 수도가 어디인지 말할 뿐 자기 자신을 가리키는 문장은 아니다.

"이 문장은 거짓이다."는 거짓말쟁이 문장이다. 이는 '이 문장'이라는 표현이 문장 자체를 가리키며 그것이 '거짓'이라고 말하는 자기 지시적 문장이다. 그렇다면 프리스트는 왜 거짓말쟁이 문장에 '참인 동시에 거짓'을 부여해야 한다고 생각할까? 이에 답하기 위해 우선 거짓말쟁이 문장이 '참'이라고 가정해 보자. 그렇다면 거짓말쟁이 문장은 '거짓'이다. 왜냐하면 거짓말쟁이 문장은 자기 자신을 가리키며 그것이 '거짓'이라고 말하는 문장이기 때문이다. 반면 거짓말쟁이 문장이 '거짓'이라고 가정해 보자. 그렇다면 거짓말쟁이 문장은 '참'이다. 왜냐하면 그것이 바로 그 문장이 말하는 바이기 때문이다. 프리스트에 따르면 어떤 경우에도 거짓말쟁이 문장은 '참인 동시에 거짓'인 문장이다. 따라서 그는 거짓말쟁이 문장에 '참인 동시에 거짓'을 부여해야 한다고 본다. 그는 거짓말쟁이 문장 이외에 '참인 동시에 거짓'인 진리치가 존재함을 뒷받침하는 다양한 사례를 제시한다. 특히 그는 양자 역학에서 상호 배타적인 상태의 공존은 이 점을 시사하고 있다고 본다.

고전 논리에서는 '참인 동시에 거짓'인 진리치를 지닌 문장을 다룰 수 없기 때문에 프리스트는 그것도 다룰 수 있는 비고전 논리 중 하나인 LP*를 제시하였다. 그런데 LP 에서는 직관적으로 호소력 있는 몇몇 추론 규칙이 성립하지 않는다. 전건 긍정 규칙을 예로 들어 생각해 보자. 고전 논리에서는 전건 긍정 규칙이 성립한다. 이는 ⓒ "P이면 Q이다."라는 조건문과 그것의 전건인 P가 '참'이라면 그것의 후건인 Q도 반드시 '참' 이 된다는 것이다. 이와 비슷한 방식으로 LP에서 전건 긍정 규칙이 성립하려면, 조건문과 그것의 전건인 P가 모두 '참' 또는 '참인 동시에 거짓'이라면 그것의 후건인 Q도 반드시 '참' 또는 '참인 동시에 거짓'이어야 한다. 그러나 LP에서 조건문의 전건은 '참인 동시에 거짓'이고 후건은 '거짓'인 경우, 조건문과 전건은 모두 '참인 동시에 거짓' 이지만 후건은 '거짓'이 된다. 비록 전건 긍정 규칙이 성립하지는 않지만, LP는 고전 논리에 대한 근본적인 의문들에 답하기 위한 하나의 시도로서 의의가 있다.

* LP : '역설의 논리(Logic of Paradox)'의 약자.

27. 문맥을 고려할 때 ㉠의 의미를 추론한 내용으로 가장 적절한 것은? ③

① 많은 사람들이 항상 달을 관찰하고 있으므로 달이 존재한다.
② 달은 질량이 매우 큰 거시세계의 물체이므로 관찰여부와 상관없이 존재한다.
③ 달은 관찰여부와 상관없이 존재하므로 누군가 달을 관찰하기 이전에도 존재한다.
④ 달은 원래부터 있었지만 우리가 관찰하지 않으면 존재 여부에 대해 말할 수 없다.
⑤ 달이 있을 가능성과 없을 가능성이 반반이므로 관찰이 후에 달이 있을 가능성은반 이다.

[정답 찾기 3step]

step 1. 기호에 대한 의미를 지문을 근거로 추론한다.

㉠의 의미 : "당신이 달을 보기 전에는 달이 존재하지 않는 것인가?"는 설의적인 표현으로 당연이 "당신이 달을 보기 전에도 달이 존재한다."는 의미를 담고 있다.

step 2. 선택지를 전제와 결론의 추론 형식으로 나눈다.

① 많은 사람들이 항상 달을 관찰하고 있으므로 / 달이 존재한다.
전제 / 결론

② 달은 질량이 매우 큰 거시세계의 물체이므로 / 관찰여부와 상관없이 존재한다.
전제 / 결론

③ 달은 관찰여부와 상관없이 존재하므로 / 누군가 달을 관찰하기 이전에도 존재한다.
전제 / 결론

④ 달은 원래부터 있었지만 우리가 관찰하지 않으면 / 존재 여부에 대해 말할 수 없다.
전제 / 결론

⑤ 달이 있을 가능성과 없을 가능성이 반반이므로 / 관찰이 후에 달이 있을 가능성
전제 / 결론
은반이다.

**step 3. 기호 (㉠)를 추론한 의미와 기호 (㉠)를 추론한 선택지와 타당한 연결 여부
로 확인한다.**

① ㉠의 의미 / 많은 사람들이 항상 달을 관찰하고 있으므로 / 달이 존재한다.
　 지문요소　　　 / 　　평가요소　　　　　　　　　　 ─── 연결성(타당한 연결)
　 └──[1차 정답 확인]──┘
　　　　　　　　　　　　 전제　　　　　　 / 결론　　 ─── 연결성(타당한 연결)
　　　　　　　　 └──[2차 정답 확인]──┘

② ㉠의 의미 / 달은 질량이 매우 큰 거시세계의 물체이므로 / 관찰여부와 상관없이 존
재한다.
　 지문요소　　　 / 　　평가요소　　　　　　　　　　 ─── 연결성(타당한 연결)
　 └──[1차 정답 확인]──┘
　　　　　　　　　　　　 전제　　　　　　 / 결론　　 ─── 연결성(타당한 연결)
　　　　　　　　 └──[2차 정답 확인]──┘

③ ㉠의 의미 / 달은 관찰여부와 상관없이 존재하므로 / 누군가 달을 관찰하기 이전에도 존재한다.

지문요소　　　/　　평가요소　　　　　　　　　——연결성(타당한 연결)
└──[1차 정답 확인]──┘
　　　　　　　　　전제　　　　　　　　/ 결론　　——연결성(타당한 연결)
　　　　　　　　　　└──[2차 정답 확인]──┘

④ ㉠의 의미 / 달은 원래부터 있었지만 우리가 관찰하지 않으면 / 존재 여부에 대해 말할 수 없다.

지문요소　　　/　　평가요소　　　　　　　　　——연결성(타당한 연결)
└──[1차 정답 확인]──┘
　　　　　　　　　전제　　　　　　　　/ 결론　　——연결성(타당한 연결)
　　　　　　　　　　└──[2차 정답 확인]──┘

⑤ ㉠의 의미 / 달이 있을 가능성과 없을 가능성이 반반이므로 / 관찰이 후에 달이 있을 가능성은반이다.

지문요소　　　/　　평가요소　　　　　　　　　——연결성(타당한 연결)
└──[1차 정답 확인]──┘
　　　　　　　　　전제　　　　　　　　/ 결론　　——연결성(타당한 연결)
　　　　　　　　　　└──[2차 정답 확인]──┘

발칙한 생각

　　1차 정답 확인에서 정답지를 선택하지 못하면, 다음 단계인 2차 정답 확인에서 답지를 확정할 수 있다. 위의 내용을 정리하면 다음과 같다.

형식	[지문정보] 이미 알고 있는 정보 =**맥락상 분석 의미**	[선택지 드러남, 혹은 생략] (사유과정 : 타당성, 객관성, 수 용성으로 판단) ㉠의 의미 = 전제	선택지[서술구] 결론
①	㉠의 의미	많은 사람들이 항상 달을 관찰 하고 있으므로	달이 존재한다.
②	㉠의 의미	달은 질량이 매우 큰 거시세계 의 물체이므로	관찰여부와 상관없이 존 재한다.
③	㉠의 의미	달은 관찰여부와 상관없이 존재 하므로	누군가 달을 관찰하기 이 전에도 존재한다.
④	㉠의 의미	달은 원래부터 있었지만 우리가 관찰하지 않으면	존재 여부에 대해 말할 수 없다.
⑤	㉠의 의미	달이 있을 가능성과 없을 가능 성이 반반이므로	관찰이 후에 달이 있을 가능성은 반이다.

지문에서 [㉠ "당신이 달을 보기 전에는 달이 존재하지 않는 것인가?"라는 아인슈타인의 말을 통해 양자 역학의 해석에 회의적인 태도를 취하였다]라는 문맥적 의미를 읽으면, ㉠ - 1 '**당신이 달을 보지 않았더라도 달은 이미 존재해 있다.**'라는 숨은 전제를 통해 양자 역학의 해석이 부정적이라는 의미이다.

다만 '㉠의 의미'는 ㉠ - 1이다. 이를 추론한다면, '달은 관찰 여부와 상관없이 존재하므로 / 누군가 달을 관찰하기 이전에도 존재한다.'라는 결론에 도달한다.

형식	[지문] 이미 알고 있는 정보	[선택지 드러남, 혹은 생략] (사유과정 : 타당성, 객관 성, 수용성으로 판단)	선택지[서술어부] 결론
추론	**당신이 달을 보지 않았 더라도 달은 이미 존재 해 있다.**	달은 관찰여부와 상관없이 존재하므로	누군가 달을 관찰하기 이전 에도 존재한다.

[적용 문항]

* 다음 글을 읽고 물음에 답하시오. [2016학년도 6월 B형]

산업화에 따라 사회가 분화되고 개인이 공동체적 유대로부터 벗어나게 되는 현상을 '개체화'라고 한다. 울리히 벡과 지그문트 바우만은 현대의 개체화 현상을 사회적 위험 문제와 연관시켜 진단한 대표적인 학자들이다.

사실 사회 분화와 개체화는 자본주의적 산업화 이래로 지속된 현상이다. 그런데 20세기 중반 이후부터는 세계화를 계기로 개체화 현상이 과거와는 질적으로 달라진 양상을 보여 주고 있다. 교통과 통신 수단의 발달에 따라 국경을 넘나드는 자본과 노동의 이동이 가속화되었고, 개인에 대한 국가의 통제력도 현저하게 약화되고 있다. 또한 전 세계적인 노동 시장의 유연화 경향에 따라 정규직과 비정규직, 생산직과 사무직 등 다양한 형태로 분절화된 노동자들이 이제는 계급적 연대 속에서 이해관계를 공유하지 못하게 되었다. 핵가족화 추세에 더하여 일인 가구가 급속도로 늘어나는 등 가족의 해체 현상도 많이 나타나고 있다. 벡과 바우만은 개체화의 이러한 가속화 추세에 대해서 인식의 차이를 보이지 않는다.

그런데 현대의 위기와 관련해서 그들이 개체화를 바라보는 시선은 사뭇 다르다. 먼저 벡은 과학 기술의 의도하지 않은 결과로 나타난 현대의 위기가 개체화와는 별개로 진행된 현상이라고 본다. 벡은 핵무기와 원전 누출 사고, 환경 재난 등 예측 불가능한 위험이 현실화될 가능성이 있는데도 삶의 편의와 풍요를 위해 이를 방치(放置)함으로써 위험이 체계적이고도 항시적으로 존재하게 된 현대 사회를 '위험 사회'라고 규정한 바 있다. 현대의 위험은 과거와 달리 국가와 계급을 가리지 않고 파괴적으로 영향을 미친다는 것이 벡의 관점이다. 그런데 벡은 현대인들이 개체화되어 있다는 바로 그 조건 때문에 오히려 전 지구적 위험에 의한 불안에 대응하기 위해 초계급적, 초국가적으로 연대(連帶)할 가능성이 있다고 보았다. 특히 벡은 그들이 과학 기술의 발전뿐 아니라 그 파괴적 결과까지 인식하여 대안을 모색하는 '성찰적 근대화'의 실천 주체로서 일상생활에서의 요구를 모아 정치적으로 표출(表出)하는 등 행동에 나서야 한다고 주장한다.

한편 바우만은 개체화된 개인들이 삶의 불확실성 속에서 생존을 모색하게 된 현대를 '액체 시대'로 정의하였다. 현대인의 삶과 사회 전체가, 형체는 가변적이고 흐르는 방향은 유동적인 액체와 같아졌다고 보았던 것이다. 그런데 그는 액체 시대라는 개념을 통해 핵 확산이나 환경 재앙 등 예측 불가능한 전 지구적 위험 요인의 항시적 존재만이 아니라 삶의 조건을 불확실하게 만드는 개체화 현상 자체를 위험 요인으로 본다는 점에서 벡과 달랐다. 바우만은 우선 세계화의 흐름 속에서 소수의 특권 계급을 제외한 대다수의 사람들이 무한 경쟁에 내몰리고 빈부 격차에 따라 생존 자체를 위협받는 등 잉여 인간으로 전락(轉落)하고 있다고 본다. 그러나 그가 더 치명적으로 본 것은 협력의 고리를 찾지 못하게 된 현대인들이 개인 수준에서 위기에 대처해야 하는 상황에 빠져 버렸다는 점이다. 더구나 그는 위험에 대한 공포가 내면화되면 사람들은 극복 의지도 잃고 공포로부터 도피하거나 소극적 자기 방어 행동에 몰두(沒頭)하게 된다고 보았다. 그렇기 때문에 바우만은 일상생활에서의 정치적 요구를 담은 실천 행위도 개체화의 흐름에 놓여 있기 때문에 현대의 위기에 대한 해결책이 될 수 없다고 판단하고 있다.

22. 현대의 개체화 현상에 대해 추론한 내용으로 적절하지 **않은** 것은? [3점] ②

① 노동자들이 계급적 동질성을 갖지 못하게 한다.
② 국가의 통제력 강화를 통해 개인의 자율성 약화를 초래한다.
③ 개인의 거주 공간이 가족 공동의 거주 공간에서 분리되는 추세도 포함한다.
④ 벡의 관점에서는 현대인들로 하여금 새로운 방식의 유대를 모색하게 하는 조건이다.
⑤ 바우만의 관점에서는 현대인들로 하여금 서로 연대하기 어렵게 하는 위험 요인이다.

step 1. 기호[특정지문]에 대한 의미를 지문을 근거로 추론한다.

현대의 개체화 현상의 의미 : 개인이 공동체적 유대로부터 벗어나게 되는 현상

step 2. 선택지를 전제와 결론으로 나눈다.

① (현대의 개체화 현상은 - 전제 생략) / 노동자들이 계급적 동질성을 갖지 못하게 한다.
② (현대의 개체화 현상은 - 전제 생략) / 국가의 통제력 강화를 통해 개인의 자율성 약화를 초래한다.
③ (현대의 개체화 현상은 - 전제 생략) / 개인의 거주 공간이 가족 공동의 거주 공간에서 분리되는 추세도 포함한다.
④ (현대의 개체화 현상은 - 전제 생략) 벡의 관점에서는 / 현대인들로 하여금 새로운 방식의 유대를 모색하게 하는 조건이다.
⑤ (현대의 개체화 현상은 - 전제 생략) 바우만의 관점에서는 / 현대인들로 하여금 서로 연대하기 어렵게 하는 위험 요인이다.

    tip 이 문항의 경우 전제가 발문의 핵심어인 현대의 개체화 현상인데, 선택지에서는 전부 생략되었다고 볼 수 있다.

step 3. 기호[= 특정지문]를 추론한 의미와 기호를 바탕으로 추론한 선택지와 타당한 연결 여부로 정답을 확인한다.

① (현대의 개체화 현상은)/ 노동자들이 계급적 동질성을 갖지 못하게 한다.

② (현대의 개체화 현상은)/ 국가의 통제력 강화를 통해 개인의 자율성 약화를 초래한다.
　　지문요소　　/　평가요소　　　　　　　　　　———연결성(타당한 연결)
　　　└──[1차 정답 확인]──┘
　　　　　　　　전제　　　　　　　/ 결론　　———연결성(타당한 연결)
　　　　　└──[2차 정답 확인]──┘

이 선택지는 지문요소로 서술된 부분이 지문과 일치하지 않는다. '국가의 통제력 강화를 통해'라고 되어 있는 지문요소 부분이 지문과 일치하지 않아 연결이 타당하지 않아 정답임을 확인할 수 있다. 그리고 국가 자체도 공동체의 하나로 볼 수 있는데 공동체로부터 벗어나는 것인데 국가의 통제력이 강화된다는 말이 서로 성립하지 않는다.

③ (현대의 개체화 현상은)/ 개인의 거주 공간이 가족 공동의 거주 공간에서 분리되는 추세도 포함한다.

④ (현대의 개체화 현상은) 벡의 관점에서는 / 현대인들로 하여금 새로운 방식의 유대를 모색하게 하는 조건이다.

⑤ (현대의 개체화 현상은) 바우만의 관점에서는 / 현대인들로 하여금 서로 연대하기 어렵게 하는 위험 요인이다.

[실전 문항-1]

* 다음 글을 읽고 물음에 답하시오. [2016학년도 9월 A형]

사진은 19세기 초까지만 해도 근대 문명이 만들어 낸 기술적 도구이자 현실 재현의 수단으로 인식되었다. 하지만 점차 여러 사진작가들이 사진을 연출된 형태로 찍거나 제작함으로 써 자기의 주관을 표현하고자 하는 시도를 하였다. 이들은 빛의 처리, 원판의 합성 등의 기법으로 회화적 표현을 모방하여 예술성 있는 사진을 추구하였다. 이러한 흐름 속에서 만들어진 사진 작품들을 회화주의 사진이라고 부른다.

스타이컨의 ㉠ 〈빅토르 위고와 생각하는 사람과 함께 있는 로댕〉(1902년)은 회화주의 사진을 대표하는 것으로 평가된다. 이 작품에서 피사체들은 조각가 '로댕'과 그의 작품인 〈빅토르 위고〉와 〈생각하는 사람〉이다. 스타이컨은 로댕을 대리석상〈빅토르 위고〉 앞에 두고 찍은 사진과, 청동상 〈생각하는 사람〉을 찍은 사진을 합성하여 하나의 사진 작품으로 만들었다. 이렇게 제작된 사진의 구도에서 어둡게 나타난 근경에는 로댕이 〈생각하는 사람〉과 서로 마주 보며 비슷한 자세로 앉아 있고, 반면 환하게 보이는 원경에는 〈빅토르 위고〉가 이들을 내려다보는 모습으로 배치되어 있다. 단순히 근경과 원경을 합성한 것이 아니라, 두 사진의 피사체들이 작가가 의도한 바에 따라 하나의 프레임 속에서 자리 잡을 수 있도록 당시로서는 고난도인 합성 사진 기법을 동원한 것이다. 또한 인화 과정에서는 피사체의 질감이 억제되는 감광액을 사용하였다.

스타이컨은 1901년부터 거의 매주 로댕과 예술적 교류를 하며 그의 작품들을 촬영했다. 로댕은 사물의 외형만을 재현하려는 당시 예술계의 경향에서 벗어나 생명력과 표현성을 강조하는 조각을 하고 있었는데, 스타이컨은 이를 높이 평가하고 깊이 공감하였다. 스타이컨은 사진이나 조각이 작가의 주관과 감정을 표현할 수 있으며 문학 작품처럼 해석의 대상도 될 수 있다고 생각했는데, 로댕 또한 이에 동감하여 기꺼이 사진 작품의 모델이 되어 주기도 하였다.

이 사진에서는 피사체들의 질감이 뚜렷이 살지 않게 처리하여 모든 피사체들이 사람인 듯한 느낌을 주고자 하였다. 대문호 〈빅토르 위고〉가 내려다보고 있는 가운데 로댕은 〈생각하는 사람〉과 마주하여 자신도 〈생각하는 사람〉이 된 양, 같은 자세로 묵상하는 모습을 취하고 있다. 원경에서 희고 밝게 빛나는 〈빅토르 위고〉는 근경에 있는 로댕과 〈생각하는 사람〉의 어두운 모습에 대비되어 창조의 영감을 발산하는 모습으로 나타난다. 이러한 구도는 로댕의 작품도 문학 작품과 마찬가지로 창작의 고뇌 속에서 이루어진 것이라는 메시지를 주고 있다.

이처럼 스타이컨은 명암 대비가 뚜렷이 드러나도록 촬영하고, 원판을 합성하여 구도를 만들고, 특수한 감광액으로 질감에 변화를 주는 등의 방식으로 사진이 회화와 같은 방식으로 창작되고 표현될 수 있는 예술임을 보여 주고자 하였다.

28. ㉠과 관련하여 추론할 수 있는 스타이컨의 의도로 적절하지 **않은** 것은? [3점]

① 고난도의 합성 사진 기법을 쓴 것은 촬영한 대상들을 하나의 프레임에 담기 위해서였다.

② 원경이 밝게 보이도록 한 것은 〈빅토르 위고〉와 로댕 간의 명암 대비 효과를 내기 위해서였다.

③ 로댕이 〈생각하는 사람〉과 마주 보며 같은 자세로 있게 한 것은 고뇌하는 모습을 보여 주기 위해서였다.

④ 원경의 대상을 따로 촬영한 것은 인물과 청동상을 함께 찍은 근경의 사진과 합칠 때 대비 효과를 얻기 위해서였다.

⑤ 대상들의 질감이 잘 살지 않도록 인화한 것은 대리석상과 청동상이 사람처럼 보이게 하는 효과를 얻기 위해서였다.

[실전 문항-2]

* 다음 글을 읽고 물음에 답하시오. [2016학년도 9월 A형]

온라인을 통한 통신, 금융, 상거래 등은 우리에게 편리함을 주지만 보안상의 문제도 안고 있는데, 이런 문제를 해결하기 위하여 암호 기술이 동원된다. 예를 들어 전자 화폐의 일종인 비트코인은 해시 함수를 이용하여 화폐 거래의 안전성을 유지한다. 해시 함수란 입력 데이터 x에 대응하는 하나의 결과 값을 일정한 길이의 문자열로 표시하는 수학적 함수이다. 그리고 입력 데이터 x에 대하여 해시 함수 H를 적용한 수식을 H(x)=k라 할 때, k를 해시 값이라 한다. 이때 해시 값은 입력 데이터의 내용에 미세한 변화만 있어도 크게 달라진다. 현재 여러 해시 함수가 이용되고 있는데, 해시 값을 표시하는 문자열의 길이는 각 해시 함수마다 다를 수 있지만 특정 해시 함수에서의 그 길이는 고정되어 있다.

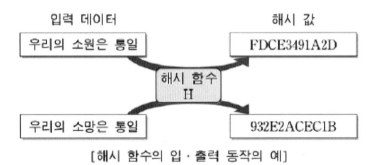

[해시 함수의 입·출력 동작의 예]

이러한 특성을 갖고 있기 때문에 해시 함수는 데이터의 내용이 변경되었는지 여부를 확인하는 데 이용된다. 가령, 상호 간에 동일한 해시 함수를 사용한다고 할 때, 전자 문서와 그 문서의 해시 값을 함께 전송하면 상대방은 수신한 전자 문서에 동일한 해시 함수를 적용하여 결과 값을 얻은 뒤 전송받은 해시 값과 비교함으로써 문서가 변경되었는지 확인할 수 있다.

그런데 해시 함수가 ㉠ 일방향성과 ㉡ 충돌회피성을 만족시키면 암호 기술로도 활용된다. 일방향성이란 주어진 해시 값에 대응하는 입력 데이터의 복원이 불가능하다는 것을 말한다. 특정 해시 값 k가 주어졌을 때 H(x)=k를 만족시키는 x를 계산하는 것이 매우 어렵다는 것이다. 그리고 충돌회피성이란 특정 해시 값을 갖는 서로 다른 데이터를 찾아내는 것이 현실적으로 불가능하다는 것을 의미한다. 서로 다른 데이터 x, y에 대해서 H(x)와 H(y)가 각각 도출한 값이 동일하면 이것을 충돌이라 하고, 이때의 x와 y를 충돌쌍이라 한다. 충돌회피성은 이러한 충돌쌍을 찾는 것이 현재 사용할 수 있는 모든 컴퓨터의 계산 능력을 동원하더라도 그것을 완료하기가 사실상 불가능하다는 것이다.

[가]　　　해시 함수는 온라인 경매에도 이용될 수 있다. 예를 들어 ○○ 온라인 경매 사이트에서 일방향성과 충돌회피성을 만족시키는 해시 함수 G가 모든 경매 참여자와 운영자에게 공개되어 있다고 하자. 이때 각 입찰 참여자는 자신의 입찰가를 감추기 위해 논스*의 해시 값과, 입찰가에 논스를 더한 것의 해시 값을 함께 게시판에 게시한다. 해시 값 게시 기한이 지난 후 각 참여자는 본인의 입찰가와 논스를 운영자에게 전송하고 운영자는 최고 입찰가를 제출한 사람을 낙찰자로 선정한다. 이로써 온라인 경매 진행 시 발생할 수 있는 다양한 보안상의 문제를 해결할 수 있다.

* 논스 : 입찰가를 추측할 수 없게 하기 위해 입찰가에 더해지는 임의의 숫자.

17. 윗글의 ㉠과 ㉡에 대하여 추론한 내용으로 가장 적절한 것은?

① ㉠을 지닌 특정 해시 함수를 전자 문서 x, y에 각각 적용하여 도출한 해시 값으로부터 x, y를 복원할 수 없다.

② 입력 데이터 x, y에 특정 해시 함수를 적용하여 도출한 문자열의 길이가 같은 것은 해시 함수의 ㉠ 때문이다.

③ ㉡을 지닌 특정 해시 함수를 전자 문서 x, y에 각각 적용하여 도출한 해시 값의 문자열의 길이는 서로 다르다.

④ 입력 데이터 x, y에 특정 해시 함수를 적용하여 도출한 해시 값이 같은 것은 해시 함수의 ㉡ 때문이다.

⑤ 입력 데이터 x, y에 대해 ㉠과 ㉡을 지닌 서로 다른 해시 함수를 적용하였을 때 도출한 결과 값이 같으면 이를 충돌이라고 한다.

[실전 문항-3]

* 다음 글을 읽고 물음에 답하시오. [2019학년도 11월]

두 명제가 모두 참인 것도 모두 거짓인 것도 가능하지 않은 관계를 모순 관계라고한다. 예를 들어, 임의의 명제를 P라고 하면 P와~P는 모순 관계이다.(기호 '~'은 부정을 나타낸다.) P와~P가 모두 참인 것은 가능하지 않다는 법칙을 무모순율 이라고한다. 그런데 "㉠ 다보탑은 경주에 있다."와 "㉡ 다보탑은 개성에 있을 수도 있었다."는 모순 관계가 아니다. 현실과 다르게 다보탑을 경주가 아닌 곳에 세웠다면 다보탑의소재지는 지금과 달라졌을 것이다. 철학자들은 이를 두고, P와~P가 모두 참인 혹은모두 거짓인 가능세계는 없지만 다보탑이 개성에 있는 가능세계는 있다고 표현한다.

'가능세계'의 개념은 일상 언어에서 흔히 쓰이는 필연성과 가능성에 관한 진술을 분석하는 데 중요한 역할을 한다. 'P는 가능하다'는 P가 적어도 하나의 가능세계에서 성립한다는 뜻이며, 'P는 필연적이다'는 P가 모든 가능세계에서 성립한다는 뜻이다. "만약 Q이면 Q이다."를 비롯한 필연적인 명제들은 모든 가능세계에서 성립한다. "다보탑은 경주에 있다."와 같이 가능하지만 필연적이지는 않은 명제는 우리의 현실세계를 비롯한 어떤 가능세계에서는 성립하고 또 어떤 가능세계에서는 성립하지 않는다.

가능세계를 통한 담론은 우리의 일상적인 몇몇 표현들을 보다 잘 이해하는 데 도움이 된다. 다음 상황을 생각해 보자. 나는 현실에서 아침 8시에 출발하는 기차를 놓쳤고,지각을 했으며, 내가 놓친 기차는 제시간에 목적지에 도착했다. 그리고 나는 "만약 내가 8시 기차를 탔다면, 나는 지각을 하지 않았다."라고 주장한다. 그런데 전통 논리학에서는 "만약 A이면 B이다."라는 형식의 명제는 A가 거짓인 경우에는 B의 참 거짓에상관없이 참이라고 규정한다. 그럼에도 ⓐ 내가 만약 그 기차를 탔다면 여전히 지각을했을 것이라고 주장하지는 않는 이유는 무엇일까? 내가 그 기차를 탄 가능세계들을 생각해 보면 그 이유를 알 수 있다. 그 가능세계 중 어떤 세계에서 나는 여전히 지각을한다. 가령 내가 탄 그 기차가 고장으로 선로에 멈춰 운행이 오랫동안 지연된 세계가그런 예이다. 하지만 내가 기차를 탄 세계들 중에서, 내가 기차를 타고 별다른 이변 없이 제시간에 도착한 세계가 그렇지 않은 세계보다 우리의 현실세계와의 유사성이 더높다. 일반적으로, A가 참인 가능세계들 중에 비교할 때, B도 참인 가능세계가 B가 거짓인 가능세계보다 현실세계와 더 유사하다면, 현실세계의 나는 A가 실현되지 않은 경우에, 만약 A라면~B가 아닌 B이라고 말할 수 있다.

가능세계는 다음의 네 가지 성질을 갖는다. 첫째는 가능세계의 일관성이다. 가능세계는 명칭 그대로 가능한 세계이므로 어떤 것이 가능하지 않다면 그것이 성립하는 가능세계는 없다. 둘째는 가능세계의 포괄성이다. 이것은 어떤 것이 가능하다면 그것이성립하는 가능세계는 존재한다는 것이다. 셋째는 가능세계의 완결성이다. 어느 세계에서든 임의의 명제 P에 대해 "P이거나~P이다."라는 배중률이 성립한다. 즉 P와~P 중 하나는 반드시 참이라는 것이다. 넷째는 가능세계의 독립성이다. 한 가능세계는 모든 시간과 공간을 포함해야만 하며, 연속된 시간과 공간에 포함된 존재들은 모두 동일한 하나의 세계에만 속한다. 한 가능세계 W1의 시간과 공간이, 다른 가능세계 W2의 시간과 공간으로 이어질 수는 없다. W1과 W2는 서로 시간과 공간이 전혀 다른 세계이다.

　가능세계의 개념은 철학에서 갖가지 흥미로운 질문과 통찰을 이끌어 내며, 그에 관한 연구 역시 활발히 진행되고 있다. 나아가 가능세계를 활용한 논의는 오늘날 인지 과학, 언어학, 공학 등의 분야로 그 응용의 폭을 넓히고 있다.

41. 윗글을 바탕으로 할 때, ⓐ에 대한 답으로 가장 적절한 것은?

① 내가 그 기차를 탄 것이 현실세계에서 거짓이기 때문이다.

② 내가 그 기차를 탄 가능세계들끼리 비교할 때 그 가능세계들의 대다수에서 내가 지각을 하지 않았기 때문이다.

③ 내가 그 기차를 탄 가능세계들끼리 비교할 때 내가 지각을 한 가능세계가 내가 지각을 하지 않은 가능세계에 비해 현실세계와의 유사성이 더 낮기 때문이다.

④ 내가 그 기차를 타지 않은 가능세계들끼리 비교할 때 기차 고장이 자주 일어나지 않는 가능세계가 현실세계와의 유사성이 높기 때문이다.

⑤ 내가 그 기차를 타지 않은 가능세계들끼리 비교할 때 지각을 한 가능세계와 지각을 하지 않은 가능세계가 현실세계와의 유사성의 정도가 다르기 때문이다.

[제4법칙 : 발문 – 추론 형식 법칙 실전 문항 정답 해설]

[실전 문항-1] 특정 지문 – 추론 형식

* 다음 글을 읽고 물음에 답하시오. [2016학년도 9월 A형]

17. 윗글의 ㉠과 ㉡에 대하어 추론한 내용으로 가장 적절한 것은? ①

step 1. 특정 부분에 대한 의미를 지문을 근거로 추론한다.

㉠ 일방향성 : 주어진 해시 값에 대응하는 입력 데이터의 복원이 불가능함.
특정 해시 값 k가 주어졌을 때 H(x)=k를 만족시키는 x를 계산하는 것이 매우 어렵다.

㉡ 충돌회피성 : 특정 해시 값을 갖는 서로 다른 데이터를 찾는 것이 불가능함.
서로 다른 데이터 x, y에 대해서 H(x)와 H(y)가 각각 도출한 값이 동일하면 이것을 충돌이라 하고, 이때의 x와 y를 충돌쌍이라 한다. 충돌회피성은 이러한 충돌쌍을 찾는 것이 현재 사용할 수 있는 모든 컴퓨터의 계산 능력을 동원하더라도 그것을 완료하기가 사실상 불가능하다는 것이다.

step 2. 선택지를 전제와 결론으로 나눈다.

① ㉠을 지닌 특정 해시 함수를 전자 문서 x, y에 각각 적용하여 / 도출한 해시 값으로부터
　　　　　　　　　　　　전제　　　　　　　　　　 / 　결론
x, y를 복원할 수 없다.

② 입력 데이터 x, y에 특정 해시 함수를 적용하여 / 도출한 문자열의 길이가 같은 것은
　　　　　　　　　　　　전제　　　　　　　　　 / 　결론
해시 함수의 ㉠ 때문이다.

③ ⓛ을 지닌 특정 해시 함수를 전자 문서 x, y에 각각 적용하여 / 도출한 해시 값의 문

전제 / 결론

자열의 길이는 서로 다르다.

④ 입력 데이터 x, y에 특정 해시 함수를 적용하여 / 도출한 해시 값이 같은 것은 해시

전제 / 결론

함수의 ⓛ 때문이다.

⑤ 입력 데이터 x, y에 대해 ⓙ과 ⓛ을 지닌 서로 다른 해시 함수를 적용하였을 때 / 도

전제 / 결론

출한 결과 값이 같으면 이를 충돌이라고 한다.

step 3. 기호 (ⓙ)를 추론한 의미와 기호 (ⓙ)를 바탕으로 추론한 선택지와 타당한 연결 여부로 정답을 확인한다.

① ⓙ을 지닌 특정 해시 함수를 전자 문서 x, y에 각각 적용하여 / 도출한 해시 값으로부
터 x, y를 복원할 수 없다.

전제   /   결론   ———연결성(타당한 연결)
└──[정답 확인]──┘

지문 ⓙ : 주어진 해시 값에 대응하는 입력 데이터의 복원이 불가능하다는 것

추론과정 : ①번에서 전자 문서 x, y에 각각 적용하여 도출한 해시 값으로부터 x, y를 복
원할 수 없기 때문에 발문에서 요구하는 평가요소에 부합하는 즉, 전자 문서
x, y의 입력 데이터는 x, y를 복원할 수 없다는 의미이다. [o]

② 입력 데이터 x, y에 특정 해시 함수를 적용하여 / 도출한 문자열의 길이가 같은 것은
해시 함수의 ⓙ 때문이다. [x]

추론과정 : ⓙ은 해시 값의 길이와 관련이 없기 때문에 오답이다. [x]

③ ⓛ을 지닌 특정 해시 함수를 전자 문서 x, y에 각각 적용하여 / 도출한 해시 값의 문
자열의 길이는 서로 다르다. [x]

추론과정 : ⓛ은 문자열의 길이와 관련이 없기 때문에 오답이다. [x]

④ 입력 데이터 x, y에 특정 해시 함수를 적용하여 / 도출한 해시 값이 같은 것은 해시 함수의 ⓛ 때문이다. [x]

추론과정 : ⓛ에서는 특정 해시 값을 갖는 다른 데이터를 찾아내는 것은 현실적으로 불가능한데, 해시 값을 도출했다고 하는 것은 모순이기 때문에 오답이다. [x]

⑤ 입력 데이터 x, y에 대해 ㄱ과 ⓛ을 지닌 서로 다른 해시 함수를 적용하였을 때 / 도출한 결과 값이 같으면 이를 충돌이라고 한다. [x]

추론과정 : ㄱ은 충돌과 관련이 없기 때문에 오답이다. [x]

tip 이 문항은 step 1에서 ㄱ의 의미만 파악하면 바로 정답을 확인할 수 있는 문항이다. 전제와 결론이 서로 타당하게 연결되어 있는지를 ㄱ의 복원 불가능함을 대입하면 바로 알 수 있기 때문이다.
외형상 복잡하고 어려워 보이는 문항일수록 '발문'에서 요구하는 '평가요소'를 정확하게 파악하면 의외로 쉽게 정답을 찾을 수 있다.

[실전 문항-2]

* 다음 글을 읽고 물음에 답하시오. [2016학년도 9월 A형]

28. ㉠와 관련하여 추론할 수 있는 스타이컨의 의도로 적절하지 않은 것은? [3점] ③

[정답 찾기 3step] 특정 지문 - 추론 형식

step 1. 특정 부분에 대한 의미를 지문을 근거로 분석한다.

㉠과 스타이컨의 의도 = 회화주의 사진의 대표이며, 이 회화주의 사진의 의미는 '스타이 컨은 명암 대비가 뚜렷이 드러나도록 촬영하고, 원판을 합성하여 구도를 만들고, 특수한 감광액으로 질감에 변화를 주는 등의 방식으로 사진이 회화와 같은 방식으로 창작되고 표현될 수 있는 예술임을 보여 주고자 하였다.'데 있다.

step 2. 선택지를 추론 형식을 기본으로 나눈다. 선택지의 앞부분은 전제이고, 뒷부분은 결론이다.

① 고난도의 합성 사진 기법을 쓴 것은 / 촬영한 대상들을 하나의 프레임에 담기 위해서 였다.

② 원경이 밝게 보이도록 한 것은 / 〈빅토르 위고〉와 로댕 간의 명암 대비 효과를 내기 위해서였다.

③ 로댕이 〈생각하는 사람〉과 마주 보며 같은 자세로 있게 한 것은 / 고뇌하는 모습을 보여 주기 위해서였다.

④ 원경의 대상을 따로 촬영한 것은 / 인물과 청동상을 함께 찍은 근경의 사진과 합칠 때 대비 효과를 얻기 위해서였다.

⑤ 대상들의 질감이 잘 살지 않도록 인화한 것은 / 대리석상과 청동상이 사람처럼 보이게 하는 효과를 얻기 위해서였다.

step 3. 기호 (㉠)를 추론한 의미와 기호 (㉠)를 바탕으로 추론한 선택지와 타당한 연결 여부로 정답을 확인한다.

① 고난도의 합성 사진 기법을 쓴 것은 / 촬영한 대상들을 하나의 프레임에 담기 위해서 였다.

지문요소 : 하난의 프레임 속에서 자리잡을 수 있도록 당시로서는 고난도 합성 사진 기법을 동원한 것이다.

지문요소   /   평가요소   ——타당한 연결

└──[근거 추론–정답 확인]──┘

추론과정 : 지문요소와 선택지의 진술된 내용의 순서를 바꾸었을 뿐이다. [o]

② 원경이 밝게 보이도록 한 것은 / 〈빅토르 위고〉와 로댕 간의 명암 대비 효과를 내기 위해서였다.

지문요소 : 어둡게 나타난 근경에는 로댕이 〈생각하는 사람〉과 서로 마주보며 비슷한 자세로 앉아 있고, 반면 환하게 보이는 원경에는 〈빅토르 위고〉가 이들을 내려다 보는 모습으로 배치되어 있다.

지문요소   /   평가요소   ——타당한 연결

└──[근거 추론–정답 확인]──┘

추론과정 : 지문요소에서 '어둡게 나타난 근경에는 로댕'이, 반면 '환하게 보이는 원경'에는 〈빅토르 위고〉가 마주본다는 의미는 선택지의 '명암 대비 효과를 내기 위해서였다.'는 의미이다. [o]

③ 로댕이 〈생각하는 사람〉과 마주 보며 같은 자세로 있게 한 것은 / 고뇌하는 모습을 보여 주기 위해서였다.

지문요소 : 확인할 수 없음.

지문요소   /   평가요소   ——타당한 연결

└──[근거 추론–정답 확인]──┘

추론과정 : 지문 근거의 법칙에 따라 틀린 진술이다. [x]

수험생들은 로댕의 고뇌하는 로댕의 작품(〈생각하는 사람〉)을 다 알고 있지 않을까? 쉽게 이것이 오답임을 알 수 있다. 지문 근거의 법칙을 생각하라!

④ 원경의 대상을 따로 촬영한 것은 / 인물과 청동상을 함께 찍은 근경의 사진과 합칠 때 대비 효과를 얻기 위해서였다.

지문요소 : 원경에서 히고 밝게 비차는 〈빅토르 위고〉는 근경에 있는 로댕과 〈생각하는 사람〉의 어두운 모습에 대비되어 창조의 영감을 발산하는 모습으로 나타난다.

　　　　　　　지문요소　　　　／　　　　평가요소　　　　──타당한 연결
　　　　　　　└────[근거 추론–정답 확인]──┘

추론과정 : 지문요소에서 '대비되어 창조의 영감을 발산하는 모습으로 나타난다.'는 의미는 선택지의 '대비 효과를 얻기 위해서였다.'는 진술과 동일한 표현이다. [o]

⑤ 대상들의 질감이 잘 살지 않도록 인화한 것은 / 대리석상과 청동상이 사람처럼 보이게 하는 효과를 얻기 위해서였다.

지문요소 : 질감이 뚜렷이 살지 않게 처리하여 모든 피사체들이 사람인 듯한 느낌을 주고자 하였다.

　　　　　　　지문요소　　　　／　　　　평가요소　　　　──타당한 연결
　　　　　　　└────[근거 추론–정답 확인]──┘

추론과정 : 지문요소에서 '모든 피사체들이 사람인 듯한 느낌을 주고'있다는 것과 선택지에서 '대리석상과 청동상이 사람처럼 보이게 하는 효과를 얻기 위해서였다.'는 것과 동일한 의미이다. [o]

　1차 정답 확인에서 정답지를 선택하지 못하면, 다음 단계인 2차 정답 확인에서 답지를 확정할 수 있다. 위의 내용을 정리하면 다음과 같다.

형식	[지문 정보]	[선택지 드러남, 혹은 생략]	선택지[서술어부]
추론	이미 알고 있는 정보 =**맥락상 분석**	(사유과정 : 타당성, 객관성, 수용성으로 판단) ㉠의 의미 = 전제	결론
①	㉠의 의미	고난도의 합성 사진 기법을 쓴 것은	촬영한 대상들을 하나의 프레임에 담기 위해서였다.
②	㉠의 의미	원경이 밝게 보이도록 한 것은	<빅토르 위고>와 로댕 간의 명암 대비 효과를 내기 위해서였다.
③	㉠의 의미	로댕이 <생각하는 사람>과 마주 보며 같은 자세로 있게 한 것은	고뇌하는 모습을 보여 주기 위해서였다.
④	㉠의 의미	원경의 대상을 따로 촬영한 것은	인물과 청동상을 함께 찍은 근경의 사진과 합칠 때 대비 효과를 얻기 위해서였다.
⑤	㉠의 의미	대상들의 질감이 잘 살지 않도록 인화한 것은	대리석상과 청동상이 사람처럼 보이게 하는 효과를 얻기 위해서였다.

지문에서 "㉠ <u><빅토르 위고와 생각하는 사람과 함께 있는 로댕></u>(1902년)은 회화주의 사진을 대표하는 것으로 평가"된다고 하였다. 이 부분의 핵심 키워드는 '회화주의 사진'이다. 스타이컨은 사진을 회화처럼 보이게 하고 싶었던 것이다. 이를 선택지에 적용하여 문제의 정답을 찾으면 된다. 그런데 이 문제는 세부 정보 확인 문제의 성격도 포함되어 있어 ㉠이 들어 있는 두 번째 문단의 내용을 한번 더 확인하면 바로 정답을 찾을 수 있다.

[실전 문항-3]

* 다음 글을 읽고 물음에 답하시오. [2019학년도 11월]

41. 윗글을 바탕으로 할 때, ⓐ에 대한 답으로 가장 적절한 것은? ③

[정답 찾기 3step]

step 1. 기호(ⓐ)의 의미를 지문을 근거로 추론한다.

ⓐ의 의미 : 내가 그 기차를 탄 가능세계들을 생각해 보면 그 이유를 알 수 있다.

tip <u>(지문에서)~를 주장하지 않는 이유는</u> / <u>(선택지에서)~때문이다.</u>
　　　　　　전제(지문 근거)　　　　　　　　　결론(선택지 정답 판단)

step 2. 선택지를 전제와 결론으로 나눈다.

지문요소 : 내가 기차를 타고 별다른 이변 없이 제시간에 도착한 세계가 그렇지 않은 세계보다 우리의 현실세계와의 유사성이 더 높다.

① 내가 그 기차를 탄 것이 / 현실세계에서 거짓이기 때문이다.
② 내가 그 기차를 탄 가능세계들끼리 비교할 때 / 그 가능세계들의 대다수에서 내가 지각을 하지 않았기 때문이다.
③ 내가 그 기차를 탄 가능세계들끼리 비교할 때 / 내가 지각을 한 가능세계가 내가 지각을 하지 않은 가능세계에 비해 현실세계와의 유사성이 더 낮기 때문이다.
④ 내가 그 기차를 타지 않은 가능세계들끼리 비교할 때 / 기차 고장이 자주 일어나지 않는 가능세계가 현실세계와의 유사성이 높기 때문이다.
⑤ 내가 그 기차를 타지 않은 가능세계들끼리 비교할 때 / 지각을 한 가능세계와 지각을 하지 않은 가능세계가 현실세계와의 유사성의 정도가 다르기 때문이다.

step 3. 기호 (㉠)를 추론한 의미와 기호 (㉠)를 바탕으로 추론한 선택지와 타당한 연결 여부로 정답을 확인한다.

① 내가 그 기차를 탄 것이 / 현실세계에서 거짓이기 때문이다.
추론과정 : 내가 그 기차를 탄 가능세계를 생각해봐야 하므로 정답이 아니다. [x]

② 내가 그 기차를 탄 가능세계들끼리 비교할 때 / 그 가능세계들의 대다수에서 내가 지각을 하지 않았기 때문이다.
추론과정 : 내가 기차를 탄 가능세계 끼리 비교할 때, 현실세계와의 유사성과 관련성이 없어 정답이 아니다. [x]

③ 내가 그 기차를 탄 가능세계들 끼리 비교할 때 / 내가 지각을 한 가능세계가 내가 지각을 하지 않은 가능세계에 비해 현실세계와의 유사성이 더 낮기 때문이다.
추론과정 : 내가 기차를 탄 가능세계 끼리 비교할 때, 현실세계와의 유사성과 관련성이 있기 때문이다. [o]

④ 내가 그 기차를 타지 않은 가능세계들끼리 비교할 때 / 기차 고장이 자주 일어나지 않는 가능세계가 현실세계와의 유사성이 높기 때문이다.
추론과정 : 내가 그 기차를 탄 가능세계를 생각하지 않음으로 정답이 아니다. [x]

⑤ 내가 그 기차를 타지 않은 가능세계들끼리 비교할 때 / 지각을 한 가능세계와 지각을 하지 않은 가능세계가 현실세계와의 유사성의 정도가 다르기 때문이다.
추론과정 : 내가 그 기차를 탄 가능세계를 생각하지 않음으로 정답이 아니다. [x]

박종석 (집필)

울산제일고등학교 교사
문학박사
2015 개정 교육과정 '국어' 교과서 집필(미래엔)
EBS 수능완성(고3) 실전편 집필(한국교육방송공사)
전국연합학력평가 국어영역 출제팀장(전국시도연합 주관)
2015 개정 교육과정 과중평 연수 강사
국가 수준 평가 문항 개발 및 출제 연수 강사
교육청 및 연수원 논술 특강 강사

저서

『조연현평전』(2006 : 동아일보, 서울신문, 부산일보, 연합뉴스(서울) 소개)
『송욱문학연구』(2000), 『송욱평전』(2000), 『한국 현대시의 탐색』(2001), 『작가 연구 방법론』(2003년도 문화관광부 추천 – 우수학술도서), 『비평과 삶의 감각』(2004), 『현대시 분석 방법론』(2005년도 제2회 울산작가상), 『현대시와 표절 양상』(2008), 『송욱의 실험시와 주체적 시학』(2008), 『에고티스트 송욱의 삶과 문학』(2009) 외 다수 논문.

교육 관련 저서

『정상으로 통하는 논술』(2007), 『통합교과 논술 100시간』(2008, 공저), 『박종석의 글쓰기 기술』(개정판, 2011), 『대학을 사로잡는 자기소개서, 추천서』(2012, 공저 : 한국일보 단독 인터뷰 소개), 『명문대가 뽑아주는 대입 자기소개서, 추천서』(2013, 공저), 『명문대가 뽑아주는 대입 면접의 모든 것』(2014, 공저), 『명문대가 뽑아주는 대입 전략의 모든 것』(2015, 공저), 『명문대가 뽑아주는 독서활동, 활동보고서』(2015, 공저), 『명문대가 뽑아주는 동아리 활동』(2015, 공저), 『자소설 말고 자소서』(동아일보사 교육법인, 2017, 공저), 『과정중심평가로 대학간다1』(2018, 공저)

안세봉 (검토) —————————————————————————

국어교육학 석사
2015 개정 교육과정 '국어' 교과서 집필(창비)
EBS 수능완성(고3) 실전편 집필(한국교육방송공사)
전국연합학력평가 국어영역 출제(전국시도연합 주관)
『대학을 사로잡는 자기소개서, 추천서』(2012, 공저)

박서경 (검토) —————————————————————————

고려대학교 국어교육학과

독서영역편 1부

초판인쇄 2019년 3월 5일
초판발행 2019년 3월 5일

지은이 박종석
펴낸이 채종준
펴낸곳 한국학술정보㈜
주소 경기도 파주시 회동길 230(문발동)
전화 031) 908-3181(대표)
팩스 031) 908-3189
홈페이지 http://ebook.kstudy.com
전자우편 출판사업부 publish@kstudy.com
등록 제일산-115호(2000. 6. 19)

ISBN 978-89-268-8751-6 13710